서찬휘

프롤로그

 <라니> 시리즈를 처음 만난 순간이 기억난다. 내가 쓴 모 작가의 평론선을 보고 출판사 대표님이 해당 작가에 대한 문의를 해왔고, 이에 답하다 정말 대뜸 떠오른 말이 "오덕이라니"였다. '오덕이라니'라니, 어째선지 떠올린 순간 입에 착 달라붙는 느낌이어서 가슴이 설렜다. 20여 년간 한 사람의 오덕이자 만화 칼럼니스트로서 해 왔던 이야기들은 많았지만, 막상 그것을 철저히 내 개인사에 맞추어 풀어낸 적은 그다지 없기도 했다.

 마침 그때는 수많은 평자와 논자들이 명멸해 간 이 길 위에서 아직 글을 쓴다고 남아 있는 한 사람으로서 무언가 나의 기록을 남겨야 한다는 생각이 들고 있던 때였다. 그래서 슬그머니 '오덕이라니'라는 키워드를 담은 메일을 답신으로 던졌고, 그것이 이 책의 시작점이 되었다. 인생은 예측불허라 그 의미를 지닌다 했던가? 어떤 연결고리

가 무슨 일을 만들어낼지는 정말 알 수 없는 일이다.

　이 책은 만화와 애니메이션의 세례를 받고 자라 여전히 그 영향권 아래에 놓인 채 40대 중반을 맞이하게 된 한국산 2세대 오덕의 자기 이야기다. 그간 지면의 한계로 인해 짧은 칼럼으로 엮을 수밖에 없었던 글들과는 달리 조금 더 긴 호흡으로 나의 시선과 생각을 담아낼 기회였다. 그러나 이 이야기들은 단순한 '라떼' 이야기여서도, 또한 "오덕으로서의 우리는 사실 대단한 사람들이야!"라거나, 이렇게 특이한 사람들이니 이해해야 한다는 방어적 범주화에 머물러서도 안 되었으며, 무엇보다 우리네 이야기여야 했고, 내 이야기여야 했다.

　나의 인생 속에서 만나 왔던 덕질에 대한 이야기가 과거와 현재를 관통할 수 있길 바랐고, 그저 독특한 세계에 빠져 현실과는 거리를 둔 나(우리)를 이해해줘!로 점철된 이야기는 쓰고 싶지 않았다. 이제는 우리의 덕질 담론이 그 지점은 벗어날 때가 되지 않았나 생각했다. 나는 비현실을 그린 작품들에 마음을 빼앗겼지만, 또한 현실에 발 딛고 서 있는 감각을 매우 중요하게 생각해 온 사람이다. 그 마음이 꼭 독자 여러분에게 전달되면 좋겠다.

 책의 내용은 나와 비슷한 시대나 앞서서 태어난 이들에게는 추억을 되새기며 지금을 바라볼 수 있는 내용이 될 것이고, 뒤 세대들에게는 현재의 우리네 오덕 문화가 어떤 과정을 거쳐 여기까지 와 있는지 그 일면을 들춰볼 수 있는 내용이 될 수 있으리라 생각한다. 덕질이 과거보다 훨씬 더 극단적으로 파편화해가는 이 시기에 각자 생각하는 바와 차이가 있을 수는 있지만, 그중 하나로서의 '오덕

서찬휘'가 남긴 기록으로써 봐 주시면 좋을 것 같다.

언제나 책을 낼 때면 감사를 표해야 할 분들이 떠오른다. 먼저 내가 이 제목을 떠올리고 설레었던 그 마음을 받아 주신 출판사 마저의 오현지 대표님께 "압도적 감사"를 전한다. 하염없이 늦어지는 원고를 감내해주신 점에 대한 사의는 어떤 말로도 모자라다. 무너진 몸뚱이로 원고를 부여잡고 있는 남편을 걱정스러운 눈빛으로 보살펴 준 아내이자 오덕 동료 헤니히 님과, 이제 초등학교 2학년이 되어 질문이 유난히 늘어난 딸 봄이는 이 글을 쓸 수 있게 한 힘이었다. 참 뻔한 이야기지만 이 지난하고 엄혹한 시간들을 가족이 없다면 버텨낼 수 없었을 터다.

나쁜 아들이자 못난 사위를 묵묵히 지켜봐 주신 양가 부모님과 가족도, 심적으로 무너져 내릴 것 같은 때면 너는 잘하고 있는 거라며 토닥거려 준 다락방 모임 식구들도 빼놓을 수 없다. 얼마 전 하늘의 별이 된 다락방 모임의 대모 아리수 신혜원 누님은 내 오덕 인생의 많은 부분을 지켜봐준 은인이었다. 마지막으로 커뮤니티 《만화인》에서 만났던 수많은 인연들. 공간 안에서 얽히고 스쳐 지나간 모든 인연이 나를 만들었다. 이 모든 분들께 고개 숙여 감사합니다.

2023년 9월 귀뚜라미 우는 어느 가을밤에

서찬휘

차례

	프롤로그	3p
오덕 1	언제부터 오덕이셨어요?	12p
오덕 2	우리 안의 이율배반	16p
오덕 3	'한국적인 것'의 정체	121p
오덕 4	한국어 더빙과 성우 덕질	30p
오덕 5	누구나 가슴에 애니 노래 한 곡쯤은 있는 거잖아요	40p
오덕 6	텔레비전에 내가 만든 말이 나오다	52p
오덕 7	이제는 사라진 성지들	59p
오덕 8	덕질 최대의 적은 무엇인가?	75p
오덕 9	문화 소개자와 도둑놈 사이	87p

오덕 10	덕업일치	97p
오덕 11	오덕과 전문가의 차이	110p
오덕 12	일찍 시작하길 잘했어	116p
오덕 13	튜닝의 끝은 순정, 덕질의 끝은 직접 하기	125p
오덕 14	결국은 남 아닌 '우리' 이야기	136p
오덕 15	덕질 세대론	142p
오덕 16	오덕은 만화업계인 하지 마	150p
오덕 17	포털님, 만화 무시하지 마	158p
오덕 18	웹툰, 덕질하기 참 어려운	166p

오덕 19	인공지능과 덕질의 상관관계	181p
오덕 20	오덕의 연애	197p
오덕 21	CLAMP, 이 죄 많은 사람들 같으니!	208p
오덕 22	비수도권에서 덕질하기	217p
오덕 23	얘는 나중에 뭐가 될까?	224p
오덕 24	디 엔드 오브 이글루스	232p
오덕 25	덕질은 결국 사랑이다	246p
오덕 26	오덕의 흑역사	253p
오덕 27	추억도 경험도 부식한다	266p

그리고, 에필로그 278p

오덕 1

언제부터 오덕이셨어요?

"언제부터 오덕(혹은 덕후)이었나요?"라는 질문을 받으면 대답이 궁하다. 아침밥을 몇 시 몇 분 몇 초에 먹었나요?라는 질문을 받는다면 비슷한 기분일까. 비슷한 질문을 곧잘 받다 보니 어느 사이엔가 모범답안 같은 답변을 준비하게 됐다. "정신 차리고 보니까 '이미' 오덕이었습니다."

사실 어떤 작품, 또는 어떤 작가나 감독이 나를 그렇게나 달뜨게 만들었는지 따위는 이미 기억에도 없다. 나는 만화와 애니메이션이라는 형태로 만들어진 세상이라면 진입 장벽이 한없이 낮았던 꼬마였다. 사실 여기까지는 여느 아이들도 마찬가지였으리라. 70년대 후반생인 내 나이대에도 계몽사에서 나온 각종 학습만화들은 있었고, 전통의 강호 디즈니가 극장을 수놓고 있었으며, 매우 열악한 화질이긴 했지만 TV에서 어린이용 애니메이션을 틀어주긴 했었으니 말이다.

애니메이션이 극장개봉할라치면 팜플렛의 내용을 숙지

하고는 아직 지정좌석제가 없던 극장의 특성을 십분 활용해(?) 한 상영관에 죽치고 앉아 종일 몇 번을 보고 또 보며 대사와 노래를 달달 외웠다. 아아, 디즈니의 원어 애니메이션은 얼마나 부모님들을 속이기 좋은 소재던가? 이미 내용은 다 알고 있으니, 어머니 아버지께 "애니메이션으로 영어 공부를 하겠습니다!"라고 말해 영어 자막판 비디오테이프를 구입해 늘어지도록 보고 또 봤더랬다. (부모님 죄송합니다. 영어는 지금도 잘 못합니다.) 디즈니의 1990년대 황금기 애니메이션이라 할 <인어공주>, <알라딘>, <라이온킹>은 타이틀 당 거의 30~40번씩은 봤다.

나이가 좀 들고 나서는 일본 애니메이션인 <공각기동대>나 <체포하겠어> 같은 작품을 그런 식으로 봐 댔고 좀 더 나아가서는 관련 정보나 상품을 그러모으는 데에 정신이 팔렸다. 노래는 밴드 음악 외엔 거의 애니메이션 주제가들을 귀에 달고 살았는데, 한국어판 주제가가 나올 때마다 스피커 옆에 녹음기를 두고 녹음하는 식으로 내 나름의 모음집 테이프를 만들곤 했더랬다. 주제가 모음집이 음반점에 나오면 그걸 사다가 공테이프에 녹음하고선 이게 무슨 작품의 주제가였노라고 멘트를 넣어 내 걸로 만드는 게 내 일상이었다.

만화는 또 어떤가. 학습만화와 명랑만화 탐독으로 시작한 만화 인생은 어느 사이엔가 자기 만화를 그려보고 싶다는 열망으로 이어져 제 딴엔 여행을 다녀오면 여행 만화, 뭔가 안 게 있으면 지식 전달 만화를 그려본다고 까불었더랬다. 그때는 연습장에 볼펜으로 그리면 안 된다는 것도 몰랐지만 연습장 한 권을 훌떡 채워가며 언젠가는 만화를 그리고 싶다고 생각했다. 중학교 때엔 영어 학습용으로 Today's Dialogue(오늘의 대화)라는 걸 반마다 칠판 옆에 걸어놨는데, 학교에서 주는 대화 옆에 설명을 위한 삽화를 하드보드지에 그리는 그림 당번을 했다. 한창 유행하던 게임 <스트리트 파이터 2> 캐릭터들로 가상 대결하는 장면을 그려 장당 몇 백 원에 파는 짓도 했더랬다. 조금 머리가 더 굵으면서는 미소녀를 그려보겠답시고 펜과 원고용지를 사다 연습하다가 어려운 인체 표현에 좌절하기 일쑤기도 했다.

'그리는 거' 말고 '읽는 거'는 어땠냐고? 말해 뭐할까. 본가에 살던 시절 나는 버는 돈 태반을 책 사는 데에 들이부은 끝에 책상 말고는 딱 몸 하나 눕힐 정도만 남겨놓고 살았는데, 자다가 무너진 책 무덤에 깔려 위태로운 상황에 놓이길 수차례였다. 그게 옆 나라에서 '오타쿠'라 부르는 이들의 기본 소양이었음을 알게 된 건 다소 뒤였고, 어느 사이엔가 오타쿠가 오덕이라는 우리식 표현으로 뭉뚱그려지는 풍경을 본 건 당연히 그보다 조금 더 뒤였다.

그러니 당신이 언제부터 오덕이었냐고 묻는다면 정신 차리고 보니 이미 그리 하고 있더라는 이야기를 할 수밖에 없다. 어찌 보면, 자기 나름대로 살고 있던 생활양식이 수입된(?) 용어에 포섭되어 규정되었다고 할까. 내 경우는 본래 컴퓨터 프로그래밍 동호회를 운영하며 10대를 다 보냈던 터라 나의 앞 세대에 해당할 자생형 1세대 한국산 오타쿠들과는 연결고리가 미묘하게 다르긴 하지만, 결국은 보고/하고 싶었던 바는 결국 비슷했던 듯하다. 만화와 애니메이션에 매료되었고, 그에 관해 이야기하고/남기고 싶어 했으며, 그런 이들끼리 모여 자기가 좋아하는 것들에 관해 이야기하는 판을 만들고 싶어 했다.

그렇게 나는 어 하는 사이에 세간에서 말하기 시작한 오덕질에 천착하고 있었다. 문자 그대로 정신 차리고 보니 오덕이었고, 그걸 왜 좋아하는지를 논리적으로 설명할 겨를조차 없었다. 다만 한 가지, 그걸로 직업까지 삼게 되리라곤 미처 알지 못했다.

오덕 2

우리 안의 이율배반

 이제 와서는 흔히 오덕, 덕후 등의 단어로 자리매김한 우리말 표현은 사실 일본어 '오타쿠'에서 왔다. 그리고 이 말은 출발점이라 할 일본에서도 그리 긍정적인 이미지는 아니다. 일단 사회에 누군가를 지칭하는 호칭으로서 자리매김하게 된 나카모리 아키오(中森明夫) 씨의 칼럼에서도 명확히 '멸칭'으로 제시되었고, 여자애를 유괴해 살해한 미야자키 츠토무(宮﨑勤) 덕에 그 이미지는 훨씬 더 안 좋아졌다. '오타킹'을 자처했던 오카다 토시오(岡田斗司夫) 씨 같은 인물이 이와 같은 멸시를 뒤집어 보고자 오타쿠학 개론과 같은 강좌를 열고 같은 제목으로 책도 내며 오타쿠를 재정의하려 들었지만, 지금까지도 오타쿠라는 표현 그 자체가 지니고 있는 인상이 완전히 개선된 건 아니다.

 이는 표현을 수입한 우리나라에서도 마찬가지다. 만화나 애니메이션, 게임을 좋아하던 이들 사이에서야 일본에서의 의미 변화에 주목하며 스스로를 마니아 이상의 오타쿠라 정의하고 다니던 이들이 일부 있었지만, 실제로는 일본에서도 일정 부분 별종이나 다름없는 부류다. 이러한 멸칭의 부정적 이미지를 우리나라에서 확고하게 만든 사건은 누가 뭐래도 <화성인 바이러스>(2009~2013)의 방영이라 할 수 있을 터다.

<화성인 바이러스> 44화에는 미소녀 캐릭터가 그려진 안는 베개(抱き枕, 다키마쿠라)를 끌어안고 행복해하는 통통한 남자가 나왔다. 예능만이라면 지상파 TV에 견줄 만하던 채널에서 대놓고 "오타쿠는 이런 놈"이라고 규정했던 이 회차의 내용은, 오타쿠를 어떻게 보아야 할까라는 여러 담론과 고민 따위와는 아무런 상관이 없었다. 만화를 비롯해 비실사를 기반으로 하는 시각문화들 일체를 좋아하던 숱한 이들은 해당 방송을 보며 소리 없는 비명을 질러야 했다. 넷상의 호칭 정리 수준이 아니라, 불특정 다수의 일반인 앞에서 방송을 통해 나이 먹고서 만화나 애니메이션, 게임을 좋아하는 놈들은 저런 놈이라고 공증당한 셈이었다. 오타쿠? 오덕후? 뭔지 모르겠지만 어쨌든 만화나 애니메이션, 게임을 좋아하면 저렇대! 심지어 이 땅에서 굳이 일본 걸 좋아한대! 만화나 애니메이션, 게임을 좋아하는 사람은 사회성 따위는 신경 안 쓰는 안여돼(안경 여드름 돼지)거나 안여멸(안경 여드름 멸치)이라는 식의 인과 구조는 꽤 우스운 논리다.

그 인상이 일본이라고 특별히 다를 바는 아니겠으나 한

국에서의 맥락 확산은 다소 조심스러울 수밖에 없는 부분이 있었다. 일단 내 세대는 일본 것을 중점적으로 좋아한다는 점이 있었고, 일본 대중문화의 세례를 직접적으로 받았던 세대였으며, 일본 대중문화를 향한 콤플렉스가 강하게 자리하고 있었다. 그러나 현실 속에서는 극일(克日) 즉 '일본을 극복하자'를 국기로써 품어야하는 입장이었으니, 일본 대중문화 전면 개방 전후를 모두 겪었던 이들은 이러한 이율배반적인 사고를 고스란히 끌어안고 있어야만 했다. 일본 것을 즐기지만 일본 걸 좋아하지 않는 척을 해야 했고, 방송사도 출판만화도 일본 출신이라는 딱지를 가급적 가리는 기술을 자랑해야(?) 했다. 특히 귀여움을 강조한 미소녀 캐릭터들을 좋아하던 이들을 향해서는 '아랫도리 친일파'라는 비아냥이 따라붙곤 했으니, 한국식 오타쿠인 오덕, 덕후들을 향한 시선은 일본 안에서 오타쿠를 향한 시선과는 또 다른 맥락성이 붙어 있는 셈이다.

그러한 인상이 깨진 건 2018년 무렵 어느새 오덕질도 아닌 '덕질'이라는 한 단계 더 축약한 용어의 헤게모니를 아이돌 팬들이 쥐면서부터다. 빠질, 빠순이라는 표현에 질식해 있던 아이돌 팬들은 어느새 오버그라운드의 최정점에 선 BTS를 비롯한 아이돌들을 향한 마음을 표현하는 일체의 행동을 '덕질'이라 표현하기 시작했다. 거대해진 기획사를 통해 자본이 움직이고 아이돌들이 내놓는 성과 또한 국내에 한정되지 않기 시작하면서, 아이돌 덕질은 그 규모가 매우 커지고 글로벌해졌으며 심지어 밝은 성질까지 띠게 됐다. 덕질이 문화적 아류 내지는 카피캣에 해당한다는 콤플렉스는 어느 순간엔가 이미 개나 준 지 오래된 상황이 됐고, 그 사이에 덕질은 비실사 기반 시각문화의 것이 아니게 됐다.

일본 신어사전에서 오타쿠 문화의 특질 가운데 하나인 '모에(萌え)'를 설명한 바에 따르면, 만화 애니메이션 게임과 더불어서 아이돌 문화까지도 "허구적인 세계관을 추구"한다는 점이 서술되어 있다. 이들에게는 아이돌 등의 실존인물이 등장할지라도 세계관 자체가 허구성을 띤다고 간주되었던 것이다. 현재 한국의 아이돌 문화도 별도의 세계관을 등장시키는 친구들이 많으니 크게 다르진 않을 것이나, 한국의 아이돌 문화는 인물의 현실성 자체를 배제하지 않는 형태가 압도적인 영향력을 행사하고 있다.

그래서일까, 자신이 아이돌에게 빠지는 행위를 '덕질'이라 부르기 시작한 이들 앞에서 정작 허구적 세계관 속 캐릭터들을 즐기던 원조(?) 오덕들은 규모와 자본 면에서 도대체 우리가 하던 게 덕질이요 댈 만한 게 아니게 됐다. 게다가 아이돌 덕질은 일본에 시종일관 압도당하던 우리와는 달리 일본을 시종일관 압도하고 있다. 바라던 모습을 가상 세계가 아닌 현실에 잡탕으로 구현하는 데 능한 게 한국적인 풍경이라는 말 그대로, 이미 한국인들이 바라던 덕질의 풍경을 아이돌이 모두 구현해놓고 있는 셈이다. 신기하고도 미묘한 감정이 드는 풍경이 아닐 수 없다. 막상 덕질의 파트너이자 인생의 파트너가 된 아내가 BTS 덕질로 진입해 들어가는 모습, 그리고 BTS와 그 팬덤인 아미들의 활화산 같은 영향력을 보고 있노라면 만감이 교차한다. 내가 좋아한 우리의 만화와 애니메이션들이- 정확히는 내 어린 시절의 우리 만화와 애니메이션들이 저럴 수 있었으면 좋았을 텐데. 정말 좋았을 텐데.

오덕 3

'한국적인 것'의 정체

일본을 향한 감정

88 올림픽은 여러 가지 맥락 속에서 개최되었고, 그 영향력 또한 상당했다. 박정희는 북한보다 우리가 낫다는 체제 선전을 위해 하계 올림픽을 유치하려 했다. 서울시장이 올림픽 유치를 선언했던 때는 1979년 10월 8일로, 이때는 다소 아이러니하게도 부마항쟁으로 박정희 정권의 취약점이 표면화되고, 10.26으로 박정희 스스로의 생명이 끝나기 직전이었다. 박정희가 김재규의 총탄에 간 후 얼마 안 있어 12.12 쿠데타로 정권을 잡은 전두환은 재정적 현실적 이유로 미온적인 태도를 보이던 서울시 앞에서 '전임 대통령이 결심한 사항'이라면서 유치를 밀어붙였다. 그렇게 서울시는 신청 마감을 사흘 남겨놓은 상황에서 IOC에 올림픽 유치 신청서를 밀어 넣게 됐고, 결과는 우리가 알다시피 유치 성공이었다. 경합을 벌인 일본의 나고야와의 표차는 52대 27로 초반의 열세를 뒤집은

거의 더블스코어였다.

실제로는 올림픽을 핑계로 강압적인 통치 행위를 정당화하기 위함이었다. 하지만 다른 측면에서 보자면 88 서울 올림픽과 그에 앞서 열린 아시안 게임은 해외여행의 자유가 없던 우리나라 사람들에게 '세계인'의 시선을 의식하게 만든 사건이었다. 올림픽 개최의 기세를 몰아 열린 1993년의 대전 엑스포 또한 그러했다. 1987년 <떠돌이 까치> 이래 <아기공룡 둘리>, <달려라 하니>를 비롯해 다수의 국산 애니메이션 시리즈가 등장했던 까닭 역시 시장 측면에서 자연스러운 흐름의 결과로 나온 게 아니라 우리나라의 위상을 높인다는 정부의 방침 때문이었다. 조금 더 정확히는 적어도 올림픽과 아시안 게임 정도 유치하는 나라에서 국산 애니메이션 정도는 있어야 하지 않겠는가- 라는 이유였다.

한데 정치적으로야 지상 낙원 같은 나라의 멋진 모습과 발전 도상의 모습을 부각시키고자 하는 목적이 깔려 있었지만, 이 시기를 직접 맞닥뜨리는 시민들 입장에서는 우리 또한 세계의 일원임을 역사 공부 속 한 챕터로서가 아니라 눈앞에서 직접 느끼게 됐다는 점에서 중요한 시대적 분기점이라 할 수 있었다. 그리고 많은 이들은 이 시점에서 -올림픽을 준비하는 과정에서 일어난 갖가지 폭력과 폭압은 차치하더라도- 몹시 양가적인 감정에 휩싸이게 된다. '세계 4위'라는 최종 성적에 경도되어 '오오, 우리 그래도 좀 괜찮은 나라인가?'라고 생각하기도 했지만, 한편으로는 다방면에서 우리 수준의 현주소를 비교해 볼 수밖에 없는 상황에 계속해서 내몰리게 된 것이다.

특히 문화적인 측면에서 바로 옆 나라인 일본에 느끼는 감정이란 양가적을 넘어서 문자 그대로 복잡다단한 층위를 형성하는 무언가였다. 객관적인 지표로는 이길 수 없는 경제 대국이 된 옆 나라. 역사적인 면에선 용서가 어려운데 용서를 빌지도 않는 미운 나라. 경제적 윤택함에 우리의 피 냄새가 섞여 있는 얄미운 나라. 그런데 만들어 내는 문화는 세계 트렌드를 자신들의 것으로 소화하는 것처럼 보여 부러운 나라. 나아가, 만화와 애니메이션을 비롯해 많은 부분에서 영향을 주었고 따라 하고 싶었으며 애니메이션 하청을 비롯해 상업적으로도 연결점을 지니고 있는, 궁극적으로는 넘어서고 싶은 나라.

그 모든 복잡다단한 감정과 현실적인 장벽이 끊임없이 응축되어 있었던 탓에 스포츠 대항전에서 한일전만 걸리면 온 국민이 갑자기 평소 관심도 없던 종목에서도 기꺼이 응원단이 되고 선수들도 죽어도 질 수 없다는 각오와 독기를 내뿜으며 달리는 상황이 반복된다. 1990년대는 그런 점에서 사회와 문화 모든 면에서 일본을 향한 콤플렉스와 자기 방어기제가 맹렬한 기세로 뒤섞여 있던 시기였다. 그땐 욕하면서도 베꼈고, 베끼거나 영향받은 것에 어떻게든 우리 것이라는 티를 내려 애를 써야 심적으로 버틸 수 있는 시기였다. 1990년대 유행하던 "가장 한국적인 것이 가장 세계적"이라거나, "우리 것이 소중한 것이여~!", "신토불이"와 표현들이 바로 이러한 복잡한 속내를 잘 드러내는 표현이지 않을까.

우스워 보였지만, 딴에는 절박했던

지금에 와선 우습게도 느껴지는 "한국적인 부분을 향한 고집"은 적어도 이때엔 설명할 순 없지만 반드시 견지해야 하는 무언가와도 같았다. 그래서 문제도 많았더랬다. 알고 보면 억지로 욱여넣은 것에 지나지 않거나, 표절에 지나지 않는 대상에 한국 소재를 끼얹어놓았거나, 한국 고전인데 스타일은 어디로 보나 미국 애니메이션의 그것이라든가. 일본 만화와 애니메이션인데 캐릭터 이름이 한국식인 건 1998년 일본문화 전면개방이 이뤄지기 전까지의 통상 관례에 가까웠고, 그 사이에 <슬램덩크>의 강백호나 서태웅 같은 번역식 이름이 훨씬 더 유명해지는 기현상(?)도 낳긴 했더랬다.

하지만 명백히 일본 작품이어서 나오는 유카타 같은 장면을 화면 단위에서 고쳐 일본색을 기어이 빼내려 했던 노력(?)은 이때의 우리나라가 견지하고 있던 암묵적인 분위기를 잘 말해준다. 틀렸다고 말할 수는 없으나, 지나고 보면 안타까운 무언가의 편린이라고밖에 할 수 없다. 그 사이에 끼어 있던 오덕들의 마음 또한 사방팔방 갈리게 마련이다. 한국 땅에서 난 한국인으로서 일본 작품을 깊이 좋아하게 된 이들은 이와 같은 상황 속에서 일종의 인지부조화를 강하게 경험한다.

특히나 1990년대를 관통하며 성장한 오덕들에게 당시 사회는 "일본 걸 좋아한다고?"라며 노려보는 시선을 거두지 않던 상황이었던 데다, 자라나는 새싹(?)들은 자기가 보는 게 일본 것인 줄 아예 모른 채 보는 경우도 더러 있었다. 어디선가 봤던 이미지 한 장이 정말 기막혔는데, 어떤 아이가 스케치북에 세일러문이 태극기를 들고 서서 "독도는 한국땅이다!"라 외치고 있는 그림을 그렸고 그 사진이 인터넷에 돌았다. 그 한 장에 담긴 수많은 맥락, 웃프다고나 할까? 비웃거나 할 일은 아니고 다만 웃펐다. 이게 사실은 우리지, 라는 심정이었다.

오덕들에게 놓인 선택지는 몇 가지가 있었다. 먼저 이게 다 사실 일본 건데 뭐하러 가리고 고치느냐고 힐난하거나 아예 네이티브 수준으로 일본어를 익혀 중간 경유지를 거치지 않고 직접 보는 쪽으로 향하는 경우가 있었다. 다른 경우는 일종의 한국화를 거친 버전과 원래의 버전을 양쪽 다 나름대로 즐기는 것으로 작품 하나를 두고 두 배로 즐길 수 있는 장점이 있었다. 만약 같은 애니메이션을 서로 다른 방송국에서 성우까지 달리 기용해 방영한다면 즐거움이 세 배다. 만화의 경우도 어설픈 번역과 초월 번역, 한국 사회의 맥락이 듬뿍 묻어나는 번역 사이에서 줄타기를 하는 재미가 있으니 이 또한 기묘한 기분을 만끽하기 좋았다. 내 경우는 이런 지점을 즐기는 축에 속했지만, 많은 경우 공격 대상이 되기 일쑤였고 그 모든 상황 자체가 그 시기를 특징짓는 어떠한 조류라 할 수밖에 없었다. 또 다른 사례로는 한국인으로서의 자존감과 현실의 괴리를 채우기 위해 다양한 형태로 '한국적인 것'을 정의하거나 이를 적용해 보려는 움직임을 들 수 있다. PC통신의 만화·애니메이션 관련 동호회나 인터넷 시대로 접어든 이후 활성화한 커뮤니티 게시판 등지에서는 한국적인 것이 무엇인가에 관한 논란이 끊이질 않았다.

어떻게든 작품들의 내용이나 수용에서 '한국적'인 것을 추구하려는 모습이었다 하겠는데, 이는 국내 작품을 향한 비판으로도 작용하지만 다른 한편으로는 좋아하는 일본 작품의 일본 캐릭터에 한복을 굳이 입히려는 시도로도 연결되곤 했다. 1990년대를 장식한 한국 애니메이션 정보지 《모션》에서 직접 가이낙스에 발주를 넣어 제작했던 <신세기 에반게리온>의 주인공 아야나미 레이의 한복 차림 부록 포스터는 그 정점에 해당하는 사례였다. 국내의 만화·애니메이션 수용자들은 이런 형태의 한국화한 대상이라도 있길 바랐고, 그게 일종의 마케팅 포인트가 되기도 했다. <아즈망가 대왕> 한국판 DVD 한정판 포스터에서 치요가 한복을 입고 불국사 앞에 서 있는 모습이 등장한 것도 같은 맥락이라 하겠다.

조금 다른 궤로는 일본 작품 속에 한국과 관련된 것이 등장하길 바라는 마음도 있었는데, 게임 <킹 오브 파이터즈>의 김갑환·장거한·최번개를 비롯해 <스트리트 파이터>에 태권도 하는 빌런인 한주리와 같은 캐릭터가 등장하는 모습에 재미를 느끼기도 하고 왜 거의 악당 쪽으로 묘사되는가 하는 투덜거림이 이어지기도 했다. <길티기어 이그젝스> 한국어판에는 배경에 한국판 오리지널 스테이지가 등장해 장승과 더불어 한복 입은 자매가 등장하기도 했다. 만화나 애니메이션은 어떨까. <이나즈마 일레븐>에 아후로디가 한국인이라네, <고스트 바둑왕(히카루의 바둑)>의 최강자에 한국인들이 있다네 하는 이슈가 있을 때마다 화제가 되곤 했다.

사실 해외 작품에 '우리 것'이나 '한국인'이 등장하는 게 곧 한국의 위상을 말해주진 않는다. 그토록 마블 영화 <어벤져스 : 에이지 오브 울트론>이나 <블랙팬서>에 한국 촬영분이 있다고, 마블 원작 만화에 한국계 캐릭터가 주조연으로 들어간다고, 외국인들이 내한할 때마다 한국어 인사를 시킨다고 한국이 대단해지는 건 아니다. 오히려 이러한 심리를 두 글자로 줄인 '국뽕'은 지나치면 지나칠수록 역효과와 반발심을 낳고, 더 나아가면 희화화 단계에 이른다. 유튜브에 넘쳐나는 국뽕 계정들의 콘텐트들은 이제 한국어를 할 줄 아는 외국인들 입에서 "불닭볶음면 먹으며 BTS 노래 들으면 조회수 몇 백 만?" 같은 개그의 소재가 될 뿐이고, 이런 종류 콘텐트에 눈이 돌아가는 오랜 습성을 이용한 일부 외국인들은 유명 외국 배우들이 내한할 때 데리고 와 김치를 먹이기도 한다. 재밌으면서도 이게 여전히 우리의 체급인가를 생각 안 할 수 없게 된다. "외국에서 우리를 어떻게 바라보는가?" 내지는 "외국인이 사실 우리를 대단하게 생각해!"라는 시선 자체가 지극히 자기 방어 기제에 가깝기 때문이다.

그러한 지점들 상당 부분이 사회 전반에 공유되고 있었으니 기실 이 부분이 오덕들만의 심리는 아니었지만, 나를 비롯한 오덕들이 유난히 자기 방어에 열심이었던 까닭은 안 그래도 만화나 애니메이션, 게임을 나이 먹고도 좋아한다는 점부터가 비웃음 대상이었던 데다 심지어 '일빠(일본 빠돌이)' 취급당하기 일쑤였던 상황 탓이 크다. 그 와중에서도 어쨌든 즐기는 대상을 좀 더 재밌으면서도 안전하게(?) 만나면서 약간이나마 국가의 체급이 늘고 있다는 자기만족이라도 챙기고 싶었던 심정이었으리라.

오랜 시간 한국적인 만화가 무엇이냐는 질문을 받을 때 나는 이 좁은 땅에서 전 세계의 주요 만화의 조류가 각기 다른 창작자들의 손에서 현지 수준으로 소화되고 있는데 정작 그 안에 담긴 이야기가 우리나라 사람의 것이라고 대답해 왔다. 한데 이는 비단 만화만이 아니라 영화나 음악도 마찬가지고, 어느 사이엔가 이러한 대중문화가 세계에서 재밌고 힙한데 내용 면에서 안전한 쪽으로 회자되며 큰 반향을 일으키고 있는 중이다. 만화가 그 흐름의 최중심이 아니라는 점은 다소 아쉽지만, BTS를 비롯한 다양한 문화 자산 속에서 우리는 오랜 콤플렉스를 슬쩍 벗어놓고 있는 모양새다.

웹툰이 20년에 가까운 역사를 채우면서 일본 만화를 아예 보지 않고 자란 세대들도 등장하는 마당이고, 이들에게 만화는 한국의 웹툰인데 나름대로 잘 나가고 있다. 그 유명한 콜드플레이가 한국에서 뮤직비디오를 찍다 못해 아예 BTS와 함께 한국어 가사가 담긴 노래를 불러댄다. 전통 소리꾼들에게서나 들을 수 있을 법하던 수궁가가 이날치의 베이스 두 대와 드럼 리듬에 춤추는 전문 댄서들과 함께 대히트를 친다. 대중문화에서 '전통 한복'으로 대표되던 어떤 강박 대신, 오히려 지극히 캐주얼한 한복이 그 자리를 대신한다. 그러니 사실 언젠가 보고 싶던 그 풍경은 요즘에 와서는 거진 현실화 된 상황이고, 오히려 오랜 오덕들 입장에선 억지로 한국적인, 혹은 전통적이라는 말들을 자신들이 즐기는 문화에 뒤집어씌울 필요가 없어졌단 사실에 내심 놀라게 되는 나날인 셈이다.

오덕 4

한국어 더빙과 성우 덕질

 2022년 초 <위대한 수업 - 그레이트 마인즈>이라는 EBS 프로그램이 안 좋은 방향으로 화제가 된 적이 있다. <위대한 수업>은 세계의 석학들을 초빙해 듣는 강연 프로그램인데, 강연자가 외국인들이다 보니 내용 전달을 위해 방송 시에는 한국어 더빙과 자막을 지원하고 별도 강연 홈페이지에서도 이와 같은 기조를 유지하고 있었다.
 한데 <위대한 수업>은 2월 1일자 본 방영분부터 한국어 더빙이 빠졌다. 이유인즉 일부 사람들이 우리말 더빙이 어색하다, 원어(?)로 어학 공부를 하고 싶다느니 하는 요구를 했고 이를 EBS가 받아들인 것이다. 2022년 3월 현재까지도 우리말 더빙을 부활시켜야 한다는 목소리가 높아지고 있지만 EBS는 후시 녹음(사후 더빙)을 안 할 경우 제작기간이 줄어든다며 본방송을 마치고 웹사이트에 올릴 때에는 우리말 더빙을 하겠다는 입장을 보이고 있다. 성우들은 물론 우리말 더빙으로 내용을 접해 왔던 이들은 이에 반발하며 아예 이참에 '우리말 더빙을 법제화하자'

라며 목소리를 높이고 있는 상황이다.

그런데 나는 2022년이나 되어서도 이런 논란을 지켜봐야 하는가 싶어 답답함을 지울 수 없었다. 이 싸움은 대체 얼마나 오래되었던가. 그리고 그렇게나 시간이 지났음에도 왜 레퍼토리가 하나도 변하지 않았는가.

지난한 레퍼토리

사실 이 논란은 PC통신 시절이었던 1990년대에도 있었다. 그때는 일본 애니메이션이 논란의 중심에 서 있었다. 우리나라는 1998년 일본 대중문화에 본격적으로 빗장을 열었는데(김대중 대통령 시절) 이 시기 전까지는 일본어가 지상파를 곧바로 탈 수 있는 건 독립투사와의 대립을 비롯해 일제 강점기를 소재로 한 극이거나 일본인을 인터뷰할 때 정도였다. 따라서 일본 쪽 애니메이션을 본다고 해도 당연히(?) 한국인 성우를 통해 우리말 더빙을 거쳐야 방영이 가능했다. 현재와 같이 각종 케이블 채널이나 OTT 등에서 일본어 그대로에 자막만 붙이는 방식으로 작품이 공개되는 건 어불성설이었다.

그리고 이러한 환경 속에서 한국에서 소개되는 과정에서 초월 번역 내지는 초월 더빙이라는 식의 찬사를 받는 우리말 더빙판들이 종종 등장하게 된다. 분명 일본 작품이지만 우리에게 익숙한 우리말의 어감과 입말의 맛을 살려낸 사례들이 왕왕 생기면서 우리말 더빙은 작품을 즐기는 또 다른 방식으로서 자리매김할 수 있었다.

문제는 이게 긍정적인 반응만을 끌어내진 않았다는 점이다. 1990년대에도 <위대한 수업> 사례에서 만났던 으르렁거림이 고스란히 있었다. 아니 정확히 말하자면 그때가 원조 격이라 할 수 있다. 애니메이션이나 외화는 만들어진 원어 그대로를 오리지널로 접할 수 있어야 제맛인데 왜 거기에 굳이 한국어를 끼얹느냐는 반발이다. 일명 우리말 더빙 무용론인데, '우리말 더빙'이라는 표현도 넘어 그냥 '오리지널'과 '더빙'으로 구분해 후자를 극렬히 혐오하는 사람들도 상당히 많았다.

자막 역시 어차피 번역이라는 과정을 거쳐야만 하는 시점에서 '오리지널' 그 자체를 그대로 소개해야 한다는 주장은 힘을 잃을 수밖에 없거니와, 본인들의 외국어 실력이 매우 뛰어나 해당 언어의 어감을 고스란히 느낄 수 있다 한들 남이 쉽게 내용을 전달받을 수 있는 기회에 왈가왈부를 해선 안 된다. 또한 자막이라는 과정을 한 번 거치는 것보다는 귀에 바로 꽂히는 우리말 더빙 쪽이 훨씬 더 빨리 이해되는 시청층도 있다. 어린 아이들만이 아니라 시력이 나쁘고 인지 능력이 저하되는 고연령층이나 시각장애인에게는 우리말 더빙 외에는 해당 콘텐트를 즐길 방법이 없다. 어른들에게는 자막판을 오래 시청하는 게 고역일 수밖에 없다. 즉 우리말 더빙은 아이들만을 위해서

만 있는 게 아니다.

한국의 성우, 천덕꾸러기 같은 입장

그러하니 대중을 대상으로 한 전달에서 번역을 전제로 했을 때 우리말 더빙이란 ① 원래의 내용을 ② 많은 대중을 대상으로 ③ 손실 없이 전달하기 위한 최선의 방식 중 하나이며 ④ 우리말 더빙이라는 또 다른 버전을 통해 작품을 좀 더 다양하게 즐길 수 있는 기회가 되기도 한다는 점이다. 특히 ④의 경우 한국에서 같은 일본 작품을 다른 방송사에서 각기 다른 성우를 기용해 내어놓은 경우 버전이 오리지널/한국어 더빙판 1/한국어 더빙판 2 버전이 나뉘게 되는데 각기 다른 맛이 있어서 굉장히 재밌게 마련이다. 비디오판과 SBS 더빙판이 갈리는 <슬램덩크>나 투니버스와 SBS판이 다른 <슬레이어즈>(<마법소녀 리나>)·<캡틴 테일러> 같은 사례가 대표적이다.

그런데 일부에게는 이게 영 마뜩찮았던 모양인지, 일단 우리말 더빙을 통해 소개되는 방식 자체를 부정하려 드는 사례가 많았다. 고집을 부리려다 보니 "언제까지 역사적 피해망상에 머물러 있으려 하느냐"라든지, "(CLAMP의 <카드캡터 사쿠라>를 <카드캡터 체리>로 번안해 방영한 사례에 비추어) 사쿠라를 체리라고 부르는 놈들은 팬이라고 볼 수 없어!" 같은 웃긴 소리를 대놓고 하는 이들까지 있었다. 하물며 성우 개인을 향한 조롱이나 비난은 말할 것도 없다. 일본 성우가 훨씬 좋은데 왜 굳이 급 떨어지는 한국 성우들을 기용하냐는 식이다.

한국 성우들은 이렇게나 오랜 시간에 걸쳐 괴롭힘을 당해 왔고, 일본 문화 개방 이래 등장하기 시작한 채널들은 한국어 더빙을 지양하는 모양새를 취함으로써 일부 계층이 지지를 얻기도 했다. 게다가 토요명화를 비롯한 지상파 외화 프로그램이 폐지되고 IMF 당시 외화 수입이 줄어들면서 한국 성우들의 입지는 좁아지기 시작한 상황에서 일부에서 필요 없는 직업으로 치부하는 이들까지 나오니 졸지에 천덕꾸러기 같은 입장이 된 셈이다.

쇼 프로그램에 출연했다가 떡이 목에 걸려 어처구니없이 사망한 고(故) 장정진 성우님의 사례를 비롯해 이제는 배우로 더 유명한 -나 개인적으로는 마지막화를 볼 때마다 눈물짓는 한국 애니메이션 <레스톨 특수구조대>의 코우 선장님 역을 맡았던- 장광 성우님이 성우에서 배우로 전향한 이유로 "가족을 먹여 살리기 위해"를 말했을 때 쓴 입맛을 다셔야 했던 이들이 적잖았으리라.

그나마 EBS나 투니버스, 브라보키즈와 같은 애니메이션 채널에서 유아~어린이용 국산 애니메이션들이 오랜 기간 방영되고 있어 세대를 거듭해 우리말 전달이 익숙한 환경을 만들고 있다는 점에선 다행이라고밖에 할 수 없지만, 어린이 대상 이상의 콘텐트에서 우리말 더빙을 만나는 일이 여전히 별스러운 일 취급을 당해야 하고 심지어 "왜 굳이 따로 만들어야 해?"라는 반응을 얻는 게 난감할 따름이다. 공공연히 "나는 우리말 더빙이 싫어!"라는 말을 하는 이들도 여전히 많고, 화제를 모으기 위해 연예인을 기용해 녹음하는 바람에 연기 품질이 한없이 굴러 떨어지는 바람에 우리말 더빙에 관한 편견이 더 강화되는 상황도 많다. 일부 극장판 애니메이션 감독들의 성우 혐오도 이를 부채질한다.

이는 되레 우리말로 전달되는 콘텐츠에 관한 사대주의적 거부감이 결부된 결과물이라 할 수 있는데, 그 과정 속에서 정작 우리말 전달의 전문가인 성우들의 입지가 갈수록 좁아져 온 상황이다. <위대한 수업> 우리말 더빙 삭제는 그러한 편견이 2022년이나 와서도 여전히 횡행하고 있음을 여실히 증명하고 있는 속 터지는 사건이다. 게임의 경우는 긴 이야기를 전달하기보다 단발적인 대사를 읊는 경우가 많고, 근래 매우 많아지고 있는 OTT들의 경우 우리말 더빙을 추가하고 있는 경우가 왕왕 있다지만 오히려 성우들로 하여금 출연작을 공개하지 말도록 요구함으로써 출연작 한 줄이 곧 포트폴리오인 성우들의 반발을 사고 있는 실정이다. 언제쯤에나 이런 잡음이 줄어들 수 있을까. 세계 구독자 1위 유튜버인 Mrbeast가 방송사도 아니면서 자기 영상을 좀 더 많은 세계 사람들에게 원활하게 보여주기 위해 타국 언어 더빙을 시도한 사례는 이 시점에 많은 걸 시사한다.

내 성우 덕질의 역사

나는 우리말 더빙의 가치와 필요성에 관해 계속해서 논해 온 사람이고, 이 문제가 단지 '취향'의 범주를 넘어서는 정보 접근권의 문제라고 생각한다. 애니메이션이 아닌 <위대한 수업>에서 우리말 더빙이 삭제된 건만 보아도 일부 목소리 큰 사람들이 타인의 정보 접근에 관해 얼마나 무지하거나 무신경한지를 잘 보여준다. 모두가 건강한 눈을 지니고 있을 수도 없고, 누구나 나이를 먹으면 눈이 나빠지며, 심지어 잘 보이지 않거나 자막으로 채 정보를 접할 수 없는 사람도 있단 사실을 무시한 결과다. 1990년대와 2000년대 초반엔 우리말 더빙이 어린 아이들 용이기 때문에 거부하고 싶은 치기 어린 시선도 많았는데, 본인이 애 취급 받기가 싫다는 정말 애 같은 심정들도 많았다.

어쨌든 '한국 성우'는, 분명 한편에서는 애니메이션 전문채널인 투니버스의 개국을 비롯해 오덕한 수요가 늘어나고 있는 분야였음에도 향유문화 면에서는 마이너리티 정체성을 지니고 있는 분야기도 했다. 그래서 한국 성우를 좋아하던 이들은 '오리지널 = 일본 선진 문물', '국산 애니메이션과 한국 성우 = 그 일본 선진 문물에 비해 질 떨어지는 하품' 같은 구분을 하는 이들이 꽤나 넘쳐나던 시기를 지나 왔다.

마이너리티는 마이너리티 특유의 방어적 정체성을 띠게 마련인지라 필연적으로 성우 연기와 연결점을 지니는 현지화 따위의 문제나 직접적으로 한국 성우를 향해 쏟아지는 비난에 대응하는 논리를 구축하기도 하고, 위키백과가 보편화하지 않았던 시절 작품별 성우 출연작을 정리하려는 움직임을 보이기도 했다. 캐스팅뱅크와 같은 한국 성우 카페가 이런 역할을 주로 했고 일부에서는 팬페이지를 통해 특정 성우의 정보를 한데 모아놓는 사례도 있었는데, 인터넷은 어느 정도 활성화됐지만 지금과 같이 유튜브나 인터넷 방송이 보급되거나 스마트폰 혹은 디지털 카메라가 보편화한 때도 아닌지라 정보 수집 대부분을 VHS에 녹화한 후 받아 적거나 화면 속 글씨를 곧바로 옮겨 적는 게 대부분이었다.

내 경우는 당시 방영 중이던 국산 애니메이션과 우리말 더빙을 거친 일본 애니메이션의 정보를 주로 정리하곤 했다. 당시는 애니메이션을 TV로 본다는 건 투니버스나 지상파를 통하지 않으면 불법일 수밖에 없었고, 안 그래도 애니메이션을 구해 본다는 데에 불법성을 어느 정도 감안할 수밖에 없던 시대라지만 굳이 그러고 싶지 않았던 것도 있었다. 무엇보다도 일본 성우는 일본 애들이 알아서 잘 정리하겠지! 내가 굳이 그럴 필요는 없지!라고 생각했다. 한국 땅에 서 있는 한국인이라는 특성을 반영하는 게 맞지, 모든 부분을 일본에 종속할 필요는 없다고 생각했다.

내가 운영하던 《만화인》에는 여는 노래와 마무리 노래를 비롯해 그 시기 한창 우리말 더빙으로 방영되고 있던 작품들의 참여 성우와 스탭들을 정리하는 게시판이 있었다. 그 공간을 채우기 위해 방영작들을 챙겨보고 정리하다 보니 막상 공간을 운영하던 나는 그 시기 방영작 상당수의 정보를 꿰게 되었다는 점이다. 그리고 그 결과로 어린 시절의 추억을 장식해주던 목소리들이 지금은 어떤 작품을 하고 있는가 정도를 생각하던 나는 어느 순간엔가 투니버스를 비롯해 비교적 신진 성우들을 뽑던 방송국의 정보들을 꿰며 성우들의 음색을 구분하는 단계에까지 이르고 있었다

나의 성우 덕질은 이렇게 한국 성우 참여작 목록을 정리하는 과정에서 공고해졌다. 그런 연유로 말미암아 성우들의 처우나 <토요명화> 폐지와 같이 성우들의 목소리가 나올 자리가 좁아지는 문제에도 목소리를 내게 되고, 게시판 등지에서 그놈의 '오리지널 더빙'을 고집하는 이들과 싸워대는 게 일상이었으며, 고(故) 장정진 성우님과 같이 어처구니없는 사고로 목숨을 잃는 사고에는 장례식장을 찾아가기도 했다. 당시 한국 성우 덕질을 하는 이들 상당수가 비슷한 입장을 취하고 있었는데, '시장'이 넓지 않은 상황에서 자리는 좁아져가고, 그렇다고 실력이 낮지

않음이 분명한 이들을 팬 입장에서 소개하고 조명하고 싶어 하는 마음들이 알게 모르게 있었던 것이다. 게다가 어떤 작품에 어떤 성우가 나왔는지조차 나를 비롯한 팬들이 각자 공간에서 자체 구축해 게시판에 쟁이는 게 고작이었던 상황이니 더 절실하고 절박한 느낌이었던 것이다.

지금은 유아용 중심이긴 하지만 국산 애니메이션도 많아졌고 채널도 훨씬 많이 늘었으며 제목을 초록창 같은 데에서 검색하면 배역 정보가 주르륵 뜨는 게 일반적이다. 그래서 이대로 한국 애니메이션도 한국 성우도 설 자리가 없는 것 아닌가, 정보가 부족하진 않을까 같은 걱정을 할 일은 줄어든 상태다 보니 역설적으로 일일이 직접 정리할 마음은 들지 않는 게 현실이지만. 그만큼 한 시기의 절박함으로 나는 물론 다른 많은 성우 팬들이 덕질을 해냈기에 한국 성우들을 향한 관심이 이만큼 이어져 올 수 있었던 것이라 자부해 본다. 찾을 수 없는 건 결국 없는 것이나 마찬가지이기에 성우 덕들은 찾을 수 있는 연결 고리를 만들고자 했던 것이다. 지금은 결국 예전에서 온다.

오덕 5

누구나 가슴에
애니 노래 한 곡쯤은 있는 거잖아요

애니메이션 주제가의 한 시기

1998년부터 거진 10여 년간 웹 공간에서 《만화인》이라는 게시판 커뮤니티를 활발하게 운영하던 때가 있었다. 만화에 좀 더 집중하게 된 지금과는 달리 당시의 나는 만화와 애니메이션, 게임, 성우 등 다양한 분야 전반을 다루고 있었다. 1990년대 후반에서 2000년대 초반은 오덕이나 덕후라는 표현이 정착하기 전이었고 웹툰이 지금 같은 위상을 지니고 있던 때도 아니어서 이들이 지니고 있던 문화적 헤게모니는 다분히 일본 오타쿠 문화의 자장 안에 있었다.

나와 같은 이들은 국산 애니메이션의 성공과 성장을 바라면서도, 한편으로는 일본 애니메이션을 좋아하고 그 출연 성우를 꿰고 작품의 주제가를 부르는 게 일상의 일부였다. 지금 와서 생각해 보면 다분히 사회적 마이너리티를 힙하게 생각하던 경향의 일부였다고도 볼 수 있지만,

나를 비롯한 그 당시의 오덕들은 만화 주제가를 듣고 제2외국어 범주에 놓이는 일본어로 된 가사를 외우는 것을 즐겼다. 주제가로 치자면 디즈니를 빼놓을 수 없지만 디즈니는 워낙에 월드와이드라 오히려 흥미가 안 동하는 경우도 왕왕 있었다.

일본에서도 애니메이션 주제가나 게임 노래만 부르면 이 오타쿠 뭐지 싶은 표정을 보게 되기 십상이지만, 심지어 여긴 한국이니 일본어 노래만 듣고 부른다면 한층 더 미묘한 반응을 얻게 마련이다. 동호회나 커뮤니티를 통해 알게 된 지인들끼리는 이러한 취미를 공유하는 걸 통해 일종의 유대감이 형성됐고, 그 기분을 함께 향유하기 위해 노래방으로 향하는 건 어찌 보면 당연한 수순이었다.

나만 해도 지역에서 서울을 오가며 오타쿠 생활을 하다 뒤늦게야 고시원 생활로 서울에 발을 들인 입장이듯, 오덕들이 다 서울에 사는 건 아니었다. 그래서 서울에서 모이자, 라고 할 때 모임 장소는 어느 지역에서 오든 오덕들이 마음으로 편하게 느끼는 곳이어야 했다. 거리의 문제가 아닌 마음의 문제였고, 단연 서울의 홍대 주변이 그런 장소였다. 당시의 홍대입구역 근처는 만화 관련 서점은 물론 오타쿠와 프로 만화가들이 한데 모이는 카페나 구체관절인형숍 등이 다수 포진해 있어 이른바 '오덕의 성지' 노릇을 했다.

지금은 50대가 되었을 1세대 자생형 한국 오타쿠들에

게 외국 서적들이 모여들던 서울 명동이 그러했듯, 한 시기의 홍대는 우리에게 심적인 상징성이 있는 공간이었다. 나 같은 지역 출신 오타쿠들에게 서울에 온다는 건 곧 홍대 앞에 가겠다는 이야기기도 했다. 태어나기만 서울에서 났지 지역민이었던 내 첫 서울살이도 홍대 근처였다. 어떻게든 그 공간 근처에 있고 싶었고, 그래서 모임을 열면 너무나 당연히 홍대 또는 그 근방의 신촌으로 갔다.

'오덕의 성지' 홍대와 근방의 신촌은 그렇게 한국 안에서 조금은 마이너리티한 문화를 탐닉하는 이들을 넉넉히 받아주는 곳이었다. 어쩌면 홍대가 크라잉넛과 노브레인과 같은 이른바 '한국 펑크록'의 시작점이 된 것도 비슷한 맥락으로 읽을 수 있지 않을까? 지금은 젠트리피케이션의 여파가 불어닥친 아노미 상태가 되어 있다 해도 과언은 아니긴 하지만, 아직도 어떤 과한 콘셉트를 채용해도 누구도 신경 쓰지 않는 패션 공간(의미로든 표상으로든)으로서의 위상(?)은 여전히 지니고 있는 곳이다.

그런 분위기가 있어서일까, 우리와 같은 사람은 노래방마저 홍대 근처에 자리한 수노래방을 굳이 찾아갔다. 수노래방은 넓은 방이 있어 커뮤니티 모임을 열기도 좋았지만, 홍대와 주변의 '덕도'가 한창 물오르던 당시 덕스러운 분위기를 뿜어내는 이들이 우르르 몰려가도 익숙하다는 듯 응대할 정도로 숙련된 직원들이 맞아주던 곳이었다. 게다가 무언가 고풍(?)스럽고 독특한 인테리어, 고급스러운 장비들로 오덕들을 홀리기까지 했던 공간이다. 이렇게 분위기 좋고 성능 좋은 음향 장비를 갖춘 방에서 애니메이션 주제가나 게임 주제가를 온 힘을 다해 '떼창'하는 건 오덕들에게 일종의 해방감을 느끼기엔 충분한 순간이었다. 언제 우리 같은 이들이 애니메이션 주제가를 환호받으며 불러볼까. 그것도 많은 경우 일본어로 된 노래를! 서비스 연장을 거듭한 끝에 마지막의 마지막 찐막 1분을 남겨놓고 달려 보는 수십 분짜리 애니메탈 메들리나 대망의 피날레 송으로 유명한 'skill(슈퍼로봇대전 오프닝)'은 그야말로 노래방 공간을 몸을 부대끼며 소리 지르는 공연장으로 바꿔놓기에 충분했다.

이런 이들의 수요가 많지는 않아도 나름대로의 의미가 있다고 생각했는지 금영이나 태진 같은 노래방 기기 업체들은 자사 기기 안에 애니메이션이나 게임 주제가를 제법 많이 수록하기 시작했다. 애니메이션 정보 잡지였던 《한국판 뉴타입》은 언젠가 각 기기별 일본 노래 번호를 수록한 작은 책자를 부록으로 수록한 바 있다. 물론 일찍이 신촌의 블루노래방 같이 일본 노래방 기기를 직접 들여놓은 노래방을 찾는 이들도 있었다. 이쪽은 문자 그대로 일본산 기기로 일본 노래를 부르는 것이기에 곡을 고르는 것부터가 일본어 능숙자가 아니면 어려운 일이었지만, 일본어를 일본인 수준으로 구사할 수 있는 1세대 한국산 오타쿠(?)들 사이에서는 일찍이 맘 편히 일본어 노래를 부를 수 있는 곳으로 회자되곤 했다.

어쨌든 적지만 분명하게, 애니메이션·게임 주제가를 찾는 이들은 어느 한 시기에 흔적을 남겼다. 일본문화 전면 개방 이후 우리말 더빙 없이 일본어를 그대로 트는 애니메이션 전문 채널을 지나 이젠 OTT 등지에서 넘쳐나는 게 일본 애니메이션이 된 시점에서 이를 즐기는 게 더 이상 '힙'하게 느껴지지 않게 됐고, 노래방 대신 유튜브의 '불러 보았다', '커버송'류 문화를 찾는 경향으로 옮겨 간 인상도 있지만 향유 방식 자체가 바뀌었을 뿐 크게 다를 건 없다.

다만 그때의 정취가 묻은 우리의 문화들이 우리 품 바깥에서 일반 대중에 의해 본래의 맥락이 거세된 채 회자되기도 할 때면 복잡 미묘해지기도 하는 것이다. 야구장에 울려 퍼지는 <쾌걸 근육맨 2세> 주제가 '질풍가도'라든지, 라이트노벨 IST지만 커버곡만 유명해진 <나의 호랑이님> 주제가 '호랑수월가'라든지 말이다. 흔하지 않았고 이해받기 어려웠다 생각했는지 나름대로 절박하게 즐거웠던, 노래방에 모여 온 힘을 다해 열창하던 우리네 오덕들의 추억이 가끔은 그리워지기도 할 뿐이다.

세련되진 않아도 깊숙이 각인될 수밖에 없는 까닭

나는 지금도 아이들이 동네가 떠나가라 고래고래 큰 소

리로 <베르사이유의 장미> 한국어판 주제가를 부르던 어느 날의 하굣길을 잊지 못한다. "나는 장미로 태어난 오스칼!", "장미 장미는 화사하게 피고 장미 장미는 순결하게 지네!" 초등학생쯤 되던 아이들 입에 순결이란 말이 나오게 하는 게 맞나 하는 생각도 잠시, 새삼 애니메이션 주제가의 위력을 실감할 수밖에 없었다.

길거리에서 고래고래 부를 정도면 반복해 불러 거의 인이 박힌 노래라는 이야기인데 그게 동요도 가요도 아닌 애니메이션 주제가다. 그것도 꽤나 어려운 어휘가 들어간 데다 단조 음계이기까지 한 노래를 친숙하게 외우고 있지 않은가? 작품의 내용을 오롯이 이해할까 싶은 나이의 아이들이기는 했지만 뭐 어떠랴, 그러다 세계사 공부하게 되는 것이지. 생각해 보면 KBS에서 방영되었던 <꾸러기 수비대>(원제 : <십이전지 폭렬 에토레인저(十二戰支 爆烈エトレンジャー)>)로 자축인묘진사오미신유술해~라는 12지를 외웠다는 친구들도 많았다. 내가 본 건 투니버스 방영판 <출동! 12레인저>여서 여는 노래가 일본판 노래를 번안한 '아직 아직 아직'이었지만, 많은 이들은 12지를 <꾸러기 수비대>로 익힌 덕분에 학교 시험에서 12지가 나올 때 유용했다고 한다. 이들보다 조금 더 뒷세대들은 사람이 12지 동물로 변한다는 내용을 담은 <후르츠 바스켓>을 보고 익히기도 했다고 한다.

애니메이션이나 게임과 같은 영상 콘텐츠에서의 주제

곡은 TV 방영 시에는 전후로 편성된 타 프로그램과의 구분선 역할을, 극장에서나 콘솔에서 독립적으로 상영될 때에는 몰입도를 극대화하는 역할을 한다. 주제가는 주제(theme)라는 말뜻 그대로 작품의 주제와 분위기를 담아내며, 감상자들의 감흥을 배가하는 역할을 한다. 물론 일본에서는 타이업(Tie-up)이란 형태로 연예인 프로모션과 작품의 흥행을 동시에 꾀하기 위해 작품과는 아무런 상관 없는 최신곡을 끼워 넣는 사례가 왕왕 있지만, 작품의 곡으로서 시대를 넘어 유난히 오래도록 사랑 받는 노래들은 주제와 분위기를 맞춘 경우가 많다. 주제가가 문자 그대로 '주제가'인 까닭이 달리 있지 않다.

디즈니 애니메이션과 같이 아예 뮤지컬 애니메이션을 표방하는 경우라면 말할 것도 없지만, 뮤지컬 형태가 아니라도 작품의 여운을 가장 깊이 기억하게 만드는 것이 음악이란 점은 누가 뭐라 해도 분명한 사실이다. <카우보이 비밥>이나 <천공의 에스카플로네> 등의 음악 감독으로 유명한 일본의 칸노 요코(菅野ようこ) 씨가 유독 오덕들에게 깊은 인상을 남긴 까닭이 여기에 있다. 고급스러운 음악을 각 애니메이션에 최적화한 형태로 구현했기 때문이다. 하지만 비단 이렇게 작품 전체를 아우르는 음악이 아니더라도, 시리즈 작품을 대표하는 곡으로서 깊은 인상을 남긴 주제가들은 많다. 그리고 그러한 인상은 세련도와 절대적으로 비례하지는 않는다.

중요한 건 가장 적확한 타이밍에 정확한 힘으로 작품의 메시지와 멜로디를 뇌리에 박아 넣었느냐지, 곡과 악기 배치의 세련도 그 자체가 곡을 기억할 수 있는 척도는 아닌 셈이다. 물론 추억 보정도 분명 일부 있긴 할 터이다. 하지만 심지어 다소 투박하고 유치하게 느낄 법한 곡조로도 수많은 이들의 뇌리에 남았던 건 그 모든 요소들이 절묘하게 맞아떨어졌기 때문이다. 특히나 주제가는 명확한 타이밍에 명확한 멜로디와 메시지를 강하게 주입시키는 게 성공의 관건이기 때문에 세련미와는 별개로 선 굵은 노래들은 그 어떤 후크송이나 힙합보다도 강한 중독성을 지니게 마련이다. 시간이 넘쳐나는 어린 시절이라면 더욱이 반복학습(?)에서 헤어 나올 길은 애초에 없다. 덕질까지 들어가지 않았다 해도 최소한 몇 곡 정도는 전주만 들어도 흥얼거릴 수밖에 없는 몸이 되고 마는 것이다.

심야 라디오에서 애니 주제가를 틀 날을 기다리며

인간은 어린 시절에서 20대 초반까지 흡수한 문화적 자산을 평생에 걸쳐 파먹고 사는 존재다. 많은 경우 어린 시절을 장식한 작품들의 주제가는 첫 소절을 재생한 순간에 벌써 흥얼거릴 수밖에 없는 마력을 지닌다. 전 세계 어린이들을 오래도록 홀려 온 디즈니 애니메이션의 가장 무서운 점이 그것이기도 했고, 잼 프로젝트(JAM Project:

Japan Animation song Makers Project)와 같이 애니메이션이나 게임에 최적화한 정서와 힘을 이해하는 뮤지션들을 다수 보유한 일본의 오타쿠 문화가 무서운 점이 그것이기도 했다.

이들의 노래를 노래방 등지에서 불러대는 한편, 세대를 거듭해 그 흐름을 맨들어 내는 저변과 부피가 너무나 부러웠다. 일부 멤버의 맛보기성 내한 공연에 이어 잼 프로젝트가 처음으로 전부 내한해 공연을 열었을 때 '아메오토코'(雨男, 비를 몰고 다니는 남자)라는 주요 멤버들의 별명답게 지극히 궂었던 날씨 속에서도 공연장에 집결했던 이들은 다들 비슷한 감정과 감흥을 안고 있었다. 그들 모두는 성장 과정 속에서 강렬한 인상으로 다가올 수밖에 없던 애니메이션, 게임 속 주제가들을 목이 터져라 공연장에서 함께 떼창하며 교감할 수 있는 순간을 바라고 있었다. '일본 최대급 애니송 라이브'로 불리는 아니멜로(ANIMELO)가 만들어냈던 사이타마 아레나 공연과 같은 장관을 우리나라에서 보기는 어렵겠지만, 적어도 내한 공연이 열릴 정도까지는 왔다며 반가워할 수 있었던 셈이다.

물론, 바라던 만큼까지는 아니지만 한국에서도 이러한 '주제가'를 단순히 유치하다거나 정규 음반 이하 정도로 취급하는 분위기는 많이 사그라들었다. 지상파 방송사인 SBS가 대놓고 '만화왕국'을 표방하던 시기, 당시 유일

한 애니메이션 전문 채널이었던 투니버스가 수입 작품이기는 해도 주제가만이나마 그 나름의 창조성을 발휘해 별도의 즐길 거리를 마련하려 애쓰던 시기에 성장기를 보낸 오덕들이 이제 지갑을 열 만한 나이가 되자 과거의 향수를 복원하는 데에 돈을 써대기 시작한 것이다. 일례로 <달빛천사>(원제:<풀문을 찾아서(満月をさがして)>)의 주인공 연기와 한국어판 노래를 맡았던 이용신 씨가 크라우드 펀딩을 통해 음반을 발매하는가 하면 일부 곡들이 효과음 범벅이어서 아쉬움으로 남았던 <이누야샤> 한국어판 노래들도 크라우드 펀딩으로 재녹음판을 제작하는 시도가 이뤄졌다. 과거 KBS 등이 거의 의무감처럼 만들었던 주제가 모음집이나, 한국어판 노래들을 적극적으로 별도 제작해 온 투니버스가 그간의 창작 활동을 정식 음반 발매를 통해 남기는 의미를 두었던 -다만 시장 규모를 가늠하기는 어려웠던- 《WE》 시리즈 때와는 달리, 그 사이에 나이를 먹은 시청자층의 오랜 추억을 안전하게 자극할 수 있는 시기가 된 것이다.

그 사이에 음악 시장이 음반이 아닌 음원 기반 시장으로 변모하고 유튜브에 가수가 직접 음악을 올릴 수 있는 시기가 되면서 교감을 나누고 감흥을 확대하는 방식 또한 완전히 달라졌다. JTBC의 <슈가맨>을 통해 오랜만에 모습을 드러낸 정여진 씨는 동생 TULA 씨와 그 아내 나오미 씨와 함께 유튜브 계정에서 본인의 과거 노래는 물론 다양한 곡들을 커버하는 활동을 펼치고 있다. 이에 질세라 배연희 씨를 비롯해 유명 애니송을 부른 가수들도 유튜브에서 활동을 펼치고 있으며, Raon Lee 씨나 '퇴근버스' 같은 채널도 애니메이션 주제가들을 매우 높은 비중으로 커버하며 인기를 끌고 있다.

이는 그야말로 유튜브와 음원 시대가 만들어낸 새로운 교감이라 할 수 있다. 음악의 경우 유튜브가 저작권료 등의 문제까지 알아서 해결하기 때문에 불법성의 문제도 벗을 수 있다. 어떤 면에서는 애니메이션 주제가가 유튜브 등지에서 안정적인 인기를 끌어 모을 수 있는 발판이 되어주는 현상마저 보여주고 있으니, 한국어판 음반 정도는 내 줘야지!하는 당위성에 기댈 수밖에 없던 시기를 지냈던 입장에서는 그야말로 즐겁지 아니할 수 없는 시기다. 여기에 웹툰의 OST까지 더해지면, 2000년대 이후 세대들에게 애니메이션과 게임, 웹툰과 같은 '비실사 기반 시각문화들의 주제가'란 친숙하고 세련되었는데 심지어 품질도 좋고 유명 가수들까지 앞 다투어 참여하기까지 하는 무언가가 되어 있다. 이런 풍경 앞에 과거 발매되었던 주제가 음반들이 사라지기 전에 꾸역꾸역 모아두었던 자신을 돌아보게 된다.

내가 갖고 있는 음반 가운데에는 시간이 지나 정말 구할 방도가 사라지면서 레어 아이템들이 된 음반도 꽤 많다. 개중에는 하현우 씨가 《복면가왕》에서 부르는 바람에 새삼 다시 회자된 <영혼기병 라젠카>의 음악처럼 압도적인 존재감을 드러내는 경우도 있지만 많은 경우는 국내 최초 만화 이미지 사운드 트랙이라 할 <BLUE>처럼 수준에 비해 제 평가를 못 받은 채 묻혔더랬다. 갖고 있는 것 자체가 역사의 증거일 수밖에 없는 상황인데, 언젠가는 이러한 음반들을 꺼내어 사람들에게 정식으로 들려줄 수 있는 기회를 어떻게든 만들고 싶다는 바람이 있다. 노래방에서 이들 노래를 부르는 것도 좋지만, 노래 자체를 원곡 그대로 다시 소개하는 것 또한 중요하다. 우리에게도 이 정도 자산은 있었다고 말하고 싶다. 그러려면 역시 오랜 꿈인 심야 라디오 DJ가 기어이 되어야만 할 것 같다. 노래를 대놓고 틀어 들려줄 수 있어야 비로소 음악을 세상 바깥에 내어놓을 수 있게 될 테니 말이다.

오덕 6

텔레비전에 내가 만든 말이 나오다

'우리 것'에 관한 어떤 집착

운영하던 커뮤니티 사이트 《만화인》에서 나는 이야기를 나누거나 토론을 진행할 수 있는 게시판을 열어놓는 한편, 정보 집적을 위한 게시판들을 여럿 두었다. 아직 통합 CMS(Content Management System) 개념이 딱히 없던 시기에 정보 적재와 검색이 가능한 도구로 게시판을 선택한 건 어찌 보면 당연하겠지만, 문제는 내가 미묘하고도 다소 쓸데없는 고집을 지니고 있었다는 것이다. 그건 바로 내 공간 안에서 한국식 표현을 관철하려고 했다는 점이다.

당시의 나는 영어나 일본식 용어가 난무할 수밖에 없는 만화와 애니메이션 쪽 표현들에 다소 경계심을 지니고 있었다. 비단 만화와 애니메이션만이 아니라 말글 생활 전반에 걸친 외래어 표기 남발에 경계심을 지니고 있던 나지만, 특히 우리 바닥(?)은 그 정도가 굉장히 심한 편이었기 때문에 어떻게든 대용어나 대체어를 쓰는 데에 갖은 노력을 기울이는 편이었다. 이를테면 연재만화에서 매 회 차마다 도입부에 들어가는 일러스트 원고를 흔히 도비라(扉 : 문. '토비라')라 부르곤 하는데 이를 굳이 꾸역꾸역 대문 그림이라고 적는다든지, 책꽂이에 꽂으면 보이는 옆면을 일컫는 세네카(背中 : 등짝. 발음은 '세나카'로 '세네카'는 잘못 읽은 것)를 책등이라고 적는다든지.

문제는 이런 용어 면에서의 노력이 다소 좀 많이 나간 부분들도 없지 않았다는 데에 있다. 커뮤니티를 이야기터라 적는 것 정도는 괜찮은데, 칼럼을 굳이 갈람(葛籃)이라고 한자를 꿰어맞춰 적는다든지, 링크를 연결고리라 적는다든가 같은 식의 발상에 다소 매여 있었다. PC통신 시기에 프로그래밍 동호회를 운영하면서도 영어 남발이 되기 쉬운 분야 특성 때문에라도 가급적 우리말이나 우리식 표현을 써야 한다는 고집이 있긴 했지만 그게 조금 심하게 작동했던 모양이다. 특히나 일본 쪽 문화로부터 직접적인 영향을 받은 분야에 있다 보니 무비판적으로 일본어나 일본식 표현을 받아들이는 게 좋아 보이지만은 않았다.

이를테면 1993년 국내 개봉했던 디즈니 애니메이션 <알라딘>의 홍보 전단에는 목소리 연기에서 미국식과 일본식 방식의 차이를 설명하며 '프레스코'와 '아프레코'라는 표현을 대놓고 적었는데, 각기 전시녹음(Pre-Scoring)과 후시녹음(After-Scoring)의 일본식 영어 발음이었다.

이런 걸 별다른 해설도 없이 홍보 전단에 그냥 적어놓으면 처음 보는 사람은 해당 개념을 그 낱말로 인지하게 되지 않겠는가? 이런 인식이 생긴 뒤부터 이러지 말아야지 생각을 하게 되었는데, 문제는 그게 조금 과해서 무조건 우리 것을 먼저! 라고 생각했던 것이다.

당시에 게시판 스킨을 일일이 고쳐서 자동 적용했던 날짜의 '단기' 표기는 이런 표현의 화룡점정이었다. 딱히 애국이라든지 전통이라든지 같은 생각에 매여 있다기보다는 '우리 것'에 관한 강박이 한몫했는데, 이제 와서 생각해보면 강박이 좀 강했다고밖에 할 수 없다. 그때엔 왜 그리 그런 데에 집착을 했던지, 오죽하면 한국 최초의 분양형 블로그 서비스 이글루스의 어느 이상한 친구는 나를 일컬어 접근성 낮은 메뉴명 짓기의 선수라는 식으로 비꼬기도 했다. 그러게나, 지금 생각하면 좀 민망할 정도로 과한 집착이었던 듯하다.

'여는 노래'와 '마무리 노래'의 성공(?)

이글루스의 어떤 이가 비웃었듯이 대체로 외래어를 쓰지 않기 위해 만든 표현들은 접근성이 좋지만은 않아 널리 쓰이지 못한 채 《만화인》 커뮤니티 안에서만 고집스레 쓰였고, 그나마도 《만화인》이 2010년을 넘기지 못하고 사라진 이후로는 나조차 쓰지 않았다. 나도 더 이상은

'《만화인》지기'가 아니고, 낱말을 쓸 때 반드시 번안을 하기보다 상황에 맞춰 제대로 쓰자 쪽으로 입장을 바꾼 지 오래다. 한데 이런 고집의 결과물 가운데 성공한 사례가 하나 있다. 다름 아닌 '여는 노래'와 '마무리 노래'라는 표현이 그 주인공이다. 내가 만들었던 말 가운데에서 이 두 표현만큼은 현재까지도 각종 애니메이션 채널 등에서 화면에 등장하고 있는데, 처음 표현을 쓴 입장에서는 너무나 즐겁고 또 감사한 일이 아닐 수 없다.

'여는 노래'와 '마무리 노래'는 작품의 시작과 끝을 장식하는 '주제가'를 뜻하는 '오프닝 테마송'과 '엔딩 테마송'을 우리말로 바꾼 것이다. 오프닝과 엔딩이라고 적는다고 딱히 나쁠 건 없겠으나, 1990년대 후반에서 2000년대 초반의 나는 그게 굉장히 못마땅했다. 저 정도 영어 낱말 못 알아들을 사람이야 당연히 없겠지만 반대로 그 정도 쉬운 말을 굳이 영어로 해야 할 이유가 있을까?

조금 더 직관적이면서도 그리 못나지도 모나지도 않은 말을 쓸 수 있으면 좋겠다- 그런 바람으로 쓰기 시작한 표현이 '여는 노래'와 '마무리 노래'였다. '여는 노래'의 반대를 '닫는 노래'가 아닌 '마무리 노래'라 썼던 까닭은 어감이 아주 닫는다는 느낌으로 다가와 다소 부정적인 느낌을 주었기 때문이고, 애초에 원래부터도 Opening Theme의 반대로 주로 쓰이는 게 Ending Theme였기 때문이다. 이 때문에 한 회차씩을 마무리한다는 느낌으로 '마무리 노래'라는 표현을 쓰기 시작했다.

앞서 언급했던 바와 같이 《만화인》이라는 사이트에는 소통 공간과 더불어 정보를 쌓는 공간이 있었는데, 이 정보 공간 가운데 가장 중요한 역할을 했던 곳이 애니메이션 방영 정보와 노래 가사를 기록하는 공간이었다. 이 당시에 내가 매우 중요하게 여겼던 건 일본 작품의 일본판 정보 공유가 아니라 우리 성우와 제작진, 그리고 가수가 참여한 한국어판의 정보였다. 현지화 여부를 떠나 그 자체로 작품의 또 다른 창작이라고 여겼고, 이 정보는 우리나라에서 우리나라 사람이 챙기지 않으면 안 된다고 생각했기 때문이다.

나는 브라운관 TV에 VHS밖에 없던 시기에 애니메이션들을 일일이 녹화한 후 작품의 정보를 일일이 받아 적어 적재했다. 덕분에 《만화인》에는 매 회차별 참여 성우진과 제작진, 가수와 노래 가사 그리고 회차마다의 부제와 간단한 감상, 일부 작품의 경우엔 직접 받아 적어 작성한 대본에 이르기까지의 정보가 꽤 빼곡하게 쌓였더랬다. 애석하게도 자체 규격으로 제작되었던 게시판 프로그램의 제작자가 더 이상의 제작을 중단하면서 복원할 방법이 사라져 당시 쌓았던 정보가 고스란히 날아갔고, 덕분에 별도 백업의 중요성을 깨닫는 중요한 계기가 되기도 했다. 하지만 적어도 《만화인》은 그 당시 숱한 국내 방영 애니메이션의 관련 정보를 한국어판에 초점을 맞춰 얻을 수 있는 몇 안 되는 공간이었다.

당시 한국어판 제작에서 성우 기용과 자체 제작곡 제작에 신경을 가장 많이 썼다 할 이는 국내 유일의 애니메이션 전문 채널이었던 투니버스의 신동식 PD였다. 나는 단지 일본판의 단순한 번안에 멈추지 않는 - 그래서 당시 많은 이들 사이에서 '원판을 준용하라' 따위의 질타를 맡기까지 했던 - 투니버스의 꿋꿋한 행보를 응원하며 그 흔적을 하나하나 기록하던 입장이었다. 신동식 PD는 그러한 《만화인》과 내 방향성에 또 공감을 표했고, 투니버스에서 방영하던 작품의 화면에 '여는 노래' '마무리 노래'라는 표현을 붙이기 시작했다.

내가 만든 표현의 TV 데뷔(?)라 할 수 있었는데, 이후 이 말들은 투니버스가 발매한 애니메이션 주제가 음반 시리즈 《WE》에도 고스란히 등장했고, 여타 후발 애니메이션 채널들에서도 등장함으로써 확장성(?)까지 확인할 수 있었다. 다만 타 방송사에서는 '마무리 노래' 대신 '닫는 노래'라는 표현으로 쓰이는 경우가 많았는데 아마도 여닫는다는 감각을 유지하고 싶었나보다 싶다. 어느 쪽이든 오프닝/엔딩 대신 여는 노래/마무리 노래(혹은 닫는 노래)가 널리 쓰이고 있다는 점은 그 말을 처음 쓰기 시작한 입장에서 참 반갑고 감사한 일이다. 이런 사례가 앞으로 몇 번이 더 있을지는 모르고 그걸 기대하며 말을 억지로 만드려 들어서도 안 되겠지만, 외국어 남발이 일상인 이 분야 속에서 한 마디 한 마디의 대중 표현에 어떻게 접근해야 하는지를 겸손하게 고민해 봐야 한다는 점은 염두에 두고 있다.

> 오덕 7

이제는 사라진 성지들

한국에서 무릇 "딴따라의 성지" 하면 종로 낙원상가, "춤꾼의 성지" 하면 이태원 문나이트다. 그럼 "오덕의 성지"라 불릴 만한 곳도 있을까? 실제로 그런 곳이 몇 곳 있다. 정확히 말하면 '있었다'라는 과거형으로 써야 한다. 지금은 태반이 원래의 명맥을 잃거나 사라진 지 오래이기 때문이다.

명동, 회현, 세운상가

내 앞 세대라 할 한국형 자생형 1세대 오덕들은 주로 명동에서 직수입된 일본 서적 등을 구입하며 정보를 모았다. 명동은 만화나 애니메이션 도서와 잡지류는 물론 각종 패션 잡지, 음악 잡지, 소설, 인문서 등에 이르기까지 일본 '현지'에서 판매되던 다양한 도서들을 만날 수 있는 공간이었다. 이들 일본도서 서점들은 일제 강점기를 지내와 이제는 노인이 된 이들이나 국내에 거주 중인 일본인들도 곧잘 찾는 곳이었는데, PC 통신조차 없던 시기의 오덕들에게는 관련 서적과 정보를 접할 수 있는 공간이기도 했다.

명동의 회현 지하상가나 세운상가는 레이저디스크(LD)를 비롯해 그야말로 신문물(?)이라 할 법한 물건들을 구할 수 있었다. 한국에서는 재생기를 지니고 있는 사람 자체가 몇 없을 이 물건은 열화 없이 애니메이션을 감상할 수 있는 방법으로서 1세대들 사이에서 나름대로 각광을 받았는데, 당시로서는 고가였기 때문에 많은 경우 이 LD에서 복사를 뜬 VHS를 또 한 번 복사하는 열화복제판을 불법으로 구매하는 경우가 태반이었다. 이런 복제판을 일본어에 관심 좀 있는 이들은 그냥 보고, 중간에 자막을 입혀서 파는 경우도 왕왕 있었다. 통신 속도가 느리디 느린 PC통신 시절이었지만 당시로서도 수백 종류 애니메이션을 구비하고 복사해 파는 장사꾼들이 있었는데, 그 시작점은 이렇게 회현이나 세운상가에서 흘러나온 LD였다고 해도 과언은 아니다.

거리상으로 일본과 가까운 부산에서도 이렇게 흘러나온 애니메이션 상품들이 초기형 오덕들을 양산하는 데에 어느 정도 역할을 했다고 하는데, 부산에서는 일본 TV 전파가 닿기 때문에 실시간으로 애니메이션을 보는 이들도 있었다고 한다. 관련 정보도 서점을 중심으로 돌아다녔는데, 서울 명동에서도 일본도서 매장이 그 역할을 했다면 부산에는 보수동 책방골목이 있었다. 수도권에 거주하는 일부 1세대 오덕들이나 업계인들 가운데에서는 일본 위성TV를 수신하기 위한 접시 안테나를 직접 설치하고는 이를 시간에 맞춰 녹화해 벽면 가득 보관해 놓는 경우도 있었다.

초고속 인터넷 따위가 없던 이 시기 오덕들은 일본이나 여기나 벽면 한가득 만화책과 VHS, CD가 꽂혀 있는 모습이 늘상 그 풍경이었다. 1세대가 그러한 물품을 직접 들여와 소개하는 입장이었다면, 나와 같은 2세대쯤 되는 이들은 1세대에게서 흘러나온 물품들이나 그 복제품들의 수혜자였고 유일한 애니메이션 전문 채널 투니버스에 '내가 불법 아닐 수 있는 방법을 제공하라' 같은 심정으로 좀 더 많은 걸 기대하던 세대였다. 그러니 이들이 접하는 정보의 근원이라 할 수 있던 공간들이 알게 모르게 중요한 역할을 했음은 주지할 만한 사실이다.

세운상가와 회현에서 LD와 같은 키워드가 나오는 데에서 할 수 있듯, 전자제품, 가전기기의 발달은 오덕 집단의 발현에 결정적인 원인을 제공한다. 일본에서도 전자제품 판매장이었던 아키하바라가 오타쿠 집단의 상징이 되었던 것도 다른 이유가 아니다. 심지어 현재 나오고 있는 만화 잡지를 지금도 읽는다던 정치인 아소 타로(麻生太郎)는 아예 <로젠 메이든> 독자로 로젠 아소란 별명을 달고는 아키하바라에 유세를 나와서 지역 한정 100% 지지율을 보이는 기염을 토한 적도 있다. 한국도 그 흐름을 자연스레 따라간 셈이다.

용산전자상가

전자산업의 중심지 역할을 하던 세운상가는 한 세대에게 컴퓨터를 비롯한 각종 전자 장비, 영상 장비의 중심지였고 삼보나 한글과 컴퓨터를 비롯한 한국 컴퓨터 하드웨어/소프트웨어 기업 1세대들이 태동한 고향과도 같은 곳이다. 그리고 오덕들 입장에서도 게임을 구입하거나 복사하고 19금 포르노 등에 은밀하게 접근할 수 있는 곳이었고, 지금까지도 그 흔적이 남아 있다. 그런데 정부가 86 아시안게임을 전후해 용산에 있던 농수산물 시장을 송파 가락시장으로 옮기고 세운상가의 전기, 전자기기 상인들 용산으로 이주시키면서 전자기기를 비롯해 게임 등을 접하기 위해 가야 할 곳이 용산으로 바뀌었다. 용산에 용산전자상가가 들어서게 되면서 세운상가가 결정타를 맞고 쇠락의 길을 걷게 되었는데, 나나 내 아내와 같은 2세대쯤 되는 오덕들에게는 세운상가가 아닌 용산이 익숙할 수밖에 없었다. 내 경우 세운상가에서 용산으로 전기 전자기기 상인들의 본격 이전이 시작되었던 1980년대 후반에는 기껏해야 초등학생이었기 때문이다.

용산은 용팔이라는 표현이 돌아다닐 만큼 강렬하고도

다크한 아우라를 뿜어내는 곳이었는데, 특히나 정보가 부족한 채로 들어갔다가 탈탈 털려 나오기 십상이라는 편견 아닌 편견이 어느 정도 자리하고 있는 곳이기도 했다. 이곳은 사방 천지가 컴퓨터 매장이고 전자 기기 매장이었으며 또한 게임 매장이었다. 그래서 <아키하바라 전뇌조> 같은 작품이 국내에 소개되었을 때 전자매장이자 오타쿠 문화의 메카라 할 아키하바라의 특수성을 감안해 국내 방영을 한다면 <용산 전뇌조>로 번안해야 하느냐는 우스개가 나올 정도였다.

  대저 자생형 한국형 오덕 1세대가 그러하듯 컴퓨터 하드웨어/소프트웨어 기업을 창업한 초기 일원들 또한 완전히 불모지에 가까운 환경에서 맨땅에 머리를 들이박아가며 정보를 그러모으고 무언가 돌아가는 모습을 보기 위해 애를 썼던 이들이라면, 그 다음 세대쯤부터는 이미 어느 정도는 판이 돌아가기 시작하는 모습을 접하기 시작했다고 봐야 한다. 정보화 1세대쯤 되는 이들이 세운상가 키즈라 한다면 나나 내 아내 같은 경우는 용산 키즈다. 프로그래밍을 하던 내가 기계를 맞추고 새로운 기기 -예를 들어 당시엔 열악하나마 여러 소리를 낼 수 있다는 점 때문에 제법 고가였던 사운드카드 등- 때문에 용산에 들르는 경우가 많았다면 아내의 경우는 전자상가 한편에 똬리를 틀고 있던 애니메이션 굿즈 매장을 찾아오는 경우가 많았다.

이런 곳에서는 CLAMP를 비롯한 당대 유명 만화가의 일러스트를 사진으로 찍은 불법 굿즈 따위를 화보집과는 비교도 할 수 없는 싼 가격으로 낱개 단위로 구할 수 있어 주머니 얇았던 오덕들이 숱하게 스며들어 왔다. 소모임을 포함해 1992년부터 PC통신 서비스에서 프로그래밍 동호회를 운영했던 컴퓨터쟁이였지만 다른 한편으로는 오덕이기도 했던 나도 이러한 매장에 곧잘 들렀더랬다.

용산은 이렇듯 정상 경로와 불법 경로가 뒤섞인 일종의 마계 같은 공간(?)이었다. 기술 정보화의 최일선이면서 오덕 집단의 불법 물품 수집 장소이기도 했고, 게임의 경우 한 시기엔 롬팩, 그 다음엔 디스크에서 CD에 이르는 미디어 변천 속에서 다양한 거래는 물론 복제까지 성행하던 곳이기도 했다. 심지어 그 공간에서는 해외에서 막 나온 외국 게임을 해당 언어도 모르면서 우격다짐으로 깬 공략본을 만들어 파는 기괴한 인물들까지 있었다. 일본 19금 게임들의 주요 유포처였던 건 말할 것도 없는 일이다.

암시장이 보여주는 폐해야 이루 말할 데 없었고 이를 정당화해선 안 되겠지만 그 공간 안에서 펼쳐지던 카오스 그 자체에 가까운 풍경과 전화선 PC통신이 고작이었던 시기에 정보에 목말라하던 이들의 욕구를 가장 빨리 채워주던 특수성만큼은 분명 용산을 독특한 공간으로 기억하게 하는 대목이 있었다. 나나 아내는 어려서부터 통신 에뮬레이터를 비롯해 게임도 용돈 모아 구입하는 정품파였지만 애니메이션 굿즈나 주제가 음반을 비롯한 일부 상품에 손을 안 댔다고는 할 수 없었음을 고백한다. 그땐 그랬다고 이야기하기엔 참 민망한 일이다.

여의도

지금은 서울 양재의 aT센터 쪽으로 주 무대가 옮겨 갔지만 한때 오랜 시간 아마추어 만화 동인들의 활동 무대는 여의도에 있었던 중소기업 종합전시장, 일명 굼벵이관이라 불리던 공간이었다. 굼벵이관은 본래 판로를 뚫기 어려운 중소기업들의 컨벤션 행사 등을 열어주기 위해 여의도 한복판의 금싸라기 땅에 대형 에어돔을 지어놓은 것이었다. 한때 동대문의 거평프레야 등에서 열리던 동인 행사들이 입지와 접근성에 비해 매우 저렴한 임대료를 가진 굼벵이관에서 열리기 시작했고, 굼벵이관은 본래의 설립 취지와는 별개로 오덕들에게 어떤 상징성을 지닌 공간으로 자리매김하기에 이른다.

굼벵이관이 만화와 연을 맺은 건 '싸기' 때문이었지 별다른 이유는 없었다. 하지만 장소가 여의도다 보니 굉장히 독특한 풍경을 자아냈다. 굼벵이관이 있는 자리는 문자 그대로 여의도 한복판이었다. 그래서 사방이 금융권에, 업무용 사무실만 즐비한 공간이었다. 이런 곳에 만화나 애니메이션 그림으로 장식된 가방 같은 걸 든 젊은이들이 명확히 한 곳을 향해 떼로 몰려다니고 심지어 길거리에 만화 캐릭터로 분장한 코스튬 플레이어들이 출몰하는 모습은 굉장히 생소할 수밖에 없는 풍경이었다.

길거리를 비롯해 지하철 역사에서부터 코스튬을 차려입고 나서는 일이 민폐로 지목되며 자제해달라는 공지가 실리기 시작했지만, 많은 오덕들에게 굼벵이관과 그 주변을 둘러싼 널따란 앞마당은 일종의 해방구였다. 사람들은 코스튬 플레이를 비롯해 강력한 오덕력을 폭발시키고 사진을 찍으며 놀았더랬는데, 나도 그중 한 사람이었다. 재미난 건 내가 아내와 거의 처음으로 만난 게 바로 이 공간이었다는 점이다. 한국 작품 동인지를 만든 자와 이를 취재하고 다니면서 동인판을 조명하던 자가 만난 곳인 셈인데, 오덕 에너지가 충만한 곳에서의 첫 만남이 혼인으로 연결되는 건 오덕 바닥에서도 제법 독특한 에피소드라 할 법하다. 오덕과 오덕의 조합이 생각보다 많지 않기 때문에 더욱이 그렇다.

여의도가 오덕들에게 여전히 회자되는 까닭은 일종의 추억 보정도 있겠고, 덜 세련된 공간 특유의 친숙함도 있었겠지만, 실은 공간과 그 주변이 탁 트여 있었기 때문이다. 그 말도 안 되게 비싼 여의도 한복판에 그만한 자리가 열려 있었던 건 중소기업 진흥책의 일환이었고 바로 그 이유 때문에 정치적 쓸모가 사라진 시점에 훌쩍 사라지게 됐지만, 적어도 '접근성'이 그만치 좋은 공간에서 젊은이들이 열정과 개성을 넓은 실내외를 넘나들며 분출할 수 있었다는 점은 여타 어떤 공간도 따라갈 수 없는 장점이었다. 마당이 넓기로는 SETEC도 있겠고, 뒤늦게 전철이 직접 닿기 시작하면서 aT센터도 접근성이 제법 좋아졌지만 그 모든 장점을 다 아우른 공간으로서 지녔던 여의도 '굼벵이관'이 지녔던 특징을 따라가긴 쉽지 않다. 그래서 그 공간에 새로 들어선 IFC를 볼 때면 여러 생각이 들고 마는 것이다.

홍대

세대와 장르에 따라 살짝 갈리긴 하지만, 1990년대 후반에서 2000년대를 아우르는 시기의 성지라고 불릴 만한 공간을 언급하라고 하면 역시 홍대 앞을 빼놓을 수 없다. 노래방 편에서도 언급한 부분이지만, 명동이나 세운상가, 또는 용산이 수입 또는 밀수된 일본 문물을 직접 접할 수 있는 일종의 창구로서 작동했다면 홍대 앞은 오덕한 문화를 향유하고자 하는 이들이 너나 할 것 없이 모여드는 공간이었다.

제일 유명한 미대가 있는 공간이라서일까, 합정과 상수에 이르기까지의 홍대입구역 일대는 메이드복이나 고딕롤리타를 비롯해 코스튬 플레이 수준에 달하는 독특한 복장을 하고 다녀도 이상하다는 눈길 하나 받지 않을 수 있을 정도인 일종의 문화적 해방구였다. 비주류 문화가 주류처럼 보이는 마법 같은 공간. 이태원이 미군을 비롯해 백인 중심으로 수입된 다국적 문화의 수용처였다고 하면 홍대입구 근처는 '덕도' 높은 마니아 문화들이 한데 어우러지는 분위기가 있었고, 서울 그 어느 곳보다도 일본문화에 친숙한 이들이 많았다. 일본식 라멘집이 거의 없던 시기 일찍이 줄 서서 기다리던 라멘집 하카다분코가 자리했던 곳도 홍대 근방이었다.

이 흐름은 지금까지도 이어지고 있는데, 덕분에 서울 지하철 2호선 가운데에서도 홍대입구역에서 내리고 타는 사람들의 분위기는 '1호선 광인'과 더불어 꽤 특별한 구석이 있다. 홍대가 '조선펑크'의 발상지이자 오덕 문화의 집결지 역할을 했던 건 그러한 연유가 있다. 지금은 그 분위기의 편린만이 남아 있는 상황이지만, 2000년대까지의 홍대는 그야말로 오덕 시티가 있다면 바로 이런 곳이리라는 생각이 들게 하는 분위기가 있었다.

나도 서울에서의 첫 독립생활을 홍대 근처에서 했다. 이때에는 아직 부천이 만화도시로서 만화가들의 작업실을 대거 끌어들이기 전이었고 만화가들 상당수가 한데 모이는 공간으로서 홍대 일대를 꼽았던 때다. 만화가들이 찾던 맛집도 근처 연남동에 이르기까지 다양하게 분포되어 있었다. 나도 그래서 옷가지 몇 개만 싸 들고 서울로 도주하다시피 뛰쳐나왔을 때 주저할 것 없이 홍대 근처의 고시원방으로 왔던 것이다. 여기에 가면 만화가들도 있고 만화 업체들도 있고 서점도 있다! 꾸밀 줄 모르던 나도 이때 이 분위기에 취해 홍대 쪽의 펑크룩 매장에서 끈이 주렁주렁 달린 펑크룩을 사 입고 고양이귀를 단 채 강의처에 나가는 만행을 저지르기도 했다. 그때 샀던 바지는 허리 치수가 2로 시작하는 숫자라서 지금은 들어가지 조차 않는다. 감히 그 만용을 용인해 준 학생들에게 자리를 빌려 미안함을 전한다. 그때엔 나도 그 분위기에 꽤나 취해 있었다.

다른 곳에 만화 전문 서점이 없는 건 아니지만, 만화 전문서점이라 했을 때 사람들이 떠올리는 대표적인 공간은 홍대 앞의 한양TOONK와 북새통문고였다. 전공서적을 비롯한 수입 화보집을 구하려면 그 근처에 있었던 영진서적이 있었다. 각 서점은 각기 독특한 개성이 있어서, 신간을 사고 정보를 수집하는 건 물론 만화인들이 오며 가며 만나고 각자의 소식을 접하는 사랑방과도 같은 역할을 했다. 지역에서 오가는 일이 많았던 내 경우도 모임을 열 때면 꼭 한양문고 쪽으로 약속을 잡아 찾아오는 이들로 하여금 책을 한두 권 더 구입하게 하는 역할을 하기도 했다. 홍대입구 앞을 대표하는 만화 서점이 한양TOONK냐 북새통문고냐는 사람의 성향에 따라 갈리는 편이었는데, 사랑방스러운 분위기를 원하는 사람은 한양TOONK를 주로 찾았고 큰 규모 공간에 만화책이 꽉꽉 들어 차 있는 분위기를 원하던 이들은 북새통문고를 찾았다. 기묘한 라이벌 관계(?)를 유지하던 곳이었지만 양쪽 모두 홍대 앞을 찾는 이들에게 마음의 고향과도 같은 역할을 했다.

  홍대를 고향처럼 여기게 만들던 요인에는 카페 공간도 있었다. 오덕들은 사실 사람들을 안 만난다기보다 자신들을 수용하는 아우라가 있는 공간이 필요한데, 홍대의 몇몇 카페 공간들이 바로 그 역할을 했다. 한국 펑크록 역사에서 클럽 '드럭'의 역할이 그러하듯 오덕 문화에서도 몇몇 카페가 중요했던 셈이다. '상파울로'는 그 가운데에서도 유난히 각별했다. 한국 라이트노벨 <초인동맹에 어서오세요>에서도 존재감을 드러낸 바 있을 만큼 독특한 분위기를 자아냈던 상파울로는 프로와 아마추어를 아우르는 만화 창작자들과 만화 독자들이 한데 섞이던 지하 공간이었다. 나는 모임을 열 때엔 그래서 한양문고에서 만난 후 상파울로 구석에 자리한 '방'에서 오붓한 대화를 장시간 나눈 후 수노래방으로 가는 코스를 짜곤 했다. 비교적 저렴한 음료 가격과 건너편 자리에 서로 아는 만화인들이 곧잘 보일 만큼 친숙한 공간이었다. 코스튬 플레이어와 다음 회 만화 콘티를 짜고 있는 만화가와 책을 잔뜩 사 짊어지고 온 독자들이 공존하는 공간이었다. 대체로 새벽 1시 정도까지 영업을 했는데, 나는 원고가 잔뜩 밀렸을 때에는 민폐 가득하게도 매일매일 마지막의 마지막까지 꽉 채워 작업을 하고는 숙소로 돌아가는 짓을 반복했었다.

 상파울로에 이어 만화인들의 사랑방 역할을 한 곳이 '한 잔의 룰루랄라'다. 만화 출판사와 티셔츠 굿즈 사업을 하던 이성민 씨가 2008년 열었던 이곳은 사장의 전직이 말해주듯 만화책이 잔뜩 쌓여 있는 '만화 카페'였다. 상파울로가 그러하였듯 이곳에도 많은 만화인들이 발을 들였고, 나 또한 이곳에 죽치고 앉아 있는 경우가 많았다. 가게를 처음 열었던 시점부터 다녔는데, 영업 초반에 만화가들 사이에서 돌던 원고 마감용 금단의 포션(?)인 '붕붕 드링크' 레시피를 전해 메뉴판에 실리게 한 원흉이 나다. 레모나와 박카스를 섞은 이 포션은 2020년대와 같이 다양한 고카페인 에너지 드링크가 나오기 전에 내일의 에너지를 복리 이자로 대출해 쓴다는 개념으로 마시는 것이었더랬다.

 영업을 시작한지 3년 정도 지났을 2011년 무렵부터 근처의 칼국수집인 '두리반' 철거 반대 운동을 하던 이들이 룰루랄라에도 들르면서 연결된 음악 공연장으로서의 기능이 어느새 만화 카페의 성격보다 더 강해졌지만, 여전히 문화적 감수성 풍부하고 예민한 이들은 삼삼오오 이곳으로 모여들었다. 한양TOONK나 북새통문고와도 길 하나로 연결되는 공간에 있었기 때문에 너무나 자연스레 만화책을 산 후 모이기 좋았던 것이다. 한 잔의 룰루랄라는 상파울로가 사라진 이후인 2018년까지도 영업을 계속하며 만화인들의 공간으로 남아 있었다.

공간이 사라져가는 까닭들

세상에 영원한 건 없다. 영속성을 기원하며 그 상징물로서 돌을 다듬어 세웠던 모든 조형과 건축물도 시간이 지나면 삭고 부서져 흔적도 안 남은 경우가 허다하다. 하물며 현대 문명은, 물리적 견고함과는 상관없는 속도로 생겼다 사라져간다. 그걸 뻔히 알면서도 가끔은 깊이 마음을 주었던 곳들이 사라지는 건 속상하고 아프다. 공간에 자리했던 모든 시간들이 함께 허물어져간다는 기분이어서 그럴까, 또는 마음의 고향과도 같은 곳들이었기 때문일까. 각 세대별로 찾던 곳과 형태는 다소 달랐을 테지만, 각자의 고향과도 같은 공간들은 누가 먼저랄 것도 없이 없어졌다. 누구 말마따나 가는 데에는 순서가 없는 걸까.

물론 이유는 여러 가지다. 일본도서 서점들은 인터넷의 발달로 외국 서적을 해외배송으로 직접 구입하거나 전자책으로도 접할 수 있는 시대가 되면서 거의 사라지고 일본인들이나 일본어를 하는 노인들이 시간을 보내러 오는 극히 일부 공간만 남았다. 한양TOONK의 경우는 도서정가제가 소매 서점에 악영향을 줄 수 있다는 사례로 남았고, 북새통문고는 코로나19의 여파가 매출에 악영향을 주면서 발목이 잡혔다. 원서 매장이라 할 영진서적도 경영 악화로 사라졌는데, 이 경우는 명동의 일본서적 서점들과 경우가 비슷하다 할 수 있다.

한 잔의 룰루랄라는 리모델링을 하겠다는 건물주의 통보를 받으면서 사라지게 됐는데, 근처에 대형 쇼핑몰과 지하철 출구가 들어서며 하늘을 뚫을 듯 오른 임대료 문제로 다른 곳으로 옮기기에도 어려운 상황이 됐다. 앞서 사라진 상파울로도 결국은 임대료 문제가 컸다. 그나마 북새통문고는 규모를 줄여 근처 건물의 팝업스토어 형태로나마 남았지만 예전의 그 위용은 없다. 한 때 YES24가 '홍대던전'이라는 이름으로 오덕 대상 서적 매장을 열기도 했었지만 자연스레 한 지역의 특성을 반영해 사람들 사이에서 분위기를 만들어 온 공간들과는 결이 다소 달랐고, 그나마도 오래 가지 못해 사라졌다.

그 외에도 아예 건물주가 쫓아내고 직접 똑같은 가게를 차리는 부도덕한 짓을 당한 사례도 있다. 이런 걸 보면 독특한 문화 공간으로서의 홍대와 그 일대의 분위기를 만들어왔던 가게들이 점차 사라진 현상은 문자 그대로 젠트리피케이션 그 자체라 하지 않을 방도가 없다. 그리고 이들 가게들이 사라져간 시점에서 홍대 일대는 더 이상 오덕들의 고향과도 같은 곳은 아니고, 다만 '패션'으로서만 남아 있다. 차 몰고 1시간은 넘게 가야 하는 거리를 굳이 꾸역꾸역 가서 그 자리에 앉아 있다 왔었던 까닭은 한창 젊은 때의 나를 만들었던 분위기 그 자체를 호흡할 수 있었기 때문이고, 그들이 거기에 있어주었기 때문이다. 지금은 그 분위기, 즉 그 문화 자체가 없다. 다만 자리만 남아 있을 뿐이고, 자유분방함이 다소 남아 있지만- 이 공간의 지금이 과연 다른 곳과 무엇이 다를까.

오덕 8

덕질 최대의 적은 무엇인가?

 2022년 3월, 전국의 편의점 대문마다 이런 문구가 붙었다. "포켓몬빵 없어요!" 도대체 이게 무슨 일인고 하니, 돌아온 왕년의 포켓몬 빵에 들어 있는 스티커를 모으겠다고 전국의 어린이는 물론 어른이들까지 달라붙었기 때문이다. 그게 대체 뭐라고?라는 의문을 품어서는 빵은 먹지도 않고 버려가면서까지 스티커 하나 모으겠다고 온 편의점을 뒤지고 있는 사람들을 이해할 수 없다. 소설 <은전 한 닢>에서도 그러지 않던가. 그저 이 은전 한 닢이 갖고 싶었노라고.

소장과 수집

 무릇 덕질에서 많은 비중을 차지하는 부분이 소장과 수집이다. 그래야만 오덕인 건 아니지만 덕질은 작든 크든 소장과 수집이라는 행위를 필연적으로 수반한다. 시간과 함께 휘발되는 경우가 많은 대중문화 분야에서는, 사서

쟁이지 않으면 정말로 오래 안 가 아예 구할 수 없게 된다거나 지금 모으지 않으면 전체의 짝을 맞출 수 없으리라는 공포에 가까운 긴장이 늘 상존한다.

많이 찍지도 않는데 판매 시장도 마땅치 않고, 한때 정부의 탄압으로 압수당한 역사까지 있는 만화책 같은 품목을 파는 오덕들은 그래서 농담처럼 이런 말을 하곤 한다. "만화는 각 권마다 세 권을 사야 한다. 하나는 보관용 하나는 관상용 하나는 감상용." 내가 아는 어느 누님의 경우 이렇게 산 책을 한 권 한 권 먼지 방지용 비닐 커버까지 씌워 두시기까지 하셨으니 그 정성은 가히 상상을 초월한다 하겠다. 나는 그렇게까지 여러 권씩 사서 정성스럽게 모아두는 편은 아니었지만 그래도 책 말고는 만화를 볼 방법이 없던 시기에 지금 안 사두면 다시 읽을 수 없다는 비장함(?)으로 꾸역꾸역 책을 사 모았더랬다. 이런 사람들을 노리고 '한정판' 같은 걸 만들어놓으면, 알면서도 당하는 기분으로 살 수밖에 없다. 모두가 안다. 이 다음에 시간이 한참 지나면 '완전판', '애장판'이라는 이름으로 같은 만화가 또 나오고 복각판도 나온 다음에 급기야는 리메이크라는 이름으로 새로운 이야기를 끄집어내는 만행(?)을 저지르고 말 것이라는 사실도 말이다. 물론 비교적 잘 나갔던 작품의 이야기긴 하겠지만, 그렇다 하더라도 나와주시기만(!) 하면야 기꺼이 살 준비가 되어 있는 충성도 높은 고객들이니 호구도 이런 호구가 따로 없다.

그러니 2022년에 다시 전국을 강타한 포켓몬빵은 -업체가 불매운동의 대상으로 오르고 있지만- 그 자체로는 비단 어린이만이 아닌 어른이들 사이에서도 열풍일 수밖에 없다. 빵은 먹지 않고 버리는 한이 있어도 스티커 159종을 빠짐없이 모으지 않으면 어린 시절의 추억을 배신하는 기분인 데다, 기왕 모으기 시작한 콜렉션의 이도 빠지고, 여러모로 난리법석일 수밖에 없기 때문이다.

애니메이션이나 애니메이션 OST는 또 어떨까. 지금이야 IPTV나 OTT와 같이 복제 재생산이 무제한으로 가능한 디지털 매체가 활성화 돼 있지만, 그 시절 아날로그 매체들은 VHS, 오디오용 카세트 테이프, CD, LD, LP 따위의 '실물'이 있어야 그 내용물을 접할 수 있었다. 살 사람이 뻔한 상황에서 시장성이 없는 줄 알면서도 내 주길 바라고, 파는 매체가 없으면 방송될 때 타이밍을 맞춰 녹화하고 녹음해둘 수밖에 없었다. 인터넷은 고사하고 종량제 구리 전화선에 모든 통신을 의존해야 했던 시기엔 이렇게 발품과 노력을 들여 쟁인 분량, 만화책 권수가 곧 그 사람의 진정성과 실력을 만들던 척도였다. 나와 같은 정보 집적형 오타쿠들에게는 온갖 방법을 동원해 정보와 정보의 원천이 되는 모든 걸 모아두는 게 활동의 시작이자 끝이었다.

인터넷 시대가 깊어지고 있는 지금에도 물성이 없는 디지털 상품들에 같은 맥락으로 수집욕이 작동하는 사례도 어렵지 않게 볼 수 있다. 실질적으로는 게임 속 데이터에 불과할 아이템이나 캐릭터 카드를 덱 끝까지 꽉꽉 눌러 채우려 드는 심정도 이와 크게 다르지 않을 터이고, 웹툰이나 전자책 사이트의 서재에 얼마 어치를 쟁였는가를 자랑하는 사례도 마찬가지다. 많이 산다고 누가 상이라도 줄까? 덕질은 상 받기 위해서 하는 게 아니라 기실 그냥 나 좋자고 하는 것이다. 돈을 쓴 만큼 나의 자양분이 되었음을 믿어 의심치 않으면서. 결국 오덕질이란, 한 발짝만 떨어져도 뭘 저런 거에 목숨을 거나 싶은 것들을 온 체력과 시간을 동원해 영위하고 모아내는 데에서 가치를 찾고 맨들어 내는 것이 그 본질이다. 오덕은 그런 가치 추구로 자기만족을 자가발전하며 살아가는 사람들인 셈이다. 아닌 게 아니라 이 모든 게 자기만족이라는 점이 포인트다.

모으기도 어렵지만 다시 보기도 어렵다

그런데 무언가를 모으는 건 그 자체로 위험을 동반한다. 일단 잘 모으는 것도 어렵지만, 모아놓은 걸 잘 갖고 있기란 정말로 어렵기 때문이다. 2022년 느닷없이 다시 열풍을 일으킨 포켓몬빵 속 스티커 같은 경우 하나하나 스크랩하듯 고이 쟁이지 않으면 그대로 잃어버리기 십상이다. 특정 작품과 제휴하여 특별 한정판으로 나온 제품의 경우, 포장재 자체가 작품의 캐릭터인 경우도 왕왕 있는데 이를 잘 보관하기란 쉽지 않다. 일례로 <미생>의 안영이를 담은 여성용 스타킹 포장재나 <유미의 세포들> 캐릭터들을 채용한 아이스크림 <투게더>의 속껍질, <궁> 캐릭터들을 포장재에 이용한 편의점 삼각김밥 같은 걸 일일이 구분해 모아두는 건 불가능에 가깝다. 나는 여기까진 엄두를 못 내거나 조금 시도하다 포기하곤 했는데, 특정 캐릭터가 등장한 상품에만큼은 놀라운 집중력을 발휘하는 이들도 종종 있다.

한정판 제품뿐이랴? 책은 중간에 이빨이라도 빠지는 날이면 그 참혹한(?) 기분을 주체할 수 없게 마련이다. 그렇게 사라진 책을 똑같은 판본으로 다시 살 수 있으면 그나마 행운이다. 나온 후 시간이 꽤 지난 책은 똑같은 책을 구하는 일 자체가 어렵다. 한술 더 떠 자기 테이프나 DVD-RW 따위로 녹화한 데이터는 시간이 지날 때 그 데이터의 보존성에 문제가 생긴다. 어렸을 적엔 몰랐다. 그렇게 사두어도 재생할 수 있는 기기가 집에서 마지막 숨을 다 하거나 너무 오래되어 폐기하게 되면, 기기가 시장에서도 단종된 탓에 아예 재생할 방법 자체를 잃게 된다는 점을 말이다.

한창 VHS로 녹화해두었던 한국어판 애니메이션 영상, 카세트테이프에 녹음해두었던 한국어판 애니메이션 주제가 자료들은 심지어 DVD나 CD로 발매되지 않은 경우가 허다한데, 이런 것들이 지금은 고스란히 광에 처박힌 채

먼지만 쌓여가고 있는 상황이 되는 것이다. 버리지나 않았으면 다행이다. <레스톨 특수구조대>와 같은 1990년대 한국 애니메이션의 경우 나를 비롯해 마니악한 팬층의 바람에도 불구하고 결국 DVD 등이 나오지 못했는데, 바로 그 작품의 녹화 테이프가 내 벽장 뒤에 고스란히 남아 있다. <레스톨 특수구조대>만이 아니라 애니메이션 전문채널 투니버스의 초창기를 장식한 수작 한국어 더빙판 애니메이션들도 꽤나 녹화해두었더랬다. 그나마 아직 작동되는 VHS 플레이어들이 중고로 풀리고 있을 때에 이것들을 컴퓨터로 옮겨 인코딩해야 하는데 분량이 많다 보니 엄두를 내지 못하고 있다. 비슷한 고민으로 괴로워하는 이들이 소셜 미디어에는 제법 있다. 애초에 애니메이션 녹화본을 보관해 둔다는 것 자체가 몹시 마이너한 취미(?)인지라 일부 작품을 다시 보고 싶어 하는 이들이 웃돈을 줘서라도 구하고 싶으니 제발 팔아달라는 비명을 지르는 경우도 있다.

시대의 명작이라 할 일본 애니메이션 <카우보이 비밥> -실사판 아님- 에도 이와 비슷한 장면이 나온다. 18화인 'Speak Like a Child' 편에는 페이 발렌타인 앞으로 배달되어 온 착불 택배 속에 아날로그 자기 비디오테이프가 있는데, 작중 배경인 2071년의 우주 시대를 살아가는 주인공들은 이게 무슨 물건인지 자체를 모른다. 결국 주인공들은 이를 재생하기 위해 온갖 천신만고 끝에 재생장치를 찾아낸다. 재생장치를 들고 온 곳이 다름 아닌 박물관이라는 점이 매우 상징적인데, 불과 수십 년만 지나도 이런 재생장치들 자체가 골동품을 넘어 숫제 '유물'이 된다는 점을 잘 보여준다.

그나마 VHS는 아직 요행히 읽을 수 있는 경우가 있지만, DVD-RW는 20년 전 정도에 녹화한 게 아예 인식 자체가 안 된다. CD로 구워놓은 데이터들도 매한가지여서, 음악을 담은 CD야 여전히 나오지만 직접 구운 CD는 20년 정도 지난 시점엔 인식 안 되는 경우가 대부분이다. 이렇게 해서 아예 영영 잃은 한 시기의 기록들이 상당하다. 그런 점으로만 치자면 일단 구하기만이라도 하면 책장을 열어 읽을 수는 있는 만화책이 애니메이션보다 상황은 나을 수도 있다는 생각도 든다. 오죽하면 글쟁이들 사이에서는 "최고의 백업은 프린터로 출력해두는 것"이라는 농담이 돌까.

2000년대 이후 출생자들이야 "유튜브로 올리면 되지!"라 말할지 모르는 일이나, 유튜브라고 과연 천 년 만 년 갈 수 있을까? 난다 긴다 하던 PC통신 서비스 업체도 인터넷 포털 사이트도 커뮤니티 사이트도 갑자기 사라지곤 했다. 웹툰도 전자책 게임 데이터도 업체가 날아가면 한순간에 날아갈 수 있다. 언젠가는 모두에게 공평하게 다가올 미래를 디지털 시대의 오덕은 어떤 마음가짐으로 대비해야 할까, 답이 나오지 않는 질문을 던져 볼 수밖에 없는 대목이다.

덕질의 최대 장벽: 부동산

한데 오덕질에서는 이러한 소멸의 위협보다도 더욱 무서운 장벽이 있다. 돈? 시간? 아니, 궁극적인 장벽은 다름 아닌 부동산이다. 일단 자기 집이 없는 사람은 보통 2년, 길어도 4년에 한 번은 이사를 치러야 한다. 어째서 이사를 한 번 하고 나면 멀쩡히 있던 책이 몇 권쯤은 사라지는 건지 도무지 알 수 없는데, 이빨 빠진 책을 비롯해 분명 샀던 물건이 어디론가 사라지는 일들을 왕왕 겪곤 한다. 그럼 집이 있으면 만사 해결이냐면, 그 집의 물리적 공간을 어디까지 분배할 수 있느냐에 따라 관점이 완전히 갈리게 된다. 우리집은 아내와 내가 혼인과 함께 책 짐을 합쳤더니 거진 1만 권 가까이 나오는 바람에 잡지와 만화책 등을 대폭 덜어내 만화 박물관 등에 몇 차례에 걸쳐 보내고서야 생활할 공간을 확보할 수 있었다. 지금은 수천 권 단위에서 조절 중이고 신간은 전자책으로 많이 돌리고 있지만, 만화 외에도 책은 많이 사고 전자책으로는 찾을 수 없는 책들은 결국 물리 공간을 필요로 하니 작업 공간은 언제나 책산책해일 수밖에 없다. 지인 가운데에는 아예 컨테이너 박스를 별도로 임대해 책을 몰아넣은 이들도 몇이 있다.

생각해 보면 2평 남짓한 고시원방에서 첫 서울 생활을 했을 때에도 그 작은 방 안에 책을 수백 권 쟁이는 바람에 이후 이사할 때 용달차 아저씨가 비명을 지르기도 했더랬다. 몇 차례의 이사를 거치며 본가에 있는 책과 서울에 와서 새로 샀던 책을 합치고 혼인과 함께 엘리베이터도 없는 빌라에 둘의 책을 합쳐놓고 나니 도대체 감당이 안 되었다. 이삿짐센터에서 제일 싫어하는 고객이 교수와 성직자와 우리 같은 사람이라던데 과연 추가 요금 소리가 나올 지경이었다.

그나마 우리는 만화지만, 어떤 이들은 캐릭터 피규어를 다채롭게 모으고, 어떤 이들은 특정 캐릭터 굿즈를 -심형탁 씨처럼 도라에몽 관련 상품이면 뭐든 다 모으는 경우가 대표적- 모으고, 어느 게임 덕후는 아예 해당 게임에 최적화한 구동 시스템을 물리적으로 구축하는 데에 공간을 할애하며, 아이돌 덕후는 해당 아이돌 관련 상품이라면 무조건 구입한다. 일본 만화가 안노 모요코(安野モヨコ) 씨가 남편인 <신세기 에반게리온>의 감독이자 일본 오타쿠 사천왕 중 한 명 급일 안노 히데아키(庵野秀明) 씨에게 '단독주택에서 살고 싶다'며 꼬실 때 유효타로 쓰인 말도 다름 아닌 '거실에 열차 디오라마를 놓고 종일 감상한다'는 당신의 꿈을 비로소 현실화할 공간이 생긴다는 것이었다.

덕질이란 말이 허구 세계관에 바탕을 둔 대중문화 소비

에만 머무르지 않게 된 시점에 이르러서는 좋아하는 대상에 몰입하는 행위 자체를 덕질로 부르는데, 이 관점에서 보자면 영화 덕질, 음악 덕질 같은 콘텐트부터 철덕질(철도 오타쿠), 밀덕질(밀리터리 오타쿠) 등까지 범위가 확장된다. 과거에 독특한 취미로 분류되던 것이 덕질의 카테고리 안으로 들어온 셈이고, 그에 따라 분재를 비롯한 식물, 수석, 불단 같은 대상에 대한 천착도 덕질이란 표현으로 불린다. 우표와 같은 전통적인 수집 취미도 어떤 면에선 우편 문화를 향한 덕질이라 할 법하다.

실제로 덕질이란 말을 쓰고자 한다면 이를 그냥 모으는 걸 넘어 자기 나름의 데이터베이스화가 뒤따라야 하는 법이라지만, 다 차치하고서라도 대상을 향한 지식 축적을 넘어서 구입/수집/소장으로 연결된다는 측면에서 보자면 대저 크게 다르지 않은 행위를 하는 셈이다. 그리고 이 모든 행위의 공통된 특징이자 불문율이 있다면, 디지털 데이터가 아닌 이상 덕질 대상이 일상생활 자체를 침해하는 단계에 이르면 절대로 안 된다는 점이다.

만화는 웹툰이 아닌 이상 대체로 책과 잡지지만 영화나 음악의 경우라면 DVD나 CD, VHS 등이 있겠고 철덕이라면 철도 모형 디오라마, 밀덕이라면 모형 총기나 프라모델 등이 대상이 되겠는데, 책 이상으로 공간들을 필요로 하는 물건들이다. 피규어나 프라모델 등은 또한 먼지 등에 취약하기 때문에 별도의 장식장이 있어야 한다. 공간은 물론 여러모로 세심한 관리까지 필요한데 조금만 게으른 성격이면 정말 순식간에 먼지가 진득하게 달라붙은 꼴을 만날 수 있다. 그래서 나는 피규어 종류는 일찌감치 포기하고 책 먼지는 감수하고 살고 있지만, 물리적 공간의 한계는 언제나 큰 압박이다.

돈이 많으면야 무슨 문제일까만, 최대한 대출을 당겨 마련한 지금 집도 아내와 아이를 포함한 우리 세 가족이 사는 데에는 빠듯한 넓이다. 그나마 책이 방 바깥에 쌓이는 일만큼은 만들지 않으려고 애를 쓰고 있는 게 고작이다. 덕질하는 모두가 공간의 압박에서 자유로울 수는 없고, 공간만 허락한다면 하고 싶은 게 참 많을 터다. 하지만 덕질하는 대상으로 일상생활의 영역을 침범하기 시작한 이들이 좋은 꼴을 보는 경우는 극히 드물다. 가족 구성원 간에 합의된, 또는 본인이 감당할 수 있는 만큼의 공간을 넘어서 덕질에 매진한다는 건 거의 대부분 최소한의 사회화와 비용 절감을 포기한다는 의미기 때문이다. 공간의 문제란 결국 자기의 사회적 영역 구분과 거의 일치한다.

덕질의 최대 장벽은 그래서 부동산일 수밖에 없다. 모아놓은 걸 다시 보기 어려운 것조차 부동산 문제 앞에서는 후순위인 셈이다. 디지털 데이터 기반인 웹툰조차도 결국은 책이나 CD와 같은 부가상품이 안 나오는 건 아닐진대, 부동산 문제에서 아주 자유로운 덕질거리는 없다

해도 과언이 아니다. 난 덕질거리를 모아보고 싶을 뿐인데, 부동산 때문에 행복할 수가 없다. 한계가 있기에 최선을 다해 고르고 또 고르는 데에 가치가 생기는 법이긴 하지만, 그럼에도 물리적 한계를 조금이라도 넓히고 싶은 건 누구나 마찬가지 아닐까. 그런 심정으로 오늘도 나는 아내와 함께 복권집 앞에서 입맛을 다신다. 글을 쓰고 있는 지금, 지난 주 샀던 복권은 또 다시 단 하나도 맞지 않았다.

오덕 9

문화 소개자와 도둑놈 사이

'우리는 오타쿠인가?'

 본래 오타쿠란 일본에 돈이 많이 돌았던 시기 각 가정마다 급격히 보급된 TV와 VHS 따위의 가전제품들을 중심으로 만화와 애니메이션 같은 시각문화에 본격적으로 각성한 이들이다. 이와 같은 시각문화 상품들을 구입해 쟁이고 몰입할 수 있는 이들이 오타쿠질을 하게 마련이고, 작품은 물론 관련 파생 상품들까지 이들이 사 모으기 시작하면서 일종의 산업화를 이루게 된다. 그래서 본래 의미의 오타쿠는 태생적으로 소비문화의 총아라 할 수 있다.

 오타쿠질은 돈 내고 살 만한 것들을 살 만한 돈이 있고, 이를 싸안고 들어앉아도 될 만한 공간까지 어느 정도 갖춰야 활성화할 수 있다. 이런 연유로 오타쿠라는 표현이 표면에 등장하게 된 단초를 제공한 칼럼니스트 나카모리 아키오 씨는 아예 집이라는 뜻의 택(宅)을 붙여 '오타쿠'

라는 보통 명사를 제시하면서 '안경에 파묻혀 영양실조 걸린 하얀 돼지 같은데' '엄마가 사준 옷 차려입고' '세기말적으로 어두컴컴하다가 만화 행사장에선 잔뜩 모여 활개 치는' '남창 같은 구석이 있어 여자를 사귈 수 없을 것 같은 놈들'이라고 비아냥거렸더랬다.

  칼럼 치고는 비아냥의 정도가 매우 저열해서 문제인데, 어쨌든 엄마가 사 준 운운에서도 드러나듯 버블경기의 흐름 속에서 뭘 사는 데에는 지장이 없을 정도의 경제력을 '부여받은' 입장임과 동시에 시각 문화의 세례를 듬뿍 받았던 이들이었다. 지금이야 어떻든, 오타쿠에게 소비는 너무나 당연한 일이었다. 그들은 남달리 작가와 작품을 향한 예의와 소비자 의식이 투철해 돈을 쓴 게 아니라, 돈을 쓸 수 있었기 때문에 오타쿠일 수 있었던 존재들이다. 그래서 한창 한국에서 오타쿠 담론이 PC통신을 거쳐 인터넷에서 퍼졌던 1990년대 후반~2000년대 초반 사람들의 관심은 '무엇이 오타쿠인가'와 '우리는 오타쿠인가'에 쏠려 있었다. 그리고 바로 이 부분, 오타쿠의 정의와 우리는 무엇인가를 정의하는 과정에 해당 시기를 가로지르고 있던 한국의 상황이 결부되어 기묘한 분위기를 형성하고 있었다.

복잡미묘한 위치에 서 있던 한국

 이 시기를 가로지르고 있던 한국의 가장 큰 이슈는 '만화판이 망하고 있다'였고, 그 이유는 굉장히 복합적으로 얽혀 있었다. 일단 가장 큰 악당 취급을 받았던 건 도서대여점이었는데, 청소년보호법이라는 명목의 만화 탄압법이 시행되고 1990년대 후반 IMF 사태라고 일컬어지는 경제 붕괴로 인한 아수라장에 왜곡된 시장 형태가 하나 더해졌던 것일 뿐이어서 오로지 도서대여점만이 한국 출판만화를 박살냈다고 보는 것만은 무리가 있다. 그러나 분명 도서대여점은 정상적인 시장 형태가 아니었고, 이들이 권당 300원으로 끌어내린 만화책의 가치는 곧 '불법 스캔 만화'의 시대를 맞아 문자 그대로 '공짜'로 전락한다. 또한 점차 만화로부터 헤게모니를 넘겨받고 있었던 초기형 웹툰 역시, 유료 만화의 시대가 본격화되기 시작한 2010년대에 들어서기 이전까지는 상업 웹툰의 유통망으로 포털이 점차 자리를 잡는 동안 실제로는 대형마트의 미끼상품 취급을 받았다.

 한데 문제가 된 게 만화만이냐면, 애니메이션도 상황이 크게 다르지 않았다. 이 시기 유행했던 게 바로 초고속 인터넷망을 타고 유포되던 동영상 파일들이었다. 이 시기를 전후한 애니메이션의 시청 창구는 지상파 3사 또는 당시 유일한 애니메이션 전문채널이었던 투니버스였는데, 일부 한국의 자생형 1세대 오타쿠층은 일찍이 일본에서 직접 사 온 비디오나 레이저디스크(LD) 따위로 방송사가 전해주지 않는 수많은 애니메이션을 직접 접하고 있었다. 그리고 이들에게서 흘러나온 복제 비디오 등을 통해 수많은 다음 세대 자생형 오타쿠층이 형성되고 있었다. PC통신에서는 이런 복제 비디오나 대만제 복제 음반을 거래하는 이들이 왕왕 보였고, 음반의 경우는 소모임 단위에서 공동구매를 통해 수입해 오기도 했다.

문제는 그나마 일본문화 전면 개방 이전에 '어차피 본격적으로는 들어올 수 없어서 용인되던' 것을 넘어, 초고속 인터넷을 통한 애니메이션 불법복제가 매우 본격적이고 광범위하게 일어나기 시작했다는 점이다. PC통신 시기 인포메이션 프로바이더(IP, Information Provider. 현재는 콘텐트 프로바이더 즉 Content Provider를 줄인 CP로 통용된다)라는 이름으로 수익을 내던 상업 업체들도 사람들을 끌어모으기 위해 이러한 데이터들을 가져다 미끼로 썼다. 당시 한 업체 대표는 "우리가 소개해주니까 더 유명해질 수 있는 것 아닌가" 같은 발언을 대놓고 하기도 했으니 대략 어떤 인식들이었는지를 알 수 있다.

그리고 이런 파일들이 국내에서 광범위하게 유포되면서 이를 공유하고 소개하는 역할을 자임한 이들이 '번역' 경쟁을 걸기 시작했는데, 이른바 자막 제작이다. 불법 애니메이션 공유는 거의 네이티브 수준으로 일본어를 구사하던 1세대들과는 다르게 어학에 조예가 그다지 없던 이들 사이에서도 이루어졌고, 이들이 애니메이션을 보기 위해서는 번역을 비롯한 전달자 역할을 해 줄 사람이 필요했다. 그래서 불법 공유 애니메이션의 자막을 작업하는 이들도 파일이 공유된 지 몇 시간도 안 된 시점에 파일을 올리는 등 경쟁이 날로 심화되었다.

과거의 불법이 정상 경로 자체가 거의 없던 시기의 소규모 점조직 같은 인상이었다고 하면 이 시기부터는 시차 자체가 사라진 본격 장물 무역에 가까웠고, 여기에 현지화를 거치곤 하던 한국어판을 향한 혐오와 선진 문물을 수정 없이 즐기게 해준다는 기묘한 쾌감이 정식 경로를 작정하고 우회하는 데에서 오는 배덕함과 결합해 실로 복잡미묘한 분위기가 형성되고 있었다.

배덕함 위에 서 있던 우리

당시 상황을 복기해 보려면 이 '배덕함'이라는 키워드에 주목할 필요가 있다. 한국형 오타쿠의 형성 초기와는 상황이 달라졌음에도 일군의 사람들이 정상 소비 행위 자체를 매우 적극적으로 회피하고 배격했다는 점이다. 만화의 경우 한국 쪽 출판본의 불법 스캔판만이 아니라 일본 쪽 출판만화의 불법 스캔판을 무단 번역해 식자를 밀어내고 편집하는 '대패질' 행태도 이 시기에 기하급수적으로 늘었고, 애니메이션의 경우도 자막 번역을 매개로 하는 파일 공유가 일본 현지와 거의 실시간으로 진행되고 있었다.

재밌던 것은 이 시기 PC통신과 인터넷을 돌아다니던 논쟁의 형태들이다. 우리 앞에 펼쳐지고 있는 이 혼란스러운 난맥상을 우리가 어떻게 받아들여야 하는가, 그리고 그 앞에 서 있는 우리는 우리를 무엇으로 정의할 수 있을까?가 굉장히 큰 과제였다. 이 진지하다 못해 존재론적이기까지 한 논쟁은 쓸데없이 거창해 보이지만 실제로는 당시 동호회 게시판 등지에서 곧잘 튀어나올 만큼 큰 화두였다. 우리는 팬인가, 마니아인가, 오타쿠인가. 그리고 우리가 오타쿠일 수 없는 까닭으로 언급되던 것이 바로 소비였다. 흔히 나온 주장은 '오타킹' 오카다 토시오 씨의 언설을 받아들인 오타쿠 = 에도시대 때부터 내려온 일본 전통문화의 계승자입네 하는 이야기와 일본인들의 투철한 소비의식(?)과 저작권 의식(?)을 언급하며 우리가 보이고 있는 꼴을 비교한 상황이었고, 치열한 논쟁 끝에 흘러나오던 결론은 다소 우습지만 그래서 "우리가 오타쿠라 부르기엔 어렵다"는 것이었다. 성기게 정리하자면 한국의 불법복제 행태를 봐라, 이게 무슨 오타쿠씩이나 되는가 소비를 안 하는데! 정도라고 할까.

실제로는 우리나라에서 돌아다니던 파일의 태반이 그 출처가 일본일 수밖에 없어서 '일본인은 정상 소비를 하는데 한국인은 저작권 의식이 없어 후진성을 드러낸다' 같은 논란은 근거가 없었다고 할 수 있겠지만, 어쨌든 당시만 해도 '아직 시장이 굳건하고 거대해 보이던' 일본에 비해 내수 시장 붕괴에 해적 시장의 창궐에 오히려 빳빳하게 고개를 들고 무슨 문익점인 양 구는 사람들의 모습을 보고 있자면 차마 무언가 그럴싸하게 해설하거나 토론 씩이나 할 의지가 사라질 지경이었다.

그래서 '소비문화의 총아'로 회자되곤 하던 일본의 오타쿠에 비해 한국 땅에 서 있던 (나를 포함한) 많은 이들은 이건 아니다, 라고 논쟁을 벌일지언정 차마 한국의 만화, 애니메이션 팬층을 오타쿠씩으로나 부르긴 어렵지 않은가 하는 식의 이야기를 나누곤 했던 것이다. 물론 이때는 일본이 너무나 대단해 보인 나머지 이를 수용하는 게 힙해 보이던 상황이었던지라, 일본 현지의 주류 문화 속에서 오타쿠가 그리 좋은 인상으로 비치지 않는다는 현실에는 조금 늦게 눈을 돌리게 됐지만 말이다.

어떤 방식으로든 직접 사들인 물품을 자랑 내지는 요즘 시쳇말로 '플렉스'하며 그 나름의 마이너리티 문화를 형성하던 한국의 자생형 오타쿠들의 초기 행태와는 달리, 이즈음엔 소비 자체를 거부하거나 오히려 경멸하는 조류가 형성되었던 건 주지할 만한 사실이다. 일본 작품이기 때문에 오히려 열심히 불법복제를 함으로써 애국(?)을 한다는 식으로 우기는 이들도 왕왕 있었지만, 그렇다면 이들이 한국 작품은 구입하느냐 하면 그렇지만도 않았다. 한국 작가들의 만화나 한국 애니메이션은 수준이 낮아서, 일본 건 애국해야 하니까 안 샀던 셈이다. 학생이 무슨 돈이 있느냐는 이야기나 한국의 국력이 낮으니 용인될 만하지 않겠느냐는 이야기는 꼭 별첨으로 들어갔다.

내 경우는 운영하던 사이트 안에 도서대여점이나 불법복제 관련한 토론이나 논쟁의 장을 직접 열기도 하고, 여차하면 게시판 등지에서 참여하곤 하던 입장이었다. 지금은 귀찮아서라도 안 할 짓이긴 하지만 그때엔 어쨌든 굉장히 위험천만한 발상들이 많았다고 생각했기 때문에 시간을 꽤나 투자했더랬다. 그보다 앞선 시기였던 활동 초반에 나 또한 저작권과 관련해 별 생각이 없었던 부분이 있어 반성하는 의미에서도 좀 더 진중하게 접근한 주제였다. 그리고 시간이 20년 가까이 지난 현시점에서 돌이켜 보면 세대가 갈려도 나오는 소리가 똑같음을 확인하게 된다. 달라진 건 기기나 미디어의 형태일 뿐 '멀쩡한 대상을 무단으로 향유하기 위해 노력을 아끼지 않는' 기괴한 형태는 크게 달라지지 않았다. 일례로 웹툰이 본격적으로 유료화를 시작했을 때 그 시작점에 있던 주호민 작가는 2012년 12월 "이미 그려놓은 그림으로 계속 먹고 살겠다는 이야기는 내 배 불리자고 독자들 돈 받아먹겠다는 소리밖에 안 된다", "만화에 왜 돈을 내야 하는가?", "작가들 고료 다 받을 거 받아놓고는 저작재산권 침해한다고

씨부린다" 따위 소리를 들어야 했다.

2022년이라고 크게 달라지진 않았다. 여전히 많은 이들은 유료화한 웹툰을 결제하느니 불법 사이트에 도네(도네이션, 후원)를 한다. 불법을 저지르기 위해 돈을 쓰는 것이다. 일본 만화 작품들을 대패질하는 행위도 줄지 않았다. 심지어 이젠 그 대상이 출판만화만이 아니라 일본에서 웹코믹이라 부르는 웹 공개 만화들(아마추어 패러디 포함)들의 대패질 파일을 공유하는 게시판 커뮤니티가 따로 있을 정도로 확장되었다.

이제와 되갚음 당하는 중인 우리

아이러니한 건 지금까지 우리나라의 이 얼치기 밀매상들이 늘어놓았던 소리를 우리가 고스란히 되돌려 받고 있다는 점이다. 일례로 웹툰이 성장하면서 해외에서 한국의 유료 웹툰을 무단으로 '대패질'해 공유하는 사례가 빈번해지고 있는데, 우리네 문익점 흉내쟁이들이 했던 말들을 한국 작가들이 고스란히 돌려받고 있다. 학생이 무슨 돈이 있냐, 경제력이 떨어지는 나라에 살고 있는 우리는 너희 작품을 돈 다 내고 보려면 힘겹다, 이 정도 작품에 이 돈을 내는 게 말이 되느냐 등등등.

권리 침해를 막기 위해 직접 차단 신고나 법적 조치를 진행하려는 만화 창작자들의 멱살을 잡고 흔드는 풍경을 보며, 창작자들이 겪고 있는 괴로움과는 별개로 과거에 확실히 끊었어야 할 무단의 굴레를 끊지 못한 업보가 이렇게 돌아오고 있다는 생각을 버릴 수 없다. 그나마 애니메이션은 방영 채널도 늘어난 데 이어 OTT의 확대, 일본 측에서의 인터넷 상영 등이 이어지며 불법복제의 여파가 줄어들고 있지만 만화는 여전히 세계 단위의 홍역을 치르고 있고, 다만 과거와 다른 점은 한국 작품이 거대한 피해의 당사자가 되고 있다는 것뿐이다.

불법복제자들은 돈이 없어서가 아니라 다만 돈을 써야 하는 우선순위에서 콘텐트 '소비'를 빼놓고 있을 뿐이다. 이들은 오타쿠고 마니아고 팬이라 하기 이전에 그냥 범죄자일 뿐이지만 단죄받지 않은 채 시대를 고스란히 흘려보냈다. 나 역시 그 시기를 지나 보내왔던 입장에서, 내가 할 수 있는 게 고작해야 애먼 소리들을 늘어놓는 자들과 충돌하고 매체 기고에 언급하는 것 말고 더 없긴 하였으되 동시대를 살아온 이들에게 더 목소리를 냈어야 했다는 일말의 책임을 느낀다. 지금의 난리통은 요즘 애들 어쩌고 할 것도 없이 지금의 4~50대들이 2~30대였을 때 스스로를 점검하고 반성하고 자중하지 못한 결과물이다. 그들 가운데 대부분은 이미 만화와 애니메이션에서 눈을 완전히 떼고 다른 쪽으로 눈을 돌리지 않았던가. 그들에게는 그래도될 대상이었던 것이고, 그로 말미암아 똑같은 역사를 고스란히 세대를 거듭해 반복하고 있는 상황이다.

오덕 10

덕업일치

덕업일치란 말이 있다. 무릇 좋아하는 대상을 적당한 수준 이상으로 까마득하게 파고 들어간 끝에 정보와 물품을 수집하고 정리하는 행위 일체를 뜻하는 것이 덕질임을 생각해 보면, 덕업일치는 그것을 직업으로 삼는 걸 가리킬 때 쓰는 말이라 할 수 있다. 요즘에야 덕질의 범주가 크게 확장되었고 그 중심에 K-POP 아이돌이 있긴 하지만, 본래 덕이란 말 자체가 만화나 애니메이션과 같은 비실사 기반 시각문화를 대상으로 삼는 오타쿠에서 왔다 보니 본래 의미로서의 덕업일치가 가리키는 '덕업'이란 만화나 애니메이션 오타쿠 노릇을 직업으로써 행하는 일을 뜻한다.

무엇을 숨기랴. 내가 그 산 증인이다. 만화나 애니메이션에 관해 글을 쓰고 떠들어 왔고, 심지어 이제는 직업적으로 만화를 그리기까지 한다. 몇 년 전만 해도 "만화는 그리는 것만 빼고 다 합니다"라 눙치고 다녔는데 웹툰 PD란 말이 돌기도 전에 편집자 업무를 해 보기도 했고 이제는 그리기까지 하고 있으니 만화와 얽힌 업무들 가운데 대부분을 경험했다 해도 과언은 아니다. 이미 이쯤 되면 좋아하는 대상을 즐기고 있다는 말은 언강생심 불가능할 듯하다. 정말로 일이니까. 그런데 난, 어쩌다가 이런 길로 오게 되었을까.

서찬휘 비긴즈

딴에는 '직업'적 정체성을 지니고 이 활동을 시작한 건 1998년이다. 그런데 만화만 좋아했던 건 아니어서, 나는 원래 1992년 대형 PC통신망인 데이콤의 PC-SERVE(이후 천리안으로 개칭) 내 소프트웨어 동호회 안에서 프로그래밍 소모임을 운영하기 시작해 이듬해인 1993년 채소소프트라는 프로그래밍 동호회를 독립해 운영했던 프로그래머 지망생이었다. 그 전에는 40메가바이트짜리 하드디스크가 달린 286 컴퓨터에 모뎀을 꽂아 1:1로 접속해야 하던 사설 BBS를 운영하기도 했다.

물론 당시엔 프로그래머로서 프로일 순 없었다. 일단 너무 어렸다. 정식 모임을 열기 위해서도 대리자와 위임장이 필요할 정도로 어린 나이였다. 막 국민학생을 벗어난 시점이었던 내가 관심사였던 컴퓨터와 프로그래밍으로 모임을 열었던 건 뭔가 판 벌리기 좋아하는 기질이 있었다고밖에 할 수 없을 것 같다. 지금도 어쨌든 이래저래

판을 벌리거나 벌어진 판에 끼어들고 있으니 말이다. 어쨌든 그렇게 회원수가 약 6000여 명이 넘어가는 프로그래밍 동호회를 1998년 무렵까지 운영하며 여러 IT 이슈와 컴퓨팅에 관한 지식을 쌓았다.

그래서 나는 내가 프로그래밍으로 밥을 벌어먹고 살리라는 미래를 의심하지 않았고, 그런 이유에서 대학 전공도 컴퓨터 쪽으로 잡았다. 실제로도 근래인 2015년 무렵까지 프로그래밍은 제법 쏠쏠한 돈벌이 수단이 되어주기도 했다. 만화 쪽에서는 나를 웹진을 직접 구축할 수 있다거나 데이터 수집과 가공을 하는 데에 컴퓨터 지식을 쓸 줄 아는 사람 정도로 인식하고 있긴 했다. 실제로 나는 한창 웹진을 운영하던 당시 CMS(Content Management System) 단위까지 직접 짜거나 웹 기반 만화 뷰어를 직접 개발하는 미련한 짓을 서슴지 않기도 했는데, 한편으로는 만화와는 아예 상관없는 업무를 의뢰받는 경우도 왕왕 있었다.

프로그래밍만이 아니라 웹디자인, 웹퍼블리싱 같은 업무도 진행했다. 2015년 이후 관련 업무를 의식적으로 줄이며 거의 손을 떼다시피 하면서 이제 개발자로서의 정체성은 내게서 거의 사라졌지만 어쨌든 그만큼 컴퓨터를 활용하는 일은 내 바탕을 이루는 무언가였고, 글쓰기 소재도 IT 이슈로서 분석한다거나 데이터를 직접 수집해 가공하는 방식으로 진행하기도 했다. 그런데 재밌게도 나는 프로그래밍 동호회를 운영하던 당시에도 그 안에 글 쓰는 공간을 마련해두었다. 당시의 나는 시 쓰는 걸 좋아하던 문학소년(?)이기도 해서, 고등학생 때에는 문학클럽의 편집장을 맡고 시와 소설을 쓰기도 했지만 한편으로는 -나이대 치고는 매우 우스운 말이지만- 컴퓨터를 다루는 사람이 컴퓨터만 알아선 안 된다! 같은 이유로 프로그래밍 동호회라는 공간 안에 시와 소설, 비평문 따위를 써서 올릴 수 있는 공간을 두었던 것이다.

딴에는 시집을 내 보고 싶다면서 자작시 묶음을 출판사 등지에 마구 보내보고 심지어 서울까지 직접 쳐들어가기까지 하는 행동력 좋은 민폐쟁이였다. 지금 내 아이가 조금 머리가 굵었다고 비슷한 짓을 하고 다닌다고 하면 실로 아찔할 것 같다. 당시 내가 원고를 들고 찾아갔던 나라원 출판사 사장님은 너무나 당연히도 글을 출판해주진 않았지만 그렇다고 비웃지도 않고 밥을 사 먹이면서 여러 이야기를 건네주었다. 지금까지도 나라원 사장님이 "신라 향가와 고려가요가 지금은 교과서에서 배우는 것이지만 그때엔 지금으로 치면 유행가였다"라 설파하던 말은 대중 콘텐트를 만들어야 하는 입장에서 시사하는 바가 큰 말로 가슴에 남아 있다. 전통적인 시의 틀과는 다른 사랑 시집으로 젊은 독자층을 모았던 출판사의 사장으로서 여러 고민을 했으리라 짐작되는 말이다. 시 창작과는 거리가 먼 글이나마 직업적으로 글을 쓰게 된 지금의 입장에서도 이 시기의 기억은 많은 자양분이 되어주고 있다. 그때 사랑시로 유명했던 원태연 씨를 눈앞에서 직접 만났던 것도 즐거운 경험이었다.

나는 한편으로 내가 운영하던 동호회에 올렸던 글과 영상을 아우르는 작가 및 작가 지망생들이 모이는 게시판 등지에도 같이 올리면서 밤새 대화실 등에서 교류하기도 했다. 이때 많이 올렸던 게 자작시기도 했지만 한편으로는 만화나 애니메이션 리뷰 같은 것도 곧잘 올렸다. 당시 나는 고교생이었는데, 비슷한 연배에 PC통신을 하는 사람이 없었던 건 아니지만 드문 상황에서 실제로 활동하는 작가군들과 말을 섞고 평가를 받을 수 있었다.

거의 매일 밤을 새다시피 하며 전화선 너머의 작가들과 떠들고 토론하고 채팅소설 같은 걸 쓰기도 하면서 이야기를 나누었는데, 때마침 여러 건강 문제로 고3에 해당하는 시간에 쓰러지면서 대입 공부를 완전히 내려놓고 남들이 교과서와 문제집에 매진해야 하는 시간을 통으로 만화와 애니메이션에 할애할 수 있게 됐다. 마치 그러려고 쓰러졌나 싶을 만한 기막힌 타이밍에 -물론 너무 아프고 힘겨웠다- 나는 내 글쓰기에 필요한 재료와 도구를 만날 수 있었다. 개운치 않은 머리 상태로 나는 문제집 대신 만화책과 비디오테이프를 책상과 TV 앞에 쌓아놓고 읽고 보고 쓰고 보여주기를 반복했다. 그리 좋은 계기는 아니었지만 결과적으로는 이때 쌓은 자산을 파먹으며 살고 있는 셈이다.

이때의 글들을 눈여겨 봐 준 이가 있었는데 <모래시계>의 작가 송지나 씨다. 이때 송지나 씨는 국내 최초의 온라인 드라마 아카데미를 SK의 인터넷 기반 서비스였던 넷츠고에 개설할 준비를 하고 있었는데, 이때 "드라마 작가가 드라마만 보면 안 된다"라는 말을 했다. 이건 내가 동호회를 운영하며 하던 소리와 거의 일맥상통하던 말 아니던가. 그리고는 드라마 아카데미와 더불어 그곳을 들어설 이들을 중심으로 만화와 시와 소설을 다루는 공간을 함께 열겠다고 했는데, 그 세 공간을 비회원 외부 접근이 가능한 콘텐트 프로바이더(CP) 웹 공간으로서 준비했다. 나는 그 세 공간을 구축하고 기술적으로 접근하는 역할과 더불어 그 가운데 하나인 만화 공간을 맡게 되었다. 글쓰기와 컴퓨터 활용과 운영이 다 된다는 이유에서였다. <찬휘의 만화&애니 이야기>, 이후 《만화인》이라는 이름으로 활동하게 되는 공간은 이렇게 1998년 시작되었고, 나는 이곳에서의 칼럼 활동을 바탕으로 KBS 게임피아, 중앙일보 조인스닷컴, 한겨레신문 등에서 글을 실으며 본격적인 활동을 시작했다.

내가 1998년을 활동 기점으로 삼는 까닭은 이때가 단순한 동호회 활동을 넘어서는 기명 활동을, 작으나마 비용을 받으며 활동하기 시작했기 때문이며, 이때 이걸 맡지 않았다면 나는 지금도 만화를 좋아하는 프로그래머로 활동했을 것이기 때문이다. 《만화인》은 이후 2008년까지 모양새를 유지하며 운영했지만, 2008년 이후는 도메인만을 남기고 더 이상 커뮤니티나 웹진 형태의 사이트를 직접 운영하지 않은 채 의뢰받은 일만을 중심으로 활동하고 있다. 사람 때문에 다소 질리기도 했지만 더 이상 내가 커뮤니티와 웹진을 통해 추구하던 바가 유의미하지 않다는 판단이 섰기 때문이다. 그러나 공간을 없앴다고 내가 사라지지는 않았기 때문에 '만화 칼럼니스트 서찬휘'는 여전히 활동하고 있다. 그리고 사람들도 남았다. 당시 소설을 다루었던 방에 모였던 이들과는 지금까지도 20년이 넘는 질긴 인연을 유지 중이다. 이들은 당시 10대 후반으로 너무나 어렸던 내 한 청춘기의 멘토 역할을 해 주었다.

덕업일치의 현실

분명 나는 학창시절에 백일장에서 상을 받는 종류의 글을 쓰지는 못하는 사람이었다. 시인 지망생으로서의 내 정체성은 1998년 '만화 칼럼'으로 방향을 정한 시점에서 끝났고, 좋아하는 작품을 소개하는 데에만 그치기보다 업계의 흐름에 관해 말하며 IT 이슈와 만화의 접목이라는 특색을 완전히 놓지는 않으려 해 왔다. 그게 결국은 1년이 되고 5년이 되고 10년을 지나 20년이 되어 지금에 이르고 있다. 이쯤 되면 거의 관성같이 흘러가고 있지만, 다른 한편으로는 어디론가 다른 길을 가기엔 늦기도 했다.

그런데 아마 만화가 너무 좋아서 어쩔 줄 몰라요!기만 했다면 오래전에 그만두지 않았을까 싶기는 하다. 좋아하는 대상에 관해 '이야기하는' 것만으로는 어떤 의미를 남기기가 쉽지 않기 때문이다. 오랜 시간에 걸쳐 나는 만화 즐김이라는 이름을 붙이고 다녔는데, 스스로 용도 폐기를 한 까닭은 내가 더 이상 만화를 오롯이 '독자'로서 즐기고 있지 않기 때문이다. 이 말을 썼던 건 어쩌면 1차적으로 만화를 독자로서 즐기고 있음을 부각하고 싶었기 때문이지만 그것만을 활동 동력으로 삼으며 나아가기엔 직업으로서의 정체성을 지니기에 부족했다.

게다가 20여 년에 걸쳐 만화 창작자들을 통해 만화가 오롯이 만화 창작자들만의 것임을 확인하게 되는 일들을 자주 겪었고, 어린 시절 감동적으로 보았던 작품의 작가가 도무지 존경할 만한 사람이 못 되는 경우도 곧잘 겪다 보니 대관절 만화에서 만화 독자란 무엇인가에 관한 회의가 드는 건 어쩔 수 없었다. 아닌 게 아니라 2010년대 이후 만화 독자 커뮤니티라 할 만한 게 거의 사라진 채 게임 유저 커뮤니티나 IT 커뮤니티 정도에서나 만화 이야기가 드문드문 회자되는 까닭이 멀리 있지는 않을 것이다. 독자로서의 정체성을 먼저 두고 있던 나부터도 그걸 놓은 시점에서 만화계는 완전하게 '작가만의 것'이 되었고 2020년대 현시점에서는 작가들에게서도 멀어져 '업체만의 것'으로 향해 가는 중이다. 서글픈 현실이지만 이제 돌아오지 않을 것 같다. 그리고 그 와중에도 내가 직업으로서 이 일을 유지하고 있는 까닭은 역설적이게도 만화를 더 이상 마냥 좋아하는 대상으로 놓고 있지 않기 때문일지도 모르겠다. 다만 관성적으로 '덕질'의 범주 안에서 '일'이 될 만한 것들을 찾고 있을 뿐이다. 새삼 느끼는 것이지만 덕업일치는 그쯤 되어야 가능한 일 아닌가 싶다.

  사람들이 덕업일치에 보이는 시선이란 크게 두 가지로 나뉜다. "좋아하는 걸 일로 하다니 부럽다"와 "좋아하는 대상을 일로 보려면 피곤하지 않은가?" 적어도 지금 시점에서는 이렇게 답할 수밖에 없을 듯하다. 마냥 좋아하지만도 않게 됐지만 일로 볼 수 있을 정도로 객관화가 되었기 때문에 일로도 유지할 수 있게 됐다. 직업이니까 피곤한 건 당연하지만 어느 일인들 안 그러겠나 싶다. 만약 나처럼이 아니라 덕질의 대상으로서, 그에 앞서 좋아하는 대상으로 만화를 남겨놓고 싶다면 이렇게 말해주고 싶다. '업계'에 관심을 두기보다 재밌는 읽을거리 이상으로는 들어오지 말고, 괜히 정보를 '정리'하거나 작가들을 '분석'한다고 하지 말아야 한다. 돈 벌 거리는 따로 두고, 가끔 만화를 읽으시라. 나오는 만화 대부분을 읽어야 한다고 생각하지 마라. 그러면 독자로서 만화가 여전히 재밌을 수 있다. 나는 이제 만화가 재밌지 않다. 만화 읽기가 마냥 즐겁지는 않다. 여전히 가슴을 울리는 작품들은 있지만 만화라는 매체 그 자체가 가슴을 뛰게 하지 않는다.

40대 중반이 된 시점에서 무엇엔들 그럴 수 있을까만, 그렇기 때문에 여전히 만화를 바라보는 또 다른 방법을 찾아 나서고 있는지도 모르겠다는 생각을 한다. 내가 여행을 소재로 한 만화가 아닌 만화와 여행, 만화사가 아닌 만화와 역사 같이 좀 더 다른 관점에서 접근할 수 있는 건 그래도 좀 더 재밌게 접근하기 위한 대중적인 방법을 찾아보려고 몸부림 친 결과물이라 할 수 있다. 한편으로는 컴퓨터를 비롯해 만화에 접근할 수 있는 다른 방식을 알고 있었기 때문에 가능한 일이었겠고, 바로 그런 이유 때문에 덜 지칠 수 있었던 것 같기도 하다.

생각해 보면 2000년대 초반 반(反)도서대여점과 만화책 사 보기 운동으로 표상되던 만화 독자 운동이 끝난 이래 더 이상 만화 독자의 조직적 움직임은 나타나지 않았고, 그 시점 좀 더 본격적으로 만화에 접근하려 들던 이들 대부분은 지금 어디론가 사라져있다. 아예 업계인으로서 만화를 만드는 데 들어와 직장 생활을 하는 이들 정도가 있을 뿐이고, 만화에 접근하는 형태로 유효한 건 학위를 위한 연구대상으로서 만화에 접근하는 이들이며 이들이 하는 건 명확한 전문 영역이지 대중적인 영역으로서의 덕질 범주와는 다소 거리가 있다.

그러니 만화를 직접 그릴 게 아닌 이상 좋아하는 대상에 접근하는 방법으로서 덕업일치를 꾀하고 싶다고 하면 질리거나 지치지 않을 방법을 스스로 챙길 수 있어야 하겠다. 어떤 바닥이든 매한가지일 터라는 것만이 위안이겠지만, 만화는 '아직까지는' 창작자와 독자의 거리가 여타 분야보다 훨씬 가까운 분야다. 바로 그런 연유로 말미암아 작가에게 실망하기 쉽기도 하고, 나와 작가들과의 거리를 착각하기 쉽기도 하다. 최근 여타 소셜 미디어나 커뮤니티 등지에서 창작자를 향한 사이버 불링이 성행하는 까닭은 상대와의 짧은 거리를 악용하려는 의도가 명백하기 때문이기도 하다. 예의 이전에 덕질의 기본인 사랑과 존중 자체가 없으면 그렇게 된다. 다른 말로는 상도의의 문제다. 그 모든 게 다 파탄 나 있는 상태. 덕업일치를 하고 싶다면 그 모든 한계점과 밟지 말아야 할 지뢰들을 모두 피해야 한다.

다른 이의 덕업일치가 너무 가시밭길이 아니기를

안타까운 일이지만 내게 만화는 너무나 좋아하는 대상이자 표현 언어로서의 역할을 넘어 기어이 해내지 않으면 안 될 어떤 목표처럼 변하고 말았다. 애초에 처음부터 학술적, 이론적 연구 대상으로서 만화를 대해서 경력을 쌓아 온 것도 아니었기 때문에 더욱 그렇다. 학술과 이론이라는 길이 내게 유효하다는 사실을 조금 더 일찍 깨달았다면 길이 조금 달라졌을까 싶지만, 좋아하는 무언가를 조명하고 파고 들어가는 방식으로서도 '일'을 할 수 있기를 바랐던 입장에서는 다른 길이 없었다. 하긴 명색이 교수님쯤 되는 사람들에게도 "작가도 아닌 사람들이 왜 이 판에 끼어 있는지 모르겠다"라며 면전에 삿대질하는 유명 작가가 있을 정도니 교수라고 다를 바는 없을지는 모르겠지만 말이다.

그래서 나는 결국 만화 창작자의 길까지 걷게 되었다. 하고팠던 일이고, 언젠가는 해 볼 일이라고 생각했지만 일을 맨들어 내는 데에까지의 심정은 '해내고야 말아야겠다'에 가까웠다는 게 솔직한 심정이다. 아내와 나의 난임 경험담부터 출산 이후의 육아 이야기를 내가 디자인한 동물 캐릭터로 그려낸 만화는 어느덧 3년차고, 내 칼럼의 삽화와 외주로 그린 만화까지 합치면 4년차다. 이즈음이 되어서야 "만화 못 그려서 글 쓰냐?"라는 말에 돌려줄 대답과 자격이 생긴 걸까 싶어 웃음이 나오긴 하지만, 어쨌든 그게 이 바닥에 관해 입을 열 자격 조건 같은 것이었다면 나는 어쨌거나 거기까지 다다르긴 했다. 작가님네들이 인정을 해 주든 말든 나는 이제 만화를 언어로 채용했고 앞으로도 계속해서 그려 나갈 것이다. 물론 글도 쓴다. 계속해서 책을 낼 것이고, 연구를 해 나갈 것이다.

그럼에도 가끔은 바란다. 만화 덕질을 하는 것만으로도 좀 더 많은 대중을 만날 수 있는 창구를 만들 수 있기를, 창작자들도 그 영역에 서 있는 이들에게 눈을 두어 주기를. 덕업일치가 이렇게나 고통스럽지 않고도, 학력의 힘을 빌리지 않고도 가능할 수 있으면 좋겠다.

> 오덕 11

오덕과 전문가의 차이

한국에서 '오덕' 내지는 '덕후'에 대한 대중들의 인식이 전반적으로 바뀐 계기로 거론하는 건 <능력자들>(MBC, 2015~2016)이다. 그 이전까지 오덕이나 덕후라고 하면 당사자들에게는 자조 또는 자칭하는 명칭이었고, 대중들 사이에서는 <화성인 바이러스>(tvN, 2009~2013)가 뿌려 놓은 씨앗이 꽤나 심각하게 발아하고 있던 상황이었다. 물론 일본에서라고 '오타쿠'가 그리 대중 속에서 긍정적인 어감을 지닌 말은 아니어서 '에도 시대부터 내려온 전통문화의 계승자' 같은 방어 논리가 튀어나온 것도 미디어 환경 등에서의 멸시에 대응하기 위함이었지만, 한국에서 하필 오타쿠 문화 가운데에서도 애니메이션 속 미소녀 캐릭터가 그려진 안는 베개(抱き枕, 다키마쿠라)를 끌어안고 하악대는 유난히 튀는 사례를 눈앞에 보여주면서 "얘가 화성인이다"라고 소개하니 졸지에 덕후=이상한 놈으로 각인되기에 이른 셈이다. 심지어 '일본 문화'라고 하니 시선이 더 고까워지는 건 역사적인 맥락 속에서 어쩔 수 없는 노릇이다.

그래서 그가 TV에 화성인으로 등장했을 때 나를 비롯한 많은 이들은 탄식(?)을 내지를 수밖에 없었다. 오덕이든 덕후든 어떻게 출발했고 본질이 무엇이고 하며 정체성을 정립하려던 노력도, 나름대로 조용히 좋아하는 것이나 즐기려던 마음도 순식간에 전체가 그냥 저런 꼴인 양 '규정'당할 수밖에 없겠구나! 대저 대중 전반의 평균적 인식이란 본질의 핵심과는 상관없는 경우가 왕왕 있고 심지어 대중을 상대로 할 때엔 그러한 일련의 편견이 만드는 리스크까지도 계산에 넣을 수밖에 없는데, <화성인 바이러스>는 그러한 계산조차 한 순간에 무위로 돌릴 만큼 강렬한 인상을 남겼다.

재밌는 건 이후 방영한 <능력자들>이 그 반대 역할을 순식간에 했다는 건데, 덕후질이란 게 만화나 애니메이션만이 아니라 좋아하는 대상에 몰입하고 공부해 현장에서 그 일을 업으로 삼고 있는 사람들도 깜짝 놀랄 만한 '능력자' 수준에 오를 수 있다고 말해주었다는 점이다. <화성인 바이러스>고 <능력자들>이고 실제 오덕들의 실체를 보여주었다고는 할 수 없지만 대중 매체의 압도적인 영향력이 어떻게 작동하는지를 보여준 것만큼은 분명했다. 그런데 <능력자들>이 스쳐 지나간 자리 위에서 문득 드는 생각이 있었으니, 과연 오덕은 전문가일 수 있는가?였다.

나는 오덕과 전문가 공존의 산증인

가히 쓸데없이 마초스러운 말이긴 하지만 "남자란 자기를 알아준 대상을 향해 목숨을 바친다"란 말이 있다. 오덕은 자기를 뒤흔든 대상을 향해 시간과 체력과 돈을 바친다. 그 대상에 끝없이 침잠해 들어가는 모든 과정이 '덕질'인데, 침잠이라는 표현을 쓴 데에서 알 수 있듯이 단순히 좋아한다거나 사랑한다거나와는 상당히 다른 감각이다. 침잠의 갈래도 여럿이기는 하나, 결국 대상을 이루는 근원에 해당하는 대목까지 파고 들어가 바닥에 닿을 만큼 깊이 정리하거나 그에 해당하는 실물을 모아내는 단계에 이르러야 비로소 '덕질'이라 부를 수 있게 마련이다. 그러니 오덕은, 적어도 자기를 흔든 대상에 한해서만큼은 그 어떤 사람보다도 많은 걸 소비하고, 보고, 모으게 된다.

나 같은 경우는 만화와 애니메이션 같은 비실사 기반 시각 문화와 그 구성 요소 전반이라는 비교적 넓은 범위에 걸친 덕질을 했다. 결과적으로 나는 이러한 문화들이 어떻게 우리 땅에 자리하고 있는가에 대해 탐색하게 됐는데, 덕질 대상으로 삼은 게 특정 작품이나 특정 장르가 아니었다. 그나마 '특정 창작자'라 할 수 있는 오시이 마모루(押井守)의 경우, 직접 만난 자리에서 들었던 그의 "별 생각 없이 그냥 배치한 것"이라는 대답 앞에 무너지면서(?) 더 이상 특정 작가의 의도 같은 것에 천착하려 들진 않게 됐더랬다.

 나의 덕질은 그래서 시간이 지날수록 한없이 넓게 퍼져 나갔다. 그리하여 점차 주체가 안 되겠다 싶은 시점에서 애니메이션과 성우를 덕질 대상에서 떨어내게 됐다. 어떤 면에서는 살려고(?) 한 발악에 가깝다. 안 그러면 일상 자체가 덕질에 잡아먹힐 것 같았다. 덕질에 일상 자체가 잡아먹힌 사람은 필연적으로 불행하다. 나를 뒤흔든 대상에 파고 들어가는 게 덕질의 본질인데, 좋은 것도 한두 번이지 내내 뒤흔들리고 내내 파고 들어가기만 해서는 옆을 볼 방법 자체가 사라지기 때문이다. 내내 흔들리며 즐거워하는 삶도 나쁘지는 않겠으나, 나는 그럴 수 없을 것 같았다. 적당히 도망을 쳤다. 그리고 좁아진 대상 안에서 대외적인 커리어를 쌓는 데에 집중했다. 시간이 지나 업계에서 어느 정도는 만화 전문가라 불리는 족속으로 자리 잡았다. 나는 덕업일치를 꾀해 결과적으로 '직업인'이 된 경우라 하겠다. 그러면 나는 만화를 어느 누구보다도 잘 알고, 만화 작가를 어느 누구보다도 잘 안다 자부할 수 있을까?

 사실은 그렇지 않다. 넓게 펼치려다가 도망을 친 건 일상 전체를 덕질에 저당잡히고 싶지 않았기 때문이긴 했지만, 좁혀 놓았다 해도 결국 만화라는 한 분야를 통으로 거리를 두고 바라보는 중인 건 마찬가지다. 만화 안에서도 작가와 장르를 비롯한 다양한 갈래가 나뉘는데 나는 그중 하나를 택하지 않았다. 나는 만화를 좋아하고 만화를 다루는 걸 좋아하며 나아가 만화(업계)에 관해 이야기하고 논하는 걸 좋아해 그 일을 깊이 파고 들어가 직업으로 삼게 됐다. 하지만 막상 특정 작가나 특정 장르, 특정 작품, 특정 요소를 집중적으로 파고 들어가지는 않는다.

내게 그렇게 깊이 들어갔던 작품들이 없었을까만, 직업적 전문가로서의 나는 이미 한 점 안으로만 침잠하기엔 고려해야 할 것들이 많아진 상태다. 역설적으로 전문가가 오덕만큼 그 분야에 능력자이긴 쉽지 않다. 전문가가 왜 전문가냐면 그걸 현실에서 구현하거나 드러내는 방법을 찾는 데에 전문성을 발휘하기 때문이다. 대상의 연원에서부터 현재까지의 히스토리에 이르는 모든 과정을 다 꿰고 있는 게 누구냐면 사실 오덕 쪽이 더 잘 알 수 있다. 평론가도 연구자도 칼럼니스트도 오덕보다 더 잘 '안다'고 할 수는 없을지도 모른다.

그러나 전문가가 전문가인 까닭은 전문가의 언어로 대중과 학계에 말하고자 하는 바를 전달할 수 있기 때문이고, 그 언어라는 방법론은 오덕이 오덕이기만 해선 알 수 없는 부분이 있다. 오덕이 전문가화할 수 있지만 오덕이 곧 전문가는 아니며, 전문가가 깊이를 추구할 순 있어도 오덕만큼의 편력을 보이기는 어렵다. 양쪽은 사는 세계와 언어가 다르되 공존할 수 있고 또 오갈 수도 있으며, 서로가 서로에게 도움이 되며 선순환을 이룰 수 있다. 나는 감히 내가 그 산증인이라 생각하며 활동하고 있다.

> 오덕 12

일찍 시작하길 잘했어

요즘 자주 하는 생각은 '적당히 일찍 시작하길 다행이다' 하는 점이다. 나이 들어 뒷짐 지고 하는 이야기 같겠지만 사실은 아니다. 요즘의 오덕질에 관한 나의 감상은 숫제 공포심에 가깝다. 덕질이란 게, 정녕 이렇게나 하기 어려운 것이었던가.

운은 좋았지만

나는 1990년대가 만든 혼돈과 어중간함의 산물이자 사생아다. BBS와 PC통신과 인터넷이라는 통신 환경을 모두 거치며 10대를 보냈고, 잡지만화의 절정기를 거쳤으며, 애니메이션을 좋아하는 마음을 한창 불태우고 싶던 당시 유일한 애니메이션 전문 채널인 투니버스가 개국했고, 동호회 활동을 하면서 통신을 통한 소통이 지금만큼 활발하지 않던 당시에 졸문을 써서 사람들 앞에 내보일 기회를 얻기 용이한 구석이 있었으며, 정규적인 활동 또한 그 연장선에서 시작할 수 있었다.

 그런데 1990년대 말까지도 10대였던 터라, 1990년대 초중반에 자생한 한국 오타쿠 1세대들과도 연배차가 있었고, 만화 평론으로 신문 신춘문예에 이름을 올렸던 선배 세대들과는 보고 자란 것과 관점에서 또 다른 입장에 서 있었으며, 만화 시장은 IMF와 초고속 인터넷 통신의 등장 등이 겹치면서 1990년대 만화 잡지를 중심으로 삼던 출판 만화 시장의 형태가 어그러지고 스크롤 만화가 등장하는 등 그야말로 격변기에 놓여 있었다. 시대는 어지러운데, 선후가 그리 명확하지 않은 상황에, 정보는 태부족하고, 대여점이나 불법 다운로드 등을 비롯한 저작권을 둘러싼 논쟁은 격렬했다. 이런 한가운데에 서 있던 입장은, 돌이켜 생각해 보면 오히려 적잖게 기회로 써먹을 수 있지 않았나 싶은 심정이다. 앞뒤 세대의 한가운데에서 장점이라 할 만한 부분들을 취하고 단점을 묻어두어 왔기 때문이다.

 가장 큰 장점은 내가 본격적인 활동을 시작하던 때를 전후한 시기에 우리나라의 오덕들이 아마추어리즘을 벗어나 세상에 본인들을 내어놓을 것인가 취미로 머물 것인가를 고민하던 분기점에 서 있었다는 점이다. 무언가를 내어놓고 현업으로 뛰어들 것인가, 아니면 좋아하는 걸 좋아한다고 말하며 본업을 따로 둘 것인가, 조용히 사라져 갈 것인가. 마침 당시는 이미 고인물쯤에 해당하던 오덕들이 중심이 된 프로젝트 출판물이 기획되기도 하고, 이러한 움직임을 보이던 이들이 아예 출판사를 차리는 사례도 있었으며, 일본 만화와 애니메이션을 중심으로 일본 오타쿠 문화의 힘을 조명해 보려는 시도들이 다수 있었다. 애니메이션 전문지 《모션》이나 《한국판 뉴타입》, 《코믹테크》와 같은 만화 정보지가 출간되던 때도 이때고, ACA와 같은 아마추어 만화 행사가 점차 부피를 늘려나가며 프로 만화가로 향하고자 하던 이들의 인력풀 역할을 본격적으로 하던 때도 이때다. 일본 유명 애니메이션 감독들의 걸작들을 한 번씩 거쳐 가며 분석하는 건 오덕으로서의 기본 덕목이었고, 마침 또 유일한 애니메이션 전문채널인 투니버스를 통해 방영되는 작품에 관한 설왕설래도 중요한 이슈였다.

이 모든 상황을 한데 모아 나온 결론은 하나였다. 사람과 글이 필요했다. 이때는 사방천지에서 만화와 애니메이션을 막론하고 글이 필요했고, 논쟁에서 입을 열 인간들이 필요했다. 지금으로 치면 댓글이라 불리는 기능도 딱히 없던 게시판에서 조금이나마 이래저래 정리된 논조로 떠드는 인간이 있으면 눈에 띌 수밖에 없는 구조였던 셈이다. 나보다 덕도가 높은 인간은 널리고 널렸고 글을 잘 쓰려면 잘 쓰는 인간도 얼마든지 있었지만 자기 이름을 걸어 놓은 공간에서 적으나마 돈을 받으며 주구장창 글을 써 올리는 인간은 많지 않았다. 그런 연유로 나는 말석이나마 1세대 오타쿠들과의 출판 기획에 끼기도 하고, 당시에 엎어지긴 했지만 20대 초반에 책 계약을 진행하게도 됐고, 신문 연재 칼럼을 쓰게도 되었던 셈이다.

냉정히 말해 운이 격하게 좋았는데, 시대적 혼란 속에서 꾸준함 하나만을 장점으로 써댄 결과 중요한 커리어를 초반부터 남길 수 있었던 셈이다. 분위기를 잘 탔다고도 할 수 있지만, 한 가지 분명한 사실은 그 시점에서부터 나는 덕질을 취미로 남길 생각이 없었단 점이다. 그게 어쩌면 나와 수많은 고인물들과의 차이였다고 생각한다. 그들도 글을 쓰고 정보를 남기고 즐기는 데 매진했지만, 목표점 자체가 조금은 다르지 않았나 싶다. 물론 그 사이사이에서 논쟁을 많이 벌이는 바람에 싸움닭 이미지가 생기고 말았다. 지금도 원로 만화가이자 우리 부부의 주례를 맡으셨던 조관제 선생님은 저놈 만날 성질내고 싸워서 어쩌냐고 농담조로 말씀하신다. 그 이미지가 너무 오래 전부터 각인된 탓이다. 요즘은 싸움 나면 도망치기 바쁘다.

나의 무기, 이제는 무기일 수 없는

나는 전형적인 정보 집적형 오타쿠다. 1990년대에도 통신은 있었지만 '검색 엔진' 같은 게 보편화한 때는 아니었다. 그래서 이 시기 오덕질은 '얼마나 많이 보았는가'와 이에 관한 정보를 '얼마나 잘 정리하느냐'가 관건이었다. 후자를 조금 더 직설적으로 말하자면 '얼마나 입을 잘 터느냐'에 가깝기도 했다. 자기가 본 만큼을 잘 쌓고 정리해 이야기를 풀어내는 능력이 그만큼 중요했고, 또한 그만큼 말을 하기 위해 양적 토대를 쌓기도 쉽지는 않았다.

일본에서 직접 작품을 사올 수 있느냐, 잡지를 그만큼 실시간으로 많이 보았느냐, 만화방에서 그만큼 책을 보았느냐, 굿즈를 모았느냐. 그 모든 게 시간과 비용을 투자해야 가능한 일이었고 또 이를 풀어내기 위해 자기 안에서 삭혀내는 과정도 필요했다. 그 정보가 얼마나 엄정한 교차 확인이 되었는가는 둘째 문제에 가까웠다. 그걸 확인하는 과정도 쉽지는 않았고, 누군가가 일본에서, 작가에게서 직접 보고 들었다 말하면 그 말이 정답처럼 유포될 수밖에 없었던 시기다. 나는 그 사이에서 정보를, 특히 그 가운데에서도 한국 작품 또는 외국 작품의 한국어판의 정보에 집적하는 쪽으로 방향을 잡게 되었다.

오덕들 사이에서는 일본 작품을 네이티브 수준으로 곧바로 독해하는 게 덕목처럼 여겨지던 시기에 나는 다소 마이너한 입장을 취한 셈이었는데, 남들이 선택하지 않는 쪽을 나의 특성으로 삼아야겠다는 생각도 있었지만 한편으로는 내가 서 있는 곳이 한국이지 일본은 아니잖느냐는 생각도 강했다. 아닌 게 아니라 나는 그 당시에 연도를 단기로 쓸 정도로 우리 것에 대한 고집을 견지하던 와중이기도 했더랬다. 지금도 당시 생성한 파일들의 이름이 모조리 단기 연도로 되어 있어서 정리하기 골치가 아플 지경이다. 시간이 지난 지금은 그런 고집을 많이 내세우진 않는 편이지만 기본적으로 내가 서 있는 곳에 맞는 시각과 용어를 동원해야 한다는 생각은 여전한 편이다. 그리고 당시부터 내세웠던 이 방침이 결국 지금의 나를 만들었다 해도 과언이 아니다.

자부하건대, 이 시기 한국 애니메이션과 한국어 더빙판 애니메이션 관련해 노래와 성우진, 제작진 정보를 한데 정리해놓은 웹사이트 가운데 나의《만화인》만한 곳은 그다지 없었다. 나는 이 시기 방영되던 대부분의 애니메이션을 실시간으로 보며 녹화를 해 두어 번씩은 더 보고 스탭롤에 해당하는 정보를 일일이 받아 적어 기록했으며 회당 감상까지 하나하나 달아두었다. <카우보이 비밥>과 <레스톨 특수구조대>와 같은 작품은 아예 대사를 받아 적어 대본을 만들기도 했고, 그 가운데 <레스톨 특수구조대>는 팬들과 함께 팬 이벤트 CD를 제작하거나 DVD 발매 서명 운동을 주도하기도 했다. 만화도 일본 만화만이 아니라 국내 발매되던 잡지 대부분을 주간 격주간 월간에 걸쳐 구입해 읽으며 작가 후기나 편집자 후기 등에서 파악할 수 있는 정보들에 주목하곤 했다. 커뮤니티였던《만화인》을 넘어 만화 언론《만(MAHN)》이라는 이름으로 사이트를 열었을 때엔 이러한 정보들이 하나하나 재산이었다. 많은 이들이 일본 만화와 애니메이션을 시간 차 없이 보고 감상을 다는 데 집중하던 시기에 나의 무기는 한국 작품들과 한국/한국어판 제작진이었던 셈이다. 그땐 유튜브도 없었고 홈페이지에 작품 정보를 자세히 남기는 경우도 드물었으니 한국 작품이 방송되고 말미의 정보를 기록하는 건 마치 사관과도 같은 사명감을 지니게 하는 구석이 있었다.

그런데 당시에는 남들이 잘 안 하던 것들을 파고들어 만들어낸 정보가 상당하다고 생각했지만, 지금 돌이켜 생각해보면 이게 노력할 수 있는 한계선에서 내가 널을 뛰고 있었던 결과물에 지나지 않는구나 싶을 때가 많다. 다시 말하지만 당시의 나는 국내에 나오는 만화 잡지 대부분을 실시간으로 읽었고, 국내 TV에 방영되는 한국 애니메이션과 일본 애니메이션의 한국어판, 극장 상영되는 국산 애니메이션 대부분을 봤다. 나름대로 많은 양이었지만, 그래도 한 사람이 애를 쓰고 돈과 시간을 쓰면 습득할 수 있는 수준의 양이었다.

그래서 집적도 가능했고, 그렇게 집적한 게 나의 재산이자 무기가 되었던 것이다. 냉정하게 말해 이게 2000년대 중반을 넘어가면서부터는 아무짝에도 쓸모없는 게 됐다. "검색만 하면 다 나온다"가 유행어처럼 된 시점에서 하나하나 만들거나 직접 본 분량이 곧 무기였던 시기는 끝났고, 아등바등하지 않아도 돈만 내면 불법 따위 안 저질러도 시간에 구애받지 않고 애니메이션을 볼 수 있는 시기까지 열렸으며, 웹툰으로 재편된 국내 만화 시장은 더 이상 한 사람이 감당할 수 없는 분량으로 쏟아져 나오기 시작했다. 2022년 현재 인스타툰 정도를 제외한 상업 연재란에서 나오는 웹툰의 수는 주당 2000건이 넘는다. 단행본이나 전자책으로 나오는 일본 만화까지 더하면 이미 웬만큼 챙겨볼 수 있는 수준은 아득히 넘어섰고, 잡지와 같은 형태로 묶어 나오는 형태는 극히 줄어들어 있다.

너무나 많은 양이 어마어마하게 쏟아져 나오는 와중이고, 이를 전달해줄 사람을 필요로 할 때는 정보가 제한된 상황 때문이었으니 지금은 어림도 없는 상황이 되었으며, 그나마 그 안에서 특이한 위치를 찾으려 했던 내 경우도 더 이상 정보를 일일이 직접 정리해 쌓아놓는 게 별 의미를 찾을 수 없게 됐다. 매체들이 바라는 건 이를 챙겨보고 색다르게 정리해줄 수 있는 사람이 아니라 큐레이션이 됐고, 이젠 그나마도 웹툰과 웹소설을 만화와 소설로 찾기보다 널려 있는 볼거리 중 하나로 선택하는 상황이 된 시점에서 무의미해져 가고 있다. 그리고 그 와중의 정보 집적은 더 이상 일개 개인이 아니라 위키가 대신하고 있는 중이다. 결코 좋다고는 할 수 없다. 한국의 인터넷 정보 집적 상당수를 편취·갈취하고 있는 나무위키는 정보와 편집에 참여한 자의 왜곡된 주관을 절묘하게 비벼 놓고 있는데 만화와 애니메이션 쪽 정보에 끼치는 오염이 몹시 심각하다. 하지만 이젠 "나무위키 찾으면 나와"가 유행어처럼 굳어져 가는 상황이니 무얼 더 바랄 수 있으랴? 문제는 개인 단위는 더 이상 현재를 '전부' 파악하는 일이 불가능해졌고, 얼굴 없는 다수가 참여해 기재하는 위키가 왕년의 정보 직접형 오타쿠들을 완전히 대체하고 있다.

요즘에 와서 이 일을 하라고 하면, 시작은 할 수 있을까? 나는 아닌 것 같다. 혼자 감당할 수 있는 범위 안쪽일 때, 즉 수가 적었을 때의 메리트를 누림으로써 20여 년이라는 경력을 번 게 지금의 나다. 그리고 이게 바로 지금 내 주변에 앞서 비슷한 시기에 보이던 이름들이 대중 지면에 많이 남아 있지 않은 이유기도 할 터다. 지금은 학계에 발을 걸치든지, 웹툰에 최적화한 비평 활동을 꾀하든지 둘 중 하나인 듯하다. 수가 적을 때의 메리트와 싸움박질로 성장해 직접 구축한 정보를 파먹고 살았던 정보 집적형 오타쿠인 나에게, 지금은 어느 쪽이든 여러모로 적응이 어려운 시기다.

오덕 13

튜닝의 끝은 순정, 덕질의 끝은 직접 하기

만화 칼럼니스트라는 직업명으로 글을 써 오다 보니 자주 듣는 질문이 "만화를 못 그려서 만화 관련 글을 쓰나?"다. 만화가들부터 시작해 꽤 많은 관계자들에게서 이런 질문을 받을 때면, 은연중에 묻어나는 직업상의 우열 구도에 심정적으로 심드렁해질 때가 있다. 겉으로는 그런 건 아니라고 말해 오긴 했지만, 사실 애초에 답이 정해져 있는 질문이기 때문이다. 실제로도 만화와 만화 칼럼/평론/연구의 관계에서는 전자가 먼저 있어야 후자가 나올 수 있기야 하지만, 후자에 서 있는 사람들이 전자를 못하니까 옆으로 빠져 나온 게 아니라 그 자체의 전문성을 지니고 분야를 형성하고 있다는 점을 간과해선 안 된다. 그럼에도 "만화를 못 그려서 만화 관련 글을 쓰나?"라는 말을 종사한 지 20여 년을 넘긴 지금까지도 종종 듣고 있는 걸 보면 아무래도 업계인들 사이에서 굳건한 편견을 깨긴 어려울 모양이다. 그리고 이게 일종의 계급과도 같은 구조를 띠고 있다는 사실까지 포함해서 말이다.

경력이 13년쯤 되었던 때인가, 어느 사업 심사를 받으러 갔을 때 그 자리에 있던 만화가는 내가 자리를 떠난 뒤 뒷말로 '업계 경력도 없는 놈'이 어쩌고 저쩌고를 했다가 그 말을 전해들은 내게 사과를 해야 했고, 20년쯤 됐던 시기에는 딱히 인기를 끈 작품도 없는데 경력만 긴 어떤 만화가가 내가 관계한 지원 사업에 관한 온갖 딴죽을 걸어댔다. 이런 일은 나만 겪는 일은 아니다. 이름만 대면 아는 유명한 작가가 "만화가 아닌 사람이 업계 일에 끼어드는 것 자체가 용납 안 된다"며 면전에서 삿대질을 해댔다는 일화가 근자에도 회자되는 걸 보면, 비록 '일부'일지라도 만화가들의 자의식 과잉은 시간이 지나도 크게 변하지 않았다.

오랜 시간 국가 단위로 입었던 피해가 그들의 방어기제를 강하게 했을 테지만, 그로 말미암은 배타성에 지속적으로 당하고 있자면 한숨이 나올 수밖에 없는 노릇이다. 아내와 만화를 만들기 시작한 지 이제 3년 차지만, 태생이 만화가 아닌 칼럼 글을 쓰는 사람이다 보니 나는 앞으로도 저런 말을 곧잘 들을 것이다. 만화로 대박을 내면 좀 나아지려나? 아직 대박 창작가가 못 된 입장이어서 잘 모르겠지만, 가끔은 오기가 발동하곤 한다. 저런 것들보단 오래 살아남고 오래 만화 만들고 대박도 내 봐야 할 텐데!

덕질의 끝은 자가발전?

 '만화글을 쓰는 사람(만화 스토리 작가)'이 아닌 '만화로 글을 쓰는' 사람으로 오래 활동하긴 했지만, 결국 내 시작점은 오덕질이었다. 만화나 애니메이션 따위가 가슴에 훅 들어온 이래 여느 오덕들이 그렇듯 주구장창 작품을 섭취하는 데에 탐닉하기도 했지만, 그에 앞서서는 그걸 내 손으로도 만들어 보고 싶다는 마음에 휩싸인 것도 인지상정이었다. 많은 오덕들이 이 지점에서 갈림길에 선다. 덕질하던 대상을 내 손으로도 만들어 보고 싶다는 마음에 휩싸이다 결국 창작자/제작자의 길에 들어서는 사람이 있고, 본인에게 허락된 시간의 말미마저 더 많은 작품을 탐닉하고 섭취하는 데에 쓰겠다고 생각한 끝에 그 어느 누구보다도 많은 작품 섭취량과 지식을 자랑하게 된 사람이 있으며, 자기 덕질의 흔적들을 남기고 정리하려는 사람이 있다.

 덕이 창작을 지망하게 되는 경우는 보통의 창작자 지망생과는 살짝 다른 게 있다. 내가 보고 꽂힌 걸 내 손으로 구현하고 싶다!라는 욕망이 압도적으로 우선한다는 점이다. 일례로 만화를 그리고 싶어서 만화가가 된 이들과 오덕으로서 내가 보고 싶은 걸 만화로 구현하고 싶어서 만화가가 된 이들은 욕망의 방향이 굉장히 다르다. 그리고 후자의 경우, 보고픈 대상을 구현하는 것 자체가 목적이다 보니 그 이외의 구성요소에는 취약한 경우가 왕왕 발생한다. 오덕 입장에서는 종종 오덕이 그린 창작물에서 동류의 냄새를 맡기 쉽다.

이를테면 이런 식이다. "자동차가 잔뜩 나오는 걸 보고 싶다", "총이 잔뜩 나오는 걸 보고 싶다", "탱크가 잔뜩 나오는 걸 보고 싶다", "미소녀가 잔뜩 나오는 걸 보고 싶다", "메이드가 잔뜩 나오는 걸 보고 싶다" 따위다. 때론 그러한 욕망이 그 자체로 오타쿠들을 향한 장르가 되기도 하고, 약간 정도로 결합하기도 한다. 가끔 서사도 개연성도 밥 말아먹고 오로지 욕망을 구현하는 데에 온 힘을 다하는 작품을 보면 오히려 상쾌한 기분이 들기도 한다. 덕질이란 그런 거지. 그야말로 욕망이란 이름의 전차! 오타쿠질의 다른 표현을 찾으라면 나는 이만큼 어울리는 말은 없다고 생각한다. 설령 '작품'으로서의 완성도 면에서 보자면 엉망이라 할지라도 욕망에만은 충실한 것이다.

그런데 사실, 이조차도 자신의 욕망을 어느 정도 구현할 수준이 될 때의 이야기다. 가슴과 머릿속에 가득 찬 욕망과 손에서 나오는 결과가 맞지 않는다면 그건 구현이 불가능한 이야기다. 나는 이 딜레마에서 벗어나지 못했다. 내가 그리고픈 건 미소녀였다. 좀 더 정확히는 미소녀들이 등장하는 조금은 강렬한 일상 이야기였는데, 롤모델은 <오 나의 여신님>으로 유명한 후지시마 코스케(藤島康介) 작가의 초기작인 <체포하겠어>였다. 나는 <체포하

겠어>의 애니메이션판도 좋아하지만 비교적 짧은 호흡으로 진행되는 캐릭터 중심의 시트콤 같은 원작 만화판도 참 좋아했고, 이런 만화를 그리고 싶다고 생각했다.

그런데 어쩌랴? 그리고픈 만화의 형태와는 달리 나의 만화적 자산은 정작 신문수 선생, 윤승운 선생, 김영하 선생과 같은 명랑 만화에 있었다. 나는 <보물섬>과 각종 전과 만화들을 보고 자랐고, 이를 베껴 그리면서 만화를 그려 보려고 했다. 지금은 생각 면에서 도무지 용납이 안 되기는 하지만 <먼 나라 이웃 나라>의 이원복 씨에게도 많은 빚을 지고 있다. 베껴 그리는 것 말고 처음으로 '만화'라는 형태로 칸을 나누어 그린 건 초등학교 때 처음 간 제주도에서 잔뜩 찍어 왔던 사진을 곁들여 그린 여행 만화였다. 가슴 속 깊이 품고 있던 로망과는 달리 내가 '그나마 잘' 그릴 수 있는 만화의 형태는 경험을 담은 만화, 또는 지식 전달 만화였던 모양이다. 제주도에서 들었던 설명과 디지털 카메라도 없던 시절 마흔 방짜리 필름 롤을 6~7개나 비싸게 현상해가며 -이래저래 부모님께 등짝을 얻어맞아도 할 말 없는 짓인데, 심지어 그 사진 대부분엔 사람이 거의 들어 있지 않았다- 뽑았던 사진들을 붙이고 그에 대한 설명을 만화로 그렸다. 그 만화 원고는 이사를 반복하며 일찌감치 사진과 함께 분실했지만, 형태만으로 보자면 <먼 나라 이웃나라>와 여타 명랑만화, 전과 만화들의 혼합형이었다.

손에서 나오는 만화는 이런 것이고, 머릿속의 로망은 여자들이 잔뜩 나오는 미소녀 일상 활극(?)이었으니 여러모로 충돌이 심할 수밖에 없었다. 결국 나는 고등학생쯤 되어서는 내가 원하는 만화를 그릴 순 없겠구나 하고 생각하게 됐지만, 그래도 글을 쓰게 된 스무 살 이후에도 만화 원고지와 펜과 크로키북을 다 놓진 못하고 계속 사람을 관찰하며 그리긴 했는데 만화를 그리기에는 역부족일 수밖에 없는 솜씨 탓에 자주 좌절하게 됐다. 역설적이게도 나는 못생긴 아저씨와 노인네 얼굴은 또 그럭저럭 그릴 수 있었는데, 얼굴의 특징이 잘 살아 있는 사람들을 그리기는 상대적으로 쉬운 편이기 때문이기도 하겠지만 결국 예쁜 여자를 그리고 싶다는 욕망과는 거리가 많이 있었다.

 결국 나의 만화적 적성(?)이 결국 동물을 의인화한 명랑만화적 캐릭터 시트콤임을, 그리고 만화로 표현해 이루고자 하는 목표가 지식 전달임을 완전히 납득하는 데에는 거진 20여 년에 달하는 시간이 걸렸고, 만화가 어시스턴트 경험이 있던 아내와 팀을 짜 2019년 내 신문 연재 칼럼의 삽화부터 시작해 2020년 난임 만화, 2021년부터는 육아만화를 연재하게 됐으니 돌아 돌아서지만 결국 프로로서 만화를 만들게 됐다. 비록 로망과는 거리가 더더욱 멀어졌지만, 만화를 언어로서 소화하는 걸 넘어 대중 앞에 내어놓을 수 있는 단계에 이른 것만은 분명하다. 아직 '대박'은 못 냈을지언정, 어쨌든 자급자족의 한 굴레 안에 들어서게 된 것만은 분명하다. 오랜 오덕질의 갈래 기운데 궁극적인 선택지인 자가발전에 이르렀으니 그 또한 성덕이자 덕업일치라 할 수 있을 것 같다. 미소녀는 결국 포기했지만 이제 나에겐 알파카와 판다라는 캐릭터가 있다.

또 다른 로망을 향하여

이제 나는 만화라는 언어를 들고 또 다른 도전을 하고 있다. 바로 시사만화와 지식 교양만화다. 막 신혼생활을 시작했을 무렵인 2010년, 크리스마스에 아내가 메모하라고 사 준 A4 크기 화이트보드에 갑자기 멋대로 시사만화 형식을 띤 만화를 그리기 시작했다. 굵직한 마카를 들고 악한 낯짝을 들고 다니는 경우가 많았던 나쁜 정치인들을 그리는 건 미소녀보다는 훨씬 쉬웠고, 일찍이 정당 활동을 할 만큼 시사에 관심이 많았던 입장에서는 할 이야기가 많았다. 화이트보드에 그렸다고 '백판만평'이란 이름을 붙인 이 만화는 한 편 한 편 쌓여 어느덧 백 편을 채우게 됐다.

지금에 와서 보고 있노라면, 나로서는 당연하게도 반성할 거리가 많은 그림들이었다. 동어반복이 많았고, 인물 표현은 지금에 비교해서 봐도 지극히 어설펐으며, 할 말이 너무 많았던 나머지 만화가 아닌 수다에 삽화를 곁들인 수준이 된 경우가 많았다. 하지만 그렇게 백 편을 채워 놓고 나니 뭐가 문제였는지도 어느 정도 보였고, 시사 문제다 보니 애먼 소리를 늘어놓는 사람들의 비아냥을 견뎌낼 맷집도 기를 수 있었다. 백 편 정도를 계속해서 그리다 보니 프로 작가들의 응원도 조언도 이어져서 많은 도움을 받을 수 있었다. 마침 이 시기는 이명박 정권기로 시사적인 화두가 끓어 넘칠 수밖에 없었던 때기도 하다. 나는 직업적으로 쓰는 만화 이야기만이 아니라 세상에 대해 이야기할 언어로서 만화를 선택했다. 데뷔를 하겠어!라는 마음으로서라기보다는 뭔가 토할 거리가 필요했던 셈이지만, 이쯤 반복하다 보니 보이는 것들이 생긴 것도 사실이었다.

내게 만화 창작자로서의 자산을 만들어준 9할 가량이 명랑 만화와 전과 만화라면, 시사만화라는 언어의 밑천이 되어준 건 역시나 신문과 잡지에 연재되던 시사만화였다. 공교롭게도 나는 사회지배층의 입장에서 우파적 사고를 주입하는 역할에 충실하던 《조선일보》, 《중앙일보》, 《동아일보》 3대장을 매일 아침 꼬박꼬박 구독해 펼쳐 보던 집안의 아들이었다. 우리 집은 심지어 《조선일보》의 형제뻘 주간지인 《주간 조선》까지 구독해 봤다. 그런 집에서 어른들 기준으로 새빨간 빨갱이 같은 놈이 나온 건 정말 웃긴 일이긴 하지만, 공교롭게도 이들 신문과 잡지는 글로도 만화로도 내게 엄청난 자양분(?)이 되어주었다.

NIE(Newspapers in Education, 신문활용교육)란 표현이 유행하기도 전에 이미 나는 매일매일 꾸역꾸역 이들의 글을 읽으며 글쓴이에게 혀를 차는 싸가지 없는 비판적 청소년 독자였고, 이곳에 연재되던 신문 연재만화들을 읽으면서 시사만화나, 만화로 하는 트렌드 해설이 무엇인지를 접하고 있었다. 그 가운데 《조선일보》와 《동아일보》를 거치며 <고바우 영감>의 중간과 마지막을 실시간으로 접할 수 있었던 경험은 나로 하여금 언젠가 이런 걸 그리고 싶다는 마음을 품게 만들기에 충분했다. <고바우 영감> 덕에 나는 네 칸으로 진행되는 이야기 안에서의 시사적 시선에 로망을 품었다. 막상 화이트보드 낙서로 그린 <백판만평>은 한 칸짜리였지만, 그 안에서 칸을 나누는 시도를 해 보기도 했으니 결국 나는 만화적 '호흡'에 경도된 것인지도 모른다. 시사만화에서 <고바우 영감> 이후 내게 큰 자양분이 되어준 작품은 박순찬 선생의 <장도리>였다. <장도리>는 신문 시사만화가 이처럼 재기발랄과 날카로움을 겸비할 수 있음을 알려준 작품이었다.

여기에 <먼 나라 이웃 나라>로 내게 큰 빚을 지웠던 이원복 씨는 주간지였던 《주간 조선》에 연재했던 <현대 문명 진단>을 통해 한 번 더 거대한 빚을 안겨 주었다. 사람으로서는 용납이 안 된다 해도 이 경험치 자체를 무시할 순 없었는데, 가정용 초고속 인터넷도 없던 시기에 두 장 분량 안에서 그 시기에 가장 최첨단이었던 세계의 이슈와 트렌드를 해설하는 만화를 보여준 건 충격 그 자체였다. 한데 <현대 문명 진단>의 백미는 그뿐만이 아니라 책으로 묶여 나올 때 후반에 세기의 명저를 만화로 해설한 해설 만화가 붙어 있었다는 점이다.

나는 이원복이라는 개인에 대한 실망과는 별개로 이 시도 자체에 대한 충격을 지금도 잊지 못한다. 이원복 씨는 이 만화에서 루트비히 비트겐슈타인(Ludwig Wittgenstein), 에리히 프롬 등의 어렵디 어려운 명저를 만화라는 언어를 통해 재밌으면서도 확실한 어조로 소개하고 해설해냈다. 작가에 동감하든 안 하든 그 시도는 대단한 것이었고, 지식 전달이라는 화두 앞에서 내게 매우 전범이 되어주는 사례가 아닐 수 없었다.

이밖에 형식적인 면에서 이를 가장 잘 소화해내면서 오덕의 언어와 밈을 버무려 훨씬 더 지금에 어울리는 형태로 만들어낸 이는 굽시니스트 작가다. 굽시니스트 작가는 정말 부러우면서 질투 나는 작가다. 영화 만화를 오래 그려온 고(故) 정훈이 작가는 근래 <임진왜란 무명 열전>으로 내게 큰 충격을 주었는데, 원래 영화를 소재로 자기 개그를 잘 소화하는 줄은 알았어도 역사 인물을 소개하는 데에도 자기 색깔 안에서 더없이 능수능란한 점에 탄복했더랬다. 결국 내가 보여주고 싶은 시사, 나아가 역사 흐름과 갖가지 정보를 훑어내는 만화에서 나는 이들의 영향권 아래에 계속해서 놓일 것 같다.

근래 들어서는 인스타그램에 콘티 형식으로 시사만화를 그려 올리고, 육아를 벗어나 판다와 알파카 그리고 봄이 캐릭터를 활용한 지식 교양 만화를 제작해 곳곳에 제안 중이다. 그때그때의 시사적 흐름을 내 나름의 시선과 내 캐릭터로 기록해두는 수련을 시작한 셈이고, 또한 일상 이외의 이야기를 다룰 수 있음을 증명하고 싶기 때문이기도 하다. 쉽지는 않지만, 덕질의 끝에 다다른 것이 자가발전이라면 결국 앞으로 나아가야만 한다.

오덕 14

결국은 남 아닌 '우리' 이야기

오덕으로서의 성장기, 격렬한 충돌의 흔적들

 지금도 오덕이고 앞으로도 오덕이겠지만, 내가 오덕질로 가장 열심히 달리던 시기는 만화와 애니메이션을 비롯한 비실사 기반 시각문화들의 판 자체가 좁았다. 매우 꼰대 같은 이야기가 되겠지만, 우리네 대중문화의 체력 자체가 전체적으로 약했던 상황이니 만화와 애니메이션은 말할 것도 없는 상황이었다.

 물론 확고한 스타일로 정립된 내수 시장이 없었다는 연유로 지금의 한국만화는 전 세계 만화 스타일의 용광로 같은 모습을 갖추게 되었고, 애니메이션 또한 생존을 위해 유아용에 최적화한 스타일을 정립해 나가게 되었지만- 훗날 일말의 전화위복이 되었다손 치더라도 당시로서는 그 한계가 너무나 안타깝고 속상했더랬다. 왜 우리는 일본처럼 못 할까, 왜 일본만큼 할 수 없을까, 왜 일본만한 인구가 없는 걸까, 역시 통일 말고는 방법이 없는 걸까!

여기까지 가다 보면 역사의식에 걸친 분노와 부러움이 뒤엉킨 심정일 수밖에 없었다. 내가 여섯 번째 저서 제목을 《덕립선언서》로 지었던 건 그런 점에서 일본의 정체와 퇴보를 앞에 두고 우리가 취해야 할 태도가 무엇인가에 관해 생각해보자는 의지의 표명이었던 셈이다.

그런데 내 오덕으로서의 성장기는, 콤플렉스에 흠뻑 젖어 있을지언정 끔찍할 정도로 격렬한 시기기도 했다. 이런 말을 지껄일 수 있을 만큼 시간을 흘려보냈다는 사실이 우습기도 하지만, 아직도 그 흐름을 놓고 있지 않기 때문에 이런 말을 할 수 있기도 하다. 역설적이게도 이 시기 오덕들을 옥죄었던 다양한 한계는 한편으로는 그 한계 안에서 얼마나 자기가 보고자/추구하고자 하는 바에 확고할 수 있는지를 끊임없이 묻는 과정이기도 했다.

이를테면 이런 것이다. 정상 경로로는 애초에 구할 수 없을 정보를 어떻게 얻을 것인가? 그 행태를 정당화할 것인가 아니면 정상 시장으로 가야 함을 추구할 것인가? 한국의 현실에 좌절하고 일본의 비실사 기반 시각문화를 절대 우위에 놓고 그 안에 편입되어 들어갈 것인가, 아니면 한국 작품과 한국 시장에 관한 이야기를 해 나가는 쪽으로 갈 것인가? 일본과 미국 작품을 '원판'으로 놓고 그에 충실하기를 요구할 것인가, 한국의 로컬 특성을 인정하는 쪽으로 말할 것인가? 21세기하고도 20여 년이나 지난 이 시점에 와서 이야기하기엔 너무 옛이야기 같은 걸 수많은 사람들이 '논쟁'씩이나 해 가면서 치받았던 시기가 있었다. 어떻게 봐도 정상적인 시장이라 할 수 없을 도서대여점에서의 만화 대여 시장을 긍정할 수 있는가 아닌가, 한국 작가가 일본 출판사에서 연재하고 애니메이션도 일본에서 제작된 <신 암행어사>가 한국 작품인가 아닌가와 같이 이제 와서는 부질없어 보이기까지 하는 이야기들도 이 시기에는 많은 이들이 멱살을 잡다시피 싸워댔던 주제였다.

이 시기의 관건은 다름 아닌 우리의 수준이었다. 어떤 이들에게 우리는 초라했고, 후줄근하며, 하수였다. 세계 수준에 이르기는커녕, 인정하기 싫을지언정 일본에 밀리는 게 현실이었으며, 이를 극복하기 위한 노력을 하지만 쉽지 않았다- 고 생각했다. 그렇기 때문에 우리나라 시장과 수요자로서의 '우리'가 수준을 높이려면 어떻게 해야 할까를 논하는 한편으로, 우리 현실을 '체념'하기 위해서 갖가지 합리화를 시도하지 않고서는 견디지 못하는 이들도 많이 등장했다. 가장 대표적인 경우가 우리의 경제 수준과 업계 수준이 낮기 때문에 수준 높은 나라의 작품을 불법복제하는 건 넘어가줘야 하는 일이라는 주장이다. 얄궂게도 이 주장은 현재 웹툰으로 재편되어 대폭발 중인 한국의 상업 만화 시장이 해외 독자들에게서 고스란히 돌려받는 저주의 문장이 되고 있지만, 그땐 너무나 당연하다는 듯 이런 말을 뇌까리는 이들이 많았다.

또 다른 사례라면, 일본이 우리보다 매우 우월한 걸 인정하고 이들의 방식을 그대로 베껴 오거나 편입하는 게 우리가 생존할 방법이자 돈을 맨들어 내는 방식이라는 주장이었다. 어느 한 시기 영화감독 고(故) 이규형 씨를 비롯한 인사들이 '문화 전반에 걸쳐 일본이 우리보다 앞서니 베껴 오면 반드시 돈이 된다'는 식의 주장을 했고 실제로 그것이 먹히는 듯 보이던 시기가 있었는데, 그만큼 일본이라는 이름의 무게란 우리에게 컸다. 만화에서는 일본 진출이 한 시기의 절대적인 명예였고, 애니메이션은 국산 애니메이션이라는 미명 하에 표절을 시도하거나 합작을 통해 일본의 수준으로 만들어진 국산이고 싶어 하는 기색이 역력했으며, 그 시기에도 어느 정도 나이를 먹었던 애니메이션 팬들은 국내 TV 방송사에서 우리말로 더빙한 건 쳐다도 보지 않았고, 뒤 세대라 할 이들은 1990년대 후반 정착하기 시작한 고속 인터넷을 통해 불법 다운로드한 영상을 '원본'이라며 일본과 거의 시간 차 없이 감상하기 시작했다. 시작점이 정상 시장과는 거리가 있었기 때문에, 한없이 높은 눈높이와 욕구에 비해 비루한 현실에 힘겨운 심정이었던 건 세대를 막론하고 비슷한 심정이었다.

내가 팬보이에서 멈추지 않을 수 있었던 힘

그러니 사실 우리는 우리 수준을 스스로 한없이 낮추

면서 이를 당연시 했다. 하지만 그러면서 높은 수준의 문화를 향유한다는 감각은 지니고 싶어 했고, 국산에는 높은 수준을 요구하고 싶어 했으며, 그러질 못하는 것에는 조롱을 일삼는 이들을 끼고 살아야 했다. 물론 우리 전부가 그런 건 아니었다. 결정적으로 그러한 것이 '논쟁'이 될 수 있었던 데에는 그게 아니라는 말을 하는 이들이 '이렇게 가야 한다'고 떠들었기 때문이고, 우리의 오덕 문화가 그저 국외 문화, 정확히는 '일본문화 팬질'에서 멈추지 않을 수 있었던 것도, "그렇다고 그렇게만 말하면 안 된다"라고 치받았던 목소리들이 있었기에 가능했던 것이다. 2023년 초 <슬램덩크>가 <더 퍼스트 슬램덩크>라는 극장판 애니메이션으로 우리나라에서도 다시금 거대한 화제를 모으는 와중에도, 추억 섞인 환호를 할지언정 예전처럼 사방이 "와 역시 일본은 대단해! 그런데 우리는?"이라는 목소리에 뒤덮이지 않을 수 있었던 것은, 한편으로는 추억을 콤플렉스 없이 정말 추억으로만 기억하며 즐길 수 있을 만큼 우리의 문화 저변과 인식이 자랐기 때문이고, 그 성장에는 오랜 시간 자기 비하와 부딪쳤던 목소리들이 분명 일정 부분 역할을 했다. 그리고 그 속에는 내 목소리도 있었다.

돌이켜 보건대, 나는 1990년대 후반부터 2000년대 초반에 이르는 논쟁에서 논쟁의 장소를 제공하는 역할을 했다. 내가 운영한 사이트 《만화인》은 정보의 집적소였고 다른 한편으로는 토론장이기도 했는데, 이 장소에서 나는 일본발 문화를 즐기되 일본 문화에 완전히 귀의하자거나 국내의 만화/애니메이션 시장이 비틀리는 꼴을 그냥 납득하자는 주장에 극렬히 반대를 하는 입장이었다. 논쟁은 언제나 중구난방이었지만 나의 주장을 관통하는 대명제는 언제나 명확했다. 과거가 어떻든 불법은 저지르지 말자. 과거가 어떠했든 제 대가를 치르지 않는 건 소비가 아니다. 대중문화의 소개 과정에 원판만을 고집하는 행태는 다양성을 해친다. 그리고 안타깝게도(?) 여기는 한국이고 우리는 한국인이다. 결국 수많은 논쟁과 싸움과 비난을 감내하며 시간을 보내왔지만, 그 시간 동안 자기 존재를 경멸하고 비하하며 당장의 애달픈 주머니를 옹호하려 들었던 이들은 그 시끄러운 음량에도 결국 오래 가지 못했다. 그리고 나는, 팬보이에 머무르기보다 업계와 수요자가 함께 가기 위한 방향을 이야기하는 논자로서 살아남고자 했으며 결국 마지막에는 '우리' 이야기를 해야 한다고 말해 왔다. 어쩌면 그게 나를 아직까지 만화로 글 쓰는 사람이자 만화를 그리는 사람으로 남긴 원동력이리라. 목소리를 더해주었던 한 시기의 얼굴을 아는/모르는 동지들이 모두 다 지금까지 남아 있진 않지만, 가끔은 그립다. 분명 지금의 덕질 문화에는 그들의 목소리가 바탕이 되어 있다.

> 오덕 15

덕질 세대론

그 대상이 시대와 함께 바뀔진대 보고 자란 게 다른 사람들끼리 시대별로 결이 달라질 수밖에 없는 건 인지상정이기에, 당연히 그 사이에서 세대가 갈릴 수밖에 없다. 오덕이란 말이 정착하기 전에 이미 덕질의 범주에서 만화를 수집하고 다루었던 세대와 인생 첫 만화가 웹툰인 세대는 다르다. 일본 대중문화가 개방되어 있지 않던 시기 일본 애니메이션에 꽂혀 수단 방법을 가리지 않고 자료를 수집하던 이들과 결제만 하면 정식으로 다채로운 애니메이션을 시청할 수 있는 이들은 경험 면에서 다를 수밖에 없다.

게다가 이들조차도, 덕질의 범주가 아이돌로 급격하게 전환된 시기 이후에 '덕질'이라는 말을 접한 이들과는 사용하는 언어부터 덕질 대상 자체가 완전히 다르다. 일본에서도 점차 오타쿠들 사이에서 동질성을 찾기 어렵다는 판단을 내리는 이들이 있다. 오타쿠의 왕이라 하여 '오타킹'을 자처했던 오카다 토시오 씨는 2010년대 이후의 오타쿠들을 오타쿠로서의 진정성(?)을 찾기 어렵다는 판단

하에 <북두의 권> 대사를 패러디해 "오타쿠는 이미 죽어 있다"라 일갈하고 있기도 하다. 오타쿠, 오덕은 물론 덕질 자체가 패션화한 표현이 되어가고 있는 점을 견딜 수 없는 것인지도 모르겠지만 굳이 저렇게까지 극언(?)을 해야 하는가는 잘 모르겠다. 대중 속에 희석되어 끊임없이 쓰이지 못하는 규정은 결국 박제되는 길 말고는 존재할 방법이 없기 때문이다.

경험 자체가 세대차를 만들 수밖에 없는 건 한편으로는 분명 당연하다. 다만 그 차이가 곧 깊이 차이는 아니다. 모든 세대는 각자의 위치에서 각자의 고충과 고민이 있게 마련이고, 오덕질 또한 마찬가지기 때문이다. 'MZ 세대'가 세대 구분으로는 너무 넓다는 비판이 있는 것만큼이나 함부로 세대론을 들어 규정하기 어렵기는 하지만, 무엇을 자양분으로 삼아왔느냐에 따라 덕질 행태에 어느 정도 차이들이 있다는 점을 인정하는 건 서로 간의 이해를 위해서 필요한 일이라고 생각한다.

1세대, 2세대 그리고 3세대

일본이야 어떻든(!) 한국에서 오덕질은 원조 격인 일본의 오타쿠 이상으로 상당히 복잡한 결을 지니고 있다. 일단 일본에서 건너온 조류라는 점 자체부터가 많은 장벽으로 작용한다. '아랫도리 친일파'라느니 '일본 변태 문화의 옹호자'라느니 하는 식이다. 일정 이상 자본을 바탕으로 한 소비문화의 총아라는 기본 골격을 지닌 채 당시로서는 가장 힙한 '비주류' 문화를 들여오고 또 향유하는 입장으로서의 정체성을 굳건히 하던 게 초반의 한국의 자생형 오타쿠들, 즉 초기형 오덕들이 그들이다. 나는 이들을 1세대라 칭했고, 그들에게서 흘러나온 떡고물(?) 같은 정보와 각종 산물들을 섭취하며 성장했던 나를 스스로 2세대 오덕이라 칭했다. 첫 책인《키워드 오덕학》의 부제가 '자생형 2세대 오덕의 현재 기록'이었던 이유가 여기에 있다. 굳이 세대라는 표현을 썼던 건 내가 이 흐름의 최초에 닿아 있지 않음을 명확히 해야 내 기록의 진정성을 확고히 할 수 있다는 생각 때문이었다.

사실 이러한 고집은 2001년에 나왔던 첫 공동 저서였던 《애니메이션 시크리트 파일》에서 내 의지와는 상관없이 나이가 잘못 적혀 나갔던 점 때문에 좀 더 신경을 곤두세웠던 것도 있기는 하다. 숫자가 잘못 나간 건 다른 1세대 오덕 분들과의 연령대를 맞추기 위해서였을까 아니면 실수였을까. 하지만 1979년생인 나와 1970년대 초반생들과의 문화적 자양분은 결이 많이 다른지라 당황스러웠던 건 사실이다. 그래도 1970년대생은 1970년대생이라고, 당장 1980년대생인 아내나 내 동생과의 결 차이가 불과 몇 년 차이인데도 불구하고 1970년대생들과의 차이보다도 큰 걸 보면 세대만이 아니라 시대 구분에서 흔히 10년 단위로 끊는 까닭을 실감하게 되곤 한다. 그래, 나이를 10년 넘게 올리진 않았잖아. 그것만으로도 어느 정도는 멋대로 납득(?)을 하고 만다. 그래도 이런 지면을 빌려 밝히건대 내가 먼저 알아서 나이를 속인 건 아니었다.

3세대는 자연히 내 바로 다음 세대들이 되겠다. 한국의 오덕 3세대라 할 만한 이들은 정보와 문물을 접하던 방식이 완전히 뒤바뀌는 타이밍에 등장했다. 느린 전화선을 이용한 문자 기반 통신이었던 PC통신을 통해 정보를 교류하던 앞 세대들과는 달리 이들은 초고속 인터넷이 가정에 보급되던 시기를 지나왔다. 절묘하게도 이 시기는 IMF로 말미암은 국가부도 사태로 모두의 지갑이 얇디얇아진 시기였고, 돈을 아끼는 게 정의였던 시기기도 했다. 이 시기 가장 번성기를 맞이했던 게 바로 도서대여점이었다.

이 시기에 학창시절을 보낸 이들에게 만화나 애니메이션은 원래도 값싼 오락거리라는 인식에서 급기야 아예 돈을 가급적 안 내야 하는 대상이 되고 말았고, 그러려면 많은 경우 불법이 자행되어야 했다. 이들은 그래서 가장 많은 충돌을 겪었던(?) 이들이다. 변변한 창구나 매체가 없던 시기에 불법으로라도 보려 했던 앞 세대와 달리 이들은 문자 그대로 도적 취급을 받기 일쑤였던 것이다. 정확히는 양쪽 다 일정 이상 도둑질이 맞다는 점은 전제로 해야겠지만, 이들 입장에서는 정신 차리고 보니 예전에도 했고 지금도 다들 하고 있던 행태에 편승했던 것 뿐이라고 항변할 상황(?)이었던 셈이다.

문제는 정식 경로가 열리기 시작한 시점에서도 유효한 항변은 아니었다는 점이고, "이제부터라도 제대로"라는 문제의식에 발길질을 해선 안 되었다는 점이겠다. 3세대들은 양적으로만 보자면 만화나 애니메이션을 짧은 시간에 가장 많이 흡수한 세대이자, 도서대여점의 권당 300원에서 불법 스캔 만화로 이전되는 시기를 '주도'한 세대이며 이로 말미암은 논란의 한가운데에 섰던 이들이다. 그러나 이들은 한편으로는 웹툰의 태동기를 가장 가까이에서 실시간으로 겪은 사람들이기도 하다. 기존과는 완전히 다른 만화 형식으로써 등장한 웹툰의 초반 폭발력은 분명 이들에게서 왔다고 해도 과언은 아니다. 물론 이들에게 맞는 만화의 형식으로써 웹툰이 오랜 시간 포털에서 마트 시식 코너의 시식 상품 역할을 오래 해야 했다는 점은 분명하다.

그래서 3세대는 오덕질에서 논쟁적인 세대이자 가장 다이나믹한 변화의 한가운데 섰던 이들이며, 웹툰 덧글과 인터넷 커뮤니티 등에 본인들의 여론을 가장 오래 노출한 이들이다. 좋든 싫든 옳든 그르든, 디씨인사이드나 루리웹, 나무위키 등에서 오덕 콘텐츠발 여론의 상당수를 차지하고 있는 건 이제 와 30대 청년층을 형성하는 3세대들이다. 한국 오덕의 현재를 이야기할 때 이들을 논하지 않을 수 없는 까닭이 여기에 있다.

4세대의 등장과 나의 다짐

3세대가 네트워크 환경의 변화에 따른 소비 행태로 전 세대와 구분된다면, 4세대의 출현 또한 다시 한 번 변화한 네트워크 환경이 이끌었다. 스마트폰의 등장과 보급이 웹툰의 유료화를 촉진하면서 진정한 의미에서의 '웹툰 시장'을 만들었고, 주당 천 단위를 넘어가기 시작한 웹툰의 폭발적인 물량은 더 이상 일본 만화가 아닌 한국 웹툰 중심으로 만화를 보는 이들을 만들었다. 게다가 IPTV의 보급과 일본 애니메이션 대부분을 거의 동시에 정식 방영하는 애니메이션 채널의 등장은 불법 다운로드를 해야 할 이유 자체를 사라지게 만들었고, 또한 일본을 좇기보다 한국의 환경에 맞춰 방향을 전환한 애니메이션 환경은 2003년의 <뽀롱뽀롱 뽀로로> 이후 꾸준히 발전해 와 2020년대에 이르러선 어른이 봐도 품질로도 재미로도 뒤떨어지지 않는 면을 자랑한다. 애 아빠가 되어서기도 하지만 나는 요즘 아침저녁으로 어린이용 한국 애니메이션을 보게 되는데 정말 이렇게나 재밌는 작품이 많아질 줄은 몰랐다.

최소한 2000년대 이후 출생자들은 1990년대생과는 또 다른 패턴을 보여주고 있다. 그리고 이즈음에서 만화나 애니메이션은 이미 마이너리티 문화가 아니게 되기도 했다. 바로 그런 이유로 만화나 애니메이션에서 흥미를 잃고 다른 마이너리티를 찾아 떠나는 이들도 왕왕 보이긴 했고, 일부는 '정식'으로 구할 수 있는 것을 굳이 '정식이 아닌 경로'로 구하는 행위 자체에서 희열을 느끼려 들었지만 분명 전체적인 분위기는 완연하게, 그 예전 도서대여점 논란 때나 애니메이션 불법 다운로드가 대부분이었던 시기에 바라 마지않았던 어떤 형태를, 완전하지는 않으나마 갖추어가고 있는 셈이다.

관련 정보를 어찌저찌 직접 모으고 가공해 올려놓으면서 '내 것'을 중요하게 여기던 나의 한 시절은 "위키피디아 찾으면 다 나오는데", "나무위키에서 찾으니까 나오던데"로 대표되는 지금 시기와는 완전히 다르다. 어떻게든 선회하려고 해도 나무위키 따위가 정보의 중심지가 되어 있는 것이 욕지기가 나오는 마당이지만, 그와는 별개로 작품을 볼 수 있는 방법도, 정보를 찾는 방법도 완전히 다르다. 성우 정보를 찾기 위해 작품을 녹화해 스탭롤을 일일이 기록하거나 한국어판 애니메이션 주제가를 하나하나 녹음해두지 않아도 웬만한 건 음원으로 배포되거나 유튜브에서 볼 수 있는 시기이니, 문자 그대로 '혼자서 삽질해야 할 이유가 없는' 시기인 셈이다. 지금은 그래야 하는 이유 자체는 물론 그래야 했던 이유 자체도 모를 수밖에 없는 상황이다.

그러니 '잘못된' 행태를 지적할지언정 전체를 부정하려 들어봐야 어차피 꼰대 덕질(꼰덕질?) 소리 안 들을 도리가 있을까. 40대 중반쯤으로 접어든 입장에서 보고 있자니, 가끔 이건 좀 아니잖아?라는 소리를 하고 싶은 마음과 그래서 어쩔 거야? 하는 마음의 상충 말이다. 그래도 지금에 맞는 작품들을 읽고, 지금에 맞는 덕질의 형태를 좇아 보지 않는다면 나는 더 이상 만화나 애니메이션을 더 쳐다보고 있을 이유가 없을 것이다. 어렸을 때까지의 문화적 자산을 파먹고 사는 게 덕질이라지만 그걸로 정말로 평생을 끌고 가기엔 내게 남은 시간이 너무 길다. 그나마 다행이라고 해야 할까, 근래의 웹툰을 위시한 한국 만화들은 제작 단계에서의 노동량 이슈가 마음에 걸리긴 해도 작품 자체들의 재미가 어마어마하게 풍성하고, 한국 애니메이션은 어린이에 특화되는 한계가 있지만 어른들이 봐도 지루하지 않은 수준에 올라서고 있음을 확인한다. 바라던 풍경과는 조금 다르긴 하지만, 이것만 해도 어디일까.

오덕 16

오덕은 만화업계인 하지 마

일이 끊기다

악재는 원래 몰려서 온다고 했던가? 2015년 딸이 태어나기 전후로 만화 쪽 일이 한동안 완전히 끊긴 적이 있었다. 관계하던 매체의 사장이 나에 대한 뒷말을 나에게 보내는 사고(?)를 쳐 놓고서는 글이 마음에 안 든다며 계약 해지를 통보하기도 하고, 공적 지원을 받은 만화 비평 매체 설립에 참여했더니 내홍 속에 약 1년 만에 지원 종료로 사라지게 됐다.

한편 편집위원과 필자로 참여했던 한 만화 잡지는 박근혜 비판 만평을 실었다는 이유로 한 호의 유통을 통째로 틀어막히는 일을 겪는가 하면 이후 지원사업에서 주관 단체가 아예 배제되고 탈락했는데, 나중에 알고 보니 박근혜 정권기 문화계 블랙리스트에 올랐기 때문이다. 문화체육관광부의 조사 결과 해당 단체는 2014년에 이미 '좌파 성향 블랙리스트 단체'로 국정원 문서에 기재돼 있었고,

매체에 참여한 나 개인도 2014년 6월 서울시장 선거에서 박원순 후보를 지지했다는 것 때문에 블랙리스트에 올라 있었다. 덕분에 정말 팔자에도 없이 국가지정 요주의자로서 《문화예술계 진상조사 및 제도개선위원회》의 백서에도 이름 석 자를 또렷하게 박기도 했더랬다. 그야말로 진성 반 우파 오덕 인증이다. 살다 보니 별 일이 다 있다는 말 말고는 나올 말조차 없던 시기다.

문제는 그나마 블랙리스트라는 형태로 압력이 들어온 것은 이후 국가 범죄의 피해자로서 민사소송 인용을 거쳐 2022년 초 배상을 받기라도 했지, 기관 단위가 문제 생기기 전에 알아서 커트하는 바람에 생긴 문제나 정부의 예산 일괄 삭감 문제로 날아간 기관의 지면 같은 문제는 어찌 따져 볼 방법이 없었다.

일이 망가지는 별의 별 상황들

내가 2014년 원안 작성이 아닌 큐레이터로서 처음 이름을 걸고 맡았던 만화 축제 주제전이 있었다. 문제는 행사가 끝나고 나서 작성한 도록 원고였다. 당시 원고는 독재정권기의 행적과 만화사를 연결해 해설한 부분이 문제가 되어 "이 도록은 당신 때문에 비매품이 되었으며, 당신이 수정하지 않으면 다른 사람들도 고료를 받지 못하게 된다"라는 비공식 통보를 받았다. 이것이 비공식인 까닭은 공식으로는 차마 나올 수 없는 이야기기 때문이다. 이해는 한다. 독재자의 딸이 대통령인 시대였으니 더 큰 문제가 되기 전에 나를 포함한 필자들을 보호하고 싶었을 것이다. 그 과정에서 당사자인 내가 뒤집어 쓴 "네가 쓴 것은 팩트가 아니다"라는 모욕은 둘째 치더라도.

그보다 앞선 이명박 정권기에는 어떤 일이 있었는가? 이명박은 대선승리 후 인수위 단계에서부터 예산 합리화를 이유로 관공서 또는 공공기관의 예산을 일괄로 10%씩 줄이는 조치를 단행한 바 있다. 이런 경우 너무나 당연하게도 외부 인력을 쓰는 일부터 날아가게 돼 있다. 당시 만화 진흥 기관의 지면도 이런 외부 인력을 이용하는 사례였고, 양해를 구하는 말과 함께 나의 글도 끝내야 했다. 그렇게 연재가 날아가고 나서 2008년 2월 25일 블로그에 "이제 시작이다 이명박 (이하생략)"이라 적었다가, 우파 친구들이 새까맣게 몰려와 "너 하나 잘린 걸로 대통령을 욕하냐"라는 비난을 쏟아냈더랬다. 우파(?) 오덕들이 세를 견고하게 구축한 게 이명박 때고 보면 이 시기 오덕들의 블로그를 쫓아다니면서 융단 폭격하던 이들의 존재가 개인 단위가 아니리라는 심증은 있지만 증거가 없다. 다만 국정원 국정감사가 시작되던 그 날 폭격이 딱 멈추었던 기적 같은 일(?)이 있었을 따름이다. 웃지 못 할 우연의 일치다.

박근혜나 이명박 정부와 관련해서 직간접적으로 당한

피해와 그에 별다른 항의조차 못했던 과거의 내 모습에는 지금도 자다가 벌떡 일어날 만큼 화병 같은 증상에 오래도록 시달리고 있는 중이다. 직간접적인 피해자들이 다들 그러했겠지만 내가 문화계 블랙리스트였던 것도 나중에 가서야 벌어지는 국가적 사단들을 보고야 알았다. 하지만 그때는 그런 걸 생각할 수 있는 때도 아니었다. 딸아이가 태어났던 즈음은 국가적인 문제를 넘어 오만가지가 내 앞에서 다 헝클어지던 때였다. 첫 책인 《키워드 오덕학》과 두 번째 책인 《나의 만화유산 답사기》는 그래서 표지를 볼 때마다 아프기도 하다. 이 책들은 이 글 초반에 언급한 매체의 대표에게서 심하게 모욕당하거나, 내부 문제로 중지되었던 원고들에 새 원고를 조금씩 더해 묶은 것이었다. 《키워드 오덕학》이 2017년 세종도서 교양부문에 선정되었던 건 그래서 큰 위로가 되었다. 적어도 모욕당할 만한 글이 아니었음이 입증되었던 셈이니까.

일이 끊기는 본질적인 이유

그런데 대체 모든 일이 한순간에 다 끊어지다시피 했을까. 사실 단지 "블랙리스트였으니까"라 생각하면 너무 쉬운 이야기다. 당시는 만화 지면은 물론이거니와 문화 지면이라 할 만한 것이 지극히 알량해지던 시기고, 공공 지원 사업 아니면 기관 입찰을 노리는 업체들 말고는 더 이상 만화와 관련한 지면을 유지할 수 없게 된 타이밍이기도 했기 때문이며, 글을 쓰는 오덕 입장에서 이들 지면을 잡을 수 없는 입장에 놓였으면 당연히 일이 끊길 수밖에 없었다.

이를 반대로 이야기하면, 그나마 자발적/사설적으로 만들어지던 지면들이 2010년대 중반을 넘기지 못하고 거의 사멸한 시점에서 만화 진흥 기관의 지원을 받거나 직접 내어놓는 지면이 아니고서는 만화 관련한 글이 정식으로 유통될 공간 자체가 극히 일부를 제외하고 사라졌다는 이야기다. 2023년 현재까지도 만화계의 '언로'에 해당하는 곳들은 결국 만화 진흥 기관과의 연결점을 중요하게 유지하고 있다.

사실 자체 지면을 상업적으로 유지할 만한 곳이 없는 상황에서, 필자가 자기 맘에 안 든다고 뒷말을 뇌까리다 들키는 수준인 대표나 역시나 자기 마음대로 안 된다고 편집위원들과 반목하는 한심한 대표를 만난 것도 큰 문제다. 그러나 좀 더 본질적인 문제로 넘어가면, 글쓰기를 직업으로 삼는 자가 지원사업 자체이거나, 지원사업을 지향하거나, 공적 비용으로 운영되는 매체 외의 전문 지면이 더 이상 없는 상황에 맞닥뜨렸다는 사실 자체를 직시하지 않을 수 없다. 이 상황에서 정부 차원의 블랙리스트 같은 게 작동하면, 그나마의 '대표들' 문제가 아니어도 일이 더 진행될 리 없다.

처음엔 어처구니가 없어 보였지만, 결국 어느 정도는 상황을 납득하게 됐다. 지면이 너무 적고, 그나마 있는 지면은 외부 요인 또는 오너 리스크에 취약하며, 거의가 공적 자금에 매여 있거나 이를 추구한다. 게다가 하필이면 나는 돈 줬다고 낮잡아 보는 부류 앞에서는 그다지 고분고분하지 않다. 애 아빠가 됐으면 참을 줄도 알아야 하련만 그러질 못한 구석도 있다. 그 모든 상황이 내게는 정확하게 애가 태어나는 시점을 전후해 맞아떨어졌다. 그러니 이건 단지 블랙리스트만의 문제도 아니고, 내 성격도 한 몫을 했겠지만 본질적으로는 지면을 파먹고 살아야 할 사람에게 다른 선택지 자체가 남아 있지 않다.

현재 이 만화 진흥 기관은 내가 참여한 바 있는 비평 웹진 이래 만화평론가들을 매년 공모전을 통해 배출하고 있지만 지면은 신규 진입자들을 오롯이 담아낼 만큼 충분히 크질 못하고 있고, 외부 매체는 여전히 난망하며, 그나마 이 진흥 기관에서 연구와 비평이라는 측면에서 접근하는 이들이 모여 있던 모임은 사실상 기관 내 논리에 따라 축출 당해 바깥으로 내몰렸다. 막상 이런 기관도 <윤석열차>를 둘러싼 정부의 압박 앞에서는 이명박과 박근혜 때 그러했듯 압박을 받고 있으니, 이 기관을 비판하던 이들조차 이 어처구니없는 상황 앞에서는 옹호전선을 펼 수밖에 없었더랬다.

만화계 바깥에서 만화 이야기하기

 결과적으로 놓고 보면 만화에 방점을 찍은 오덕으로서 이야기를 펼칠 지면이나 활동 창구를 오랜 시간 주로 지원 사업을 바탕으로 둔 매체 등에서 찾아 왔던 나의 불찰이다. 만화 관련해 글을 쓴다는 누구라고 그러지 않을까만, 내게는 글을 쓰는 것이 취미, 또는 본업을 따로 두고 가끔 의뢰 받는 외고가 아닌 주 업무였는데 그 창구란 게 이렇게나 협소하면서 허망할 정도로 외부 요인이 흔들기 쉬운 곳이다. 그렇지만 직접 언로를 만들자고 덤볐던 2005~6년의 만화언론 실험이 실패로 끝났듯 내가 직접 무언가를 열고 경영할 만한 능력은 없다. 나에게 사장으로서의 능력이 없음은 이미 익히 확인한 바다.

 차라리 항변하지 말고 고개나 잘 숙인 채 헤헤거릴 수 있었으면 좀 나았을까. 그런데 내 성정도 성정이지만 그 '숙이기'가 되는 사람이 애초에 자기 좋아하는 걸 파고든다는 오덕질을 업으로까지 삼을 생각은 못한다. 비평과 연구의 스탠스를 지닌 이라면 더욱 그러하다. 아마 어떤 상황이 되어도 결국 마찬가지였지 않을까 싶기도 하다.

 만화 오덕 노릇으로 일을 만들며 살아왔지만, 결국 나의 결론은 일을 만든다고 '만화계' 안만 바라보아선 안 되겠다는 것이다. 그 말은 곧 만화계의 지원 사업이나 진흥 기관에 목을 매겠다는 이야기와 크게 다르지 않고, 어떤 이유 때문에 갑자기 상황이 부서질지 전혀 예측할 수 없는 -특히 나쁜 정치 앞에서는 더욱이- 혼돈의 도가니에 몸을 담그겠다는 이야기기도 하다. 사실 어느 분야라고 깔끔하고 이상적인 경우는 없지만, 만화 오덕으로서의 시선을 기록하고 조명하는 일을 '만화계'에서만 하기엔 언제 다시 모든 게 멈추게 될지 알 수가 없는 상황이다.

  그래서 나는 이제 만화 업계 내부가 아닌 바깥을 탐색하며 만화 이야기를 읽으려 하고 있다. 만화를 소재로 한 영상 제작도, 일간지의 주간 칼럼 지면을 따내는 일도 그와 같은 발상의 일환이다. 이건 직업 오덕으로서의 행보고, 또한 업계인으로서의 결론이다. 여전히 쉽진 않다. 하지만 안타깝게도 만화계는 인사들 사이에서의 신뢰도부터 지원 기관의 신뢰도에 이르는 모든 부분에서 바닥이 협소한 분야가 보이는 리스크를 너무 크게 보여주고 있다. 다른 쪽에 비교할 것도 없지만 다만 한 가지만큼은 분명히 말해둘 만하다. 혹여나 만화 오덕질에 바탕을 둔 글쓰기를 직업으로 삼고 싶다면, 역설적인 이야기지만 만화 업계 내부로는 들어오지 않는 게 좋다.

오덕 17

포털님, 만화 무시하지 마

 2022년 한 유튜브 채널에서 대담을 진행했다. 다른 직업을 지닌 이를 붙여놓고 서로가 서로에게 공부가 되는 지점을 찾는 시리즈 영상이었는데, 문학 평론가이신 분께서 만화 칼럼니스트인 나와 같은 회차에 출연해 시종일관 흥미롭고 재미난 이야기들을 나누었다. 한데 진행 측에서는 서로 '상반된' 지점을 강조하려 했는지 "만화는 문학인가?"라는 도발적인 질문을 끼워 넣었다.

 진행 측에 악의 같은 건 없었(겠)지만 한편으로는 만화가 제 평가를 받지 못하던 옛 시기의 일화들이 스쳐지나갔다. 지금은 원로로 불릴 만큼 연세를 자신 일군의 만화가분들이 만화에 대한 인식을 높이기 위해 유명 명작 소설을 만화화하는 식의 고군분투를 펼쳤던 것이다. 이런 일들이 있었다 보니, 나는 만화 오덕이자 종사자로서 만화가 문학의 하위라거나 만화도 문학 취급을 받으면 좋겠다는 식으로 생각한다는 인상을 일말이라도 주지 않기 위해 신경을 곤두세웠더랬다. 도대체 기껏 돈을 저만치나

주고 분장까지 시켜 찍어놓고선 정작 중요한 이야기들은 다 빠트린 결과물을 내어놓은 이유는 모르겠지만, 어쨌든 촬영장에서만큼은 애를 썼던 것이다.

그런데 그 후 얼마 지나지 않은 시점에 네이버 웹툰이 해외에서 저지른 일 덕에 힘이 쭉 빠지고 말았다.

네이버 님 말씀하시길, 만화가 문학의 부업이란다

네이버 웹툰은 한국에서 상업 웹툰 서비스의 대표 주자이자 최근 해외 진출에도 적극적인 업체다. 일례로 네이버는 webtoon.com이라는 대표성 있는 도메인을 아예 자사 해외 웹툰 서비스에 붙여놓는 과감한 -사실 당황스럽기까지 한- 행보를 보이고 있다. 한국 웹툰이 다 네이버 것은 아니지만 네이버가 상업 웹툰을 이끌고 가는 업체임은 부정할 수 없는데, 네이버는 이를 아예 도메인을 통해 표현한 셈이다. 이 행보에 오롯이 동의를 하긴 어렵지만, 어쨌든 그런 네이버가 웹툰을 알리는 광고를 내어놓은 건 자연스러운 수순이고 이는 곧 웹툰이 국내용만이 아니게 되어가고 있는 상황을 잘 보여준다고 할 수 있겠다. 문제는 그 광고전에 동원한 문구다. 현지 작가들 사이에서 논란에 오른 문구는 "만화는 문학의 재미난 부업이다(Comics are literature's fun side-hustle)"였다.

만화의 장르 가운데 하나인 그래픽노블을 '웃기기만 한 일반 만화에 비해 이야기를 진지하게 문학적으로 표현한 만화'라고 소개하는 것과 다를 바 없는 무지와 조롱이다. 한데 논란은 그뿐만이 아니다. 해당 광고와 홈페이지에는 "우리는 스트리밍되기 전의 이야기(We're the story before it streams)"라는 문구도 쓰였다. 만화가 넷플릭스 등지에 영상화 2차적 저작물 작성권을 파는 건 비일비재한 일이지만, 만화가 곧 영상화를 위한 재료 그 자체인 건 아니다. 한데 명색이 웹툰의 대표임을 내세우는 업체가 다른 무엇도 아닌 광고 문구로 이런 표현들을 썼다. 내부 검수가 끝나고서야 바깥에 내어놓을 수 있는 문구고, 다시 말해 네이버가 공식적으로 내어놓은 선언이라 할 수 있다.

근래 국내 상업 웹툰 서비스 업체들은 영상 스튜디오를 직접 인수해 웹툰을 원작으로 삼은 영상을 직접 만들어보려는 의도를 보여주고 있고 그 기세는 갈수록 거세지고 있다. 마블코믹스와 디씨코믹스가 그러했듯이, 네이버 웹툰과 카카오 웹툰도 웹툰을 바탕으로 한 영상 콘텐츠화를 꾀하려는 것이고 나아가 웹소설이라는 엔터테인먼트 문학을 앞 단계에 놓아 웹툰, 영상으로 연결되는 밸류체인을 형성하려 들고 있다.

문제는 이를 원활하게 하기 위한 저작물 권리 확보 전략 속에서 창작자 지망생들을 작품의 주인으로서가 아닌 영상화를 위한 부품을 만들어 내는 자로 취급하고 있으며, 그에 따라 자연스레 웹툰 즉 만화의 위치를 타 형식의 하위에 두고 있다는 점이다. 해당 광고 문구들에 국적을 불문하고 업계인으로서 분노할 수밖에 없는 까닭은, 이 일련의 움직임에서 기인한 발상을 너무나 당연하다는 듯, 당연히 그렇게 되어야 한다는 양 정확하게 짜인 문구로 내어놓았기 때문이다.

  논란이 커지자 네이버 웹툰의 북미 법인은 "창작자는 웹툰의 근간이다"라며 창작자들을 대상으로 삼은 사과문을 6월 15일, 홈페이지가 아닌 소셜 네트워크, 정확하게는 논란이 된 트위터에'만' 게시했다. 광고야 문구를 고치겠지만, 업체의 속내가 바뀌지 않는 이상 재발 방지가 될까는 의문이다. 어쨌거나 나는 애먼 데에서 혼자 괜한 바보짓을 한 기분이다. 업계 대표 업체가 대놓고 저러는데 내가 뭐라고 신경을 곤두세우며 애를 썼을까?

콤플렉스는 없어졌다 해도

  "만화를 무시하지 마!"라는 말은 나와 내 앞세대 오덕들에게는 참 양가적 감정을 불러일으키는 말이다. 문자 그대로 만화를 본다는 행위 자체로 눈앞에서 선생님에게 책을 빼앗기고 북북 찢기는 경험을 한 번쯤은 해 보았고, 만화가 불량한 것이라면서 막 수거해 가는 꼴을 지켜봐야 했으니까. 만화가들이 끌려갔다는 이야기가 어디 먼 이야기가 아니었던 상황이니, 그걸 좀 뒤집어 보자고 오히려 소리를 버럭버럭 지르고, 약간이라도 비판하는 이야기가 나오면 각을 세우게 되는 일들이 왕왕 있었다. 무시하지 말라는 말은 반대로 말해 무시하는 이들이 있음을 뜻한다. 그리고 누가 또 무슨 말로 무시할까 싶어 신경을 곤두세우게 됨을 말하기도 한다.

정부나 국회 쪽에서 만화 검열에 해당하는 시도가 조금이라도 보일라치면 이 세대들이 발작하듯 반응하며 옛 기억을 소환하는 것도, 문제를 일으켰던 정치 세력들에 유난히 경계심을 늦추지 않는 것도 이들의 젊은 시절을 할퀸 경험치들 때문이다. 그러나 레이더를 삐웅삐웅 가동시키는 가운데에도 분명히 시대가 나아지고 있음을 느끼는 건, 정부나 정치인들의 인식과는 별개로 '만화를 본다는 행위 자체'로 사람들이 무시하는 일은 이제 거의 보이지 않는다는 점이다. 엔터테인먼트의 중심이 만화가 아니라는 점이 아쉬울 뿐이지, 경계심을 사방에 돌릴 필요까지는 없게 됐다는 점은 분명해 보인다.

그래서, '나는 너희가 무시하는 만화를 보지만, 사실 만화는 대단하다고. 대단하니까 이렇게 대단한 용어들을 붙여서 이야기를 해 줘야지! 선진국에서는 말야, 만화를 예술 취급을 해 준다니까! 너희가 못 알아볼 뿐이야!'라는 심정이 사라진 지는 오래다. 제9의 예술이나 그래픽 노블 같은 용어를 붙여가며 설파하지 않아도 상업 만화가 돈이 된다는 걸 눈으로 목격한 사람들은 일부 정치인들이 어떤 이야기를 하든 더 이상 만화가 수준이 낮다는 이야기를 쉬 하지도, 동의하지도 않는다. 예를 들어, <메이플 스토리>로 급우를 괴롭히다 자살하게 만들었던 사건으로 게임을 들볶다 곧바로 <열혈초등학교>를 비롯한 만화로 화살을 돌렸던 게 2011년 말에서 2012년 초다. 이 기억이 아찔해 이후 2023년 8월 일어난 신림동 흉기난동 사건을 보고는 언론과 정치권이 그때와 똑같이 무차별 흉기 난동을 두고 게임 유해론에 불을 붙이려는 시도를 보이는 통에 또 시작이구나 해서 잔뜩 긴장했는데, 막상 여론이 호응을 안 해서 별 효과를 보지 못했다. 10여 년 사이에 세상이 바뀌기도 했겠지만, 어린 시절에 만화와 게임에 빠져 살았던 사람들이 부모가 된 덕도 있다. 그럼에도 애먼 짓이 정말로 벌어진다면 이야기가 달라지겠지만, 그때와 지금은 정말 여론의 분위기가 달라서 안심이 된다.

예술 타령은 또 어떨까. 나는 예술인복지재단에서 예술가로 활동을 증명받은 만화평론가인데(칼럼은 부문에 없어서 결국 평론가로 맞추었다), 이는 예술인복지재단에서 예술 활동을 하는 직업 예술인의 조건으로 내세운 11개 분야에 만화가 포함되어 있기 때문에 가능하고, 그 근거는 문화예술진흥법에 명시되어 있다. 그걸 한다고 딱히 뭐가 변하는 건 없어도, 적어도 내가 사는 국가는 이제 만화를 예술이라고 '법'에 명시하고 있다. 낙후된 인식은 업계의 노력과 시간이 해결할 일일 터, 어쨌든 만화가 예술 취급을 못 받는다고 울 필요조차 사라졌다.

그렇게 말끔해진 상황에서 이상한 소리하는 자들에 대한 레이더만 조금 돌리면 될 뿐이니, 콤플렉스가 남을 일도 사라진 셈이다. 2023년 기준으로 지금 내가 대학교에서 가르치는 만화가 지망생들이 상업 웹툰의 시작점이라 할 강풀 작가의 <순정만화>가 나온 2003년에 태어난 학생들이다. 정말 '웹툰 세대'라는 말이 절로 나올 법한 상황이지만, 거기에 과도한 자부심을 얹어줄 필요도, 굳이 콤플렉스를 대물림해 줄 필요도 없는 셈이다. 만화는 만화다. 이제 거기에 별다른 수식을 더 붙일 필요도 없는 것이다. 가끔 '라떼는 말이야'를 읊을 소재일 뿐이다.

그러나 명색이 만화를 싣는 가장 큰 업체란 곳이 만화를 무시해 놓은 건 완전히 또 다른 이야기다. 만화가 엔터테인먼트의 탑일 수도, 탑일 필요도 없지만, 적어도 어디 아래라고 명시를 해놓고 무엇이 문제인지조차 인지를 못하는 모습을 보인 건 실망을 넘어 왕년의 심정을 다시 일깨우게 한다. 업계 1위이자 만화가들의 가장 큰 파트너가 되어야 할 업체가 그러고 있다는 사실 자체가 주는 압박이 있다. 네이버 웹툰은 분명하게 만화를 무시했고, 작가와 독자들은 무시를 당했다. 우리는 문학 아래 취급을 당했고, 영상화의 소스일 뿐인 무언가 취급을 당한 것이다.

물론 영상화가 유일한 성공의 지표로 작가들 사이에서 인식되던 때도 있었고, "우리는 영상 아래지"란 말은 책으로 수익이 잘 나지 않던 시기에 작가들이 자조적으로 읊조리던 말이긴 하다. 하지만 대표 격인 업체가 그 말을 직접 이 시점에 했단 사실은 꽤 고약하다.

여전히 "너 그런 소리 하다가 《네이버》가 웹툰 접으면 어쩔 건데?!"라는 관계자 사이의 불안 섞인 협박이 유효한 마당에, 그런 시장지배적 사업자에게서 나온 일종의 정의란 게 이렇다. 이들에게 만화가 어떤 것인지를 확인한 이 시점에, "만화 무시하지 마!"가 이제 다른 종류의 불안을 안은 또 다른 콤플렉스가 되지 않을까 싶어 마음이 참 불편하다.

오덕 18

웹툰, 덕질하기 참 어려운

 2022년 한 게임 커뮤니티 게시판에 올라온 만화가 지망생의 게시물 하나가 커뮤니티는 물론 만화 업계인들 사이에서도 화제를 모았다. 제목은 "요즘 웹툰이 재미없는 이유". 이 게시물이 화제가 됐던 까닭은 제목에서 보여주듯 '요즘 웹툰'을 '재미없다'고 싸잡아 매도했기 때문이다. 어떻게 봐도 '나 보기에 재미없으니 이런 건 좀 퇴출해라' 수준이어서 다방면으로 비웃음을 샀지만, 한편으로는 웹툰의 현재에 관해 고민하게 만들기도 했다. 무엇보다도 나는 그 순간 차마 웃지만은 못하겠다는 심정이었다. 충성도 높은 독자층이 덕질로 빠져 주면 좋으련만, 한편으로는 웹툰이 덕질하기 참 어려운 구석이 있기 때문이었다.

덕질이 성립하려면

 무릇 덕질이란 좋아하는 감정을 넘어 자기 안에서 정보들이 계보처럼 정리가 될 수 있을 정도여야 비로소 접근할 수 있다. 대체로 깊고 좁게 파는 것이 덕질이라고들 하지만, 얇되 지극히 넓게 파는 것도 덕질의 방법 중 하나다. 굳이 분류하면 내가 이 얇고 넓게 파는 쪽이지만, 그런 나조차도 어느 한 시점에선가 분야를 '만화'로 좁히고 애니메이션과 성우 쪽의 끈을 놓았다. 그러지 않으면 정말 이도 저도 아니게 되기 때문이다.

오덕들은 특정 장르, 특정 작가, 특정 표현 형식과 같은 방식으로 자기가 진입해 들어갈 분야를 정하고 그에 침잠해 들어가는 편이며, 이 구분은 사람 수만큼 지극히 다양하고, 겉으로 보기엔 비슷해 보일지라도 세부내용으로 들어가 보면 겹치는 경우가 거의 없다. 만화나 애니메이션과 같이 오덕들의 본류를 만들어낸 문화 그 자체가 '서브컬처'와 동의어는 아니지만, 전체를 관통하는 균질함보다는 파편화한 취향에서 형성되는 몰입력과 독특한 내부 문화를 바탕으로 한다는 점에서 덕질은 각 대상이 서브컬처로서의 특질을 지니고 있다. 그러니 덕질은 어떻게 해도 뭉뚱그릴 수가 없고, 덕질 대상이기 위해서는 균질성을 지닌 덩어리로 몰개성하게 뭉뚱그려져선 안 된다.

오타쿠 문화의 경제적 규모가 어마어마하네, 오타쿠 왕국이네 하는 일본에도 오타쿠이기는커녕 만화나 애니메이션과 친하지 않은 사람도 많은데, 이런 비 오타쿠 -흔히 한국에선 이 비 오타쿠/오덕 층을 <해리포터>의 용어에 빗대어 '머글'이라 부른다- 들에게도 인지가 되는 정도의 작품은 파편화에 대한 욕구를 넘어설 만큼 강력한 소수의 메가 히트작들 뿐이다. 취향을 범용적으로 아우를 수 있어야 초대박(메가 히트)를 칠 수 있는 것이지만, 반면에 지나치게 범용적이어서는 덕질 욕구를 자극하기 어렵다. 오덕으로선 이 대상의 어떤 부분에 자극받고 꽂힌 감각에 한층 더 첨예하게 파고들어갈 수 있어야 하는데, 정작 이 감각을 공유하는 사람들이 많다는 게 오히려 덕질을 할 마음을 사그라들게 하기도 한다. 오덕에겐 찾아낸 감각이 누구나의 것이어선 흥미가 동할 구석이 없기 때문이다.

주변서 덕질을 한다는 사람이 있다면 잘 살펴보라. 마이너한 작품을 오히려 더 좋아하는 경우가 많고, 설령 초대박을 쳤다는 작품 하나, 유명한 아이돌 그룹 하나를 놓고도 끊임없이 내 흥미가 동할 만한 구석의 구석의 구석을 찾아 확대경을 들이대는 경우가 많을 것이다. 덕질은 그래서 기본적으로 캐해(캐릭터 해석) 싸움이지만, 한편으로 배율 좋은 렌즈를 얼마나 구비하느냐의 싸움이기도 하다. 그들이 만날 웬 엉뚱한 걸 놓고 싸우는 것처럼 보이는가? 그들로서는 사활이 걸린 문제다.

너무 많아서 덕질하기 어려워

그런데 우리나라의 웹툰은 많은 부분에서 덕질하기 참 피곤한 구석을 보여주는 특성이 있다. 일단 상업 웹툰이 너무 많다. 그냥 많다. 현재 포털을 비롯한 주요 웹툰 연재처(=웹툰 플랫폼)를 통해 쏟아져 나오는 상업 웹툰 수는 주당 2천 타이틀에 육박한다. 작품 당 회차도 원체 길기 때문에 전체 회차를 읽어내는 것도 숨이 찬다. 덕질은 감당이 가능한 범위 안에서 시작하는 것이다. 이만한 물량은 감당이 쉽지 않다. 물론 물량 자체로 보자면야 일본만화나 애니메이션도 많은데, 문제는 우리나라 인구수다. 인구 수 대비로 보자면 이걸 한 나라 사람들이 감당 가능한 숫자라 하기가 곤란할 정도다. 인구수로 볼 때 우리의 2배 이상인 일본과 오덕 시장 규모를 단순 비교하는 게 어려운 까닭이 여기에 있다.

웹툰은 네이버가 진입해 들어온 시점부터 이미 팬시한 작품들로 양을 우선하는 구조였고, 끊임없이 대중을 상대로 가볍게 읽을 것이 많음을 어필해 온 매체이며, 이제는 이를 유지하기 위해서 최종적으로는 영상 매체와의 결합을 주도하는 단계에 와 있다. 한국에는 특정 취향에 맞는 이들의 군집체들이 유의미한 규모로 존재하지 않고, 따라서 '대(對) 비 오덕 미디어 노출'이 확보된 작품이 성공에 압도적으로 유리할 수밖에 없는 구도다. 현재 한국 웹툰은 권리 관계 문제없이 이를 원활하게 풀어가기 위해 시스템적으로 미국의 마블코믹스와 디씨코믹스를 따라가려는 모습을 보인다. 문제는 여기가 한국이지 미국이 아니라는 점이다.

미국도 만화 작가들의 노동 문제가 없지 않은데, 한국은 이 문제가 더욱 도드라지는 양태를 보여준다. 이와 더불어, 규모를 유지하기 위해 더욱 규모를 키우는 과정에서 독자들이 자신의 취향을 따지고 파악하는 과정을 거치기도 전에 일단 그냥 물량에 치이고 만다. 사람들은 대체로 피곤해하고 싶어 하지 않는다. 덕질은 피곤함을 감수하고서라도 자기 눈에 들어오고 자기를 자극한 특정한 포인트에 기어이 파고들고자 하는 의지 그 자체라 하겠는데, 이래서는 특정한 포인트는 고사하고 진입 자체가 쉽지 않다.

이런 연유로 한국에서 웹툰은 일찍부터 '만화여서' 접근하는 이들의 적극적 취향문화가 아니라, 비 오타쿠(머글)들 사이에서도 "이걸 본다"라는 것이 딱히 특별하지 않은 수많은 볼거리 중 하나로 간주되어 왔고 이제는 그러한 기조가 한층 더 본격화하고 있다. 시대가 변하며 만화에 대한 인식이 좋아진 덕도 있겠으나 웹툰이 발달 과정에서 보여 온 특성도 한몫한 결과라 할 만하다. 그러니 배율 좋은 렌즈를 들이대어 남들이 보지 못할 걸 찾아내고 그걸로 즐거워하는 덕질이 그리 흥할 만한 구석이 없다.

그게 나쁜 것만은 아니다. 그만큼 웹툰은 출판만화만 있던 시기라면 상상할 수 없을 만큼 '넓은' 만화의 시대를 열었다. 나는 한 해 나온 만화 가운데 가장 눈여겨볼 만한 만화를 독자 손으로 뽑아 보자는 《독자만화대상》이란 행사에 원년 멤버이자 웹디자이너 및 투표 시스템 개발자로 참여했는데, 2003년에 2회째 행사를 진행했을 때 대상을 포함한 수상작 대부분을 웹툰이 차지하자 진행 측에 속해 있었던 내가 사람들 앞에서 비명처럼 뱉어낸 솔직한 심정은 "이건 인정하기 어렵다"였다. 그땐 그게 진심이었지만, 20년이 지난 지금에 이르러 다시 생각해 보면 그렇게만 이야기할 순 없겠다는 결론에 다다르게 되고, 그저 지나가는 시대에 대한 아쉬움에 불과했음을 깨닫게 된다. 《독자만화대상》은 이후 끝날 때까지 단 한 번도 주요 부문에 출판만화를 올리지 못했다.

한국의 사회적 특성에서 오는 차이

우리 웹툰이 스토리 면에서 비교적 현실성과 보편성을 반영하는 것도 이런 탓이 있지만, 작중 학교폭력이나 여성혐오를 비롯한 퇴행적 화두가 극단적인 인기를 끄는 것도 역설적으로 같은 맥락에서 기인한다. 한국 사회를 굳건히 지배하는 계급적 욕망이 현실성이라는 딱지를 달고 고스란히 작품 안에 반영되기 때문이다. 최소한 한국 독자들은 외국인이 아닌 한국인이 만든 작품에서만큼은 우리네 현실을 찾아내려 드는 구석이 있고, 작품도 인물이 어딜 가든 현실과의 연결점을 꾀하는 구석이 있다. 이는 영화나 드라마와 같은 영상물과도 결을 같이 하는 바다.

일본 쪽 만화 원작 영상물들이 만화가 그려낸 비현실성을 곧이곧대로 옮기려다 망하는 경우가 많은데, 한국 만화 원작 영상물들은 비현실을 그려도 거기서도 현실을 꾀하거나 작중 현실을 뒤집어엎으려는 경향을 보여준다.

그래서 웹툰이 한국 사람들을 강하게 자극하기 위해서는 흡인력 있고 매력적인 스토리를 갖춰야 될 뿐 아니라 그 안에서 한국 독자의 욕망과 사회관을 '옳든 그르든' 적극적으로 강하게 반영해야만 하고, 이러한 경향성은 웹툰을 매우 정치적으로 읽어낼 필요가 있는 텍스트의 위치에 올려놓는다. 그 결과 한국 웹툰은 -그림체나 연출 면에서 일본 만화의 영향을 받았다곤 하지만- 인물 취향을 1차원적 시각 코드로 응축한 모에(萌)적 디자인이나 이를 부각시키기 위해 스토리를 끌어넣는 방식을 취해서는 비 오덕들의 호응을 폭넓게 끌어내지는 못한다. 한국은 -오덕 입장에선 아쉬운 마음도 있지만- 오덕의 나라가 아니다.

물론 세상 모든 것이 덕질거리임을 확인하는 단계에는 있지만, 정확히는 만화나 애니메이션, 게임과 같은 비실사 기반 시각문화의 오덕이 '아주 많은' 나라가 아니다 보니, "오덕들이 좋아한다"고 그쪽만 보고 만들었던 수많은 시도들 -애니메이션 DVD를 비롯- 이 꾸준히 망해온 것이다. 오덕들이 좋아하는 감성을 코드로 시사와 역사를 풀어낸 굽시니스트와 같은 사례가 아니면, 오로지 오덕들을 대상으로 하는 상업적 시도로는 확실하고 착실하게 망해온 나라가 바로 한국이다. 소셜 네트워크나 커뮤니티의 확증편향이 착시를 곧잘 불러일으키지만, 확실히 덕심만으로는 대동단결이 어렵다. 그래서일까? 최근 들어 누군가가 한국 웹툰을 '덕질'한다고 말한다면, 그건 일본에서 말하는 오타쿠 노릇과는 어감이 다소 다르게 '좋아한다'란 말의 다른 말 정도로 생각하고 쓰는 경우가 많다.

그러다 보니 웹툰으로 만화를 처음 접하며 성장한 웹툰 독자들 입장에서는 렌즈를 들이대며 하는 오덕질을 오롯이 이해하기 어려워하는 구석이 왕왕 노출되는 것이며, 기존과 유사한 형태로 덕질을 꾀하는 사람들은 그 사이에서도 백합을 비롯해 비교적 '마이너리티 장르'에 해당하는 작품들이나 그런 작품들이 실리는 공간들 -포스타입과 같이 상업 웹툰 플랫폼이 아닌 곳 포함- 쪽으로 모여 자기 나름대로 해석을 가하며 즐기고 있다. 이도 저도 싫은 사람들은 웹툰을 아예 안 보고 게임 쪽으로만 빠지는 경향들이 있다. 인셀 천국이라 할 게임 커뮤니티들 상당수에서 "웹툰 왜 봐?"가 튀어나오는 것도 같은 맥락이다.

대신 이렇게 '좁은 의미의 덕질'의 범주에서 해석할 만한 모습이 관찰되는 건 다름 아닌 K-POP을 위시한 아이돌판이라 할 수 있다. K-POP은 압도적인 공동 경험과 짧은 러닝타임, 비주얼적인 쾌감을 선택해서 만끽할 수 있는 다양한 멤버 등 한국의 웹툰에서 찾기 어려운 특질들을 지닌 채 문자 그대로 대중문화판 전반을 폭격 중이다.

K-POP을 둘러싼 호응은 지금껏 한국의 어떤 대중문화도 이뤄내지 못한 규모인데, 하이엔드는 아니어도 범용적인 수준에서는 누구에게나 접근하기 좋은 고품질의 음악과 퍼포먼스를 최신 트렌드로 조합해낸다. 무엇보다도 모든 면에서 덕질하기 너무나 좋은 구성을 보여주고 있기 때문에, 덕질 레이더를 곤두세우고 있던 이들은 어느 누구나 할 것 없이 빠져들고 있다. K-POP은 사람들에게 만화나 애니메이션이 아닌 분야에서도 '적당히 좋아하는 수준이 아닌' 오덕질의 재미를 압도적인 규모로 발견할 수 있게 하는 신묘함을 보여주고 있다. 그렇다고 K-POP의 영향력이 기존 오덕들의 이사(?)만으로 유지되고 있는가? 천만에. K-POP의 유행에는 신규로 덕통사고를 당한 이들이 어마어마하게 늘어났다는 일종의 현상이 자리하고 있다.

커졌지만 덕질하기 좋게 만드는 K-POP, 커졌다는 데에 기대는 웹툰

웹툰 플랫폼들은 규모의 경제를 바탕으로 상업 만화의 판세를 재편했다. 이것이 웹툰 업체들, 특히 1위인 네이버 웹툰이 업계에서 목소리를 내 온 가장 큰 이유 중 하나고, 그것이 20여 년 이상 자리를 공고히 하면서 만들어진 게 지금의 한국 만화다. 그 덕에 한국 만화는 웹툰을 중심으로 비로소 산업이라는 소리를 붙일 수 있을 만한 단계에 올라섰다. 이는 '만화라서' 보는 이들 바깥으로 독자층을 확대해 냈던 결과기도 하다. 그 확대가 모든 것을 상쇄한다고 주장한다면, 일면 맞다. 업계 1위인 네이버 웹툰 역시 일각의 비판들에 확대를 일궈냈다는 점을 강변해 왔고, 문화재단 차원에서 만화계 발전을 위한 기금 조성 등을 통해 비판을 누그러뜨리는 데에도 힘써 왔다.

하지만 독자이자 오덕이자 업계인인 입장에서는 웹툰 업계가 여전히 확대 기조에만 기대는 경향이 있다는 점을 지적하지 않을 수 없고, 여기에 업계 표준(?)을 만들어 가는 네이버 웹툰의 역할이 크다는 점이 안타깝다. 덩치가 커졌기 때문에 오덕들만이 아닌 매우 넓은 계층이 소비하는 대상으로서 유통되었고, 양이 너무나 많기 때문에 시간을 흘려보내기 아주 좋은 콘텐츠로서 부각이 되었으며, 웹소설과 더불어 영상화하기 아주 좋으면서 비교적 저렴한 원천이 되었다.

네이버 웹툰을 비롯한 웹툰 플랫폼들은 이를 공고화하기 위해 2020년대를 전후해 적극적으로 국내외 웹소설 업체들과 영상 스튜디오를 사들였다. 《마블코믹스》와 《DC코믹스》가 되어가고 있다는 것은 비유가 아니다. 하지만 그 와중에 웹툰 작품들 각각의 매력을 어떻게 독자들에게 어필할 것인가에 대한 전략이 보이느냐면, 놀랍게도 그것까지 여전히 '기존에 비해 압도적으로 늘어난 노출'에 도매값으로 기대고 있는 양상이다. K-POP이 웹툰 이상의 노출도를 보이면서도 팬덤이 자가발전할 거리를 사악하리만치 영리하게 던지는 통에 팬들이 미쳐 돌아가는 것과는 상당히 다른 인상이다.

K-POP이 맨들어 내는 상품과 이슈도 양이 어마어마하지만, 웹툰과 다른 점이 있다면 웹툰은 그 자체로 양이 많은 데 반해 K-POP은 팬들이 맨들어 내는 부가적 정보가 또 다른 팬들을 끌어들이는 구조라는 것이다. K-POP처럼 오피셜(공식)은 적정선에서만 정보를 주고 이에 대한 팬들의 재생산을 부추기는 형태가 되어야 하는데, 웹툰의 경우 오피셜이 콘텐츠 그 자체를 던지기만 하고 그 다음이 전혀 없다. 적당한 정보 통제 속에서 소위 떡밥을 끊임없이 던져줘야 하는데, 한국의 웹툰 업체들은 양을 부풀리는 데에만 힘을 썼지 떡밥을 제시하는 데에는 신경을 전혀 쓰고 있지 않다. 그래서 K-POP 팬들은 그만한 규모를 만들면서도 스스로 덕질을 하고 있다고 말하지만, 웹툰 독자들은 많이 읽는 것 외에 덕질한다는 말을 할 여지가 별로 없다.

그렇다고 K-POP이 생각 없이 예쁘기만 하느냐? BTS의 노래 <Not Today>가 해외 민주화 시위 현장에서 운동가로 쓰이고, 소녀시대의 <다시 만난 세계>가 2016년 국정농단의 주범과 그 가족을 끌어냈던 이대 시위를 장식했던 걸 기억해 볼 필요가 있다. 근작으로 보자면 하이키의 <건물 사이에 피어난 장미> 같은 사례도 있다. K-POP은 여전히 어수선하지만 메시지 면에서는 얄팍하지 않다. 그러면서도 덕질하기가 너무 좋은 구석들을 많이 갖추고 있고, 늙은 오덕이 한국 만화나 애니메이션에 기대했던 것보다 훨씬 더 많은 해외 사람들까지 같은 맥락으로 자극 중이다. 웹툰이 중심이 된 한국 만화는 -물론 K-POP과는 달리 개인이 만들고 이를 업체가 유통하고 있을 뿐이라는 차이가 있긴 하지만- 땔감이라 불리는 근본적인 마케팅이 1차적으로 제시되는 경우가 극히 드물다.

여론이 만들어지는 곳도 그래서 극단적으로 열악한데, 회차별 덧글 아니면 게이머 정체성이 강한 남초 커뮤니티들이 이 역할을 하고 있는 경우가 많다. 작가에게 직접 면전에서 이래라 저래라를 시전할 수 있는 구조고, 작가는 선택의 여지 없이 이 여론 앞에 시달릴 수밖에 없다. 기술을 이용해 악성 덧글을 걸러낸다는 데까지는 해주지만 덧글을 아예 안 받게는 해 주지 않으며, 업체가 작가 개인을 직접 보호해주지도 않는다. 너무 많은 작가들이 매여 있지만 이를 담당하는 사람 수는 극단적으로 적다. 그래서 웹툰 쪽은 왜 이런 걸 안 해주냐고 하면, 놀랍게도 "사람이 적어서"라고 한다.

웹툰이 사람들의 사회적 관점이 충돌하는 장이 되어가는 것조차도 결과론적으로 보자면 한국 사람들에게서 드러나는 정치적 선택들에 웹툰이 편승했기 때문이다. 그 결과 이제 와선 굉장한 사회적 폭력으로 다가올 만한 작품들이 전면에 등장해도 이에 대한 비판을 거의 수용하지 않게 되어 버렸다. 웹툰의 영상화가 많이 이뤄지고, 이젠 업체들이 웹툰 원작 영상물을 직접 만드는 단계에까지 이르게 되었지만, 정작 웹툰 자체는 규모에 기대는 것 외에 별달리 변한 게 없고, 다만 권리 관계상 관리가 편하기 위해 작가 개인 단위가 아닌 스튜디오 체제가 늘고 있는 것 정도가 그들이 꾀하는 변화의 방향성인 것이다.

업계는 작가에게도, 독자에게도 놀 만한 것을 더 주고 있지 않다. 저만큼이나 많은 작품들이 있지만 독자로 하여금 수위권이 아닌 작품들을 꺼내어 볼 만한 큐레이션을 제공하지도 않고, 그렇다고 작가가 어떤 사람이었는지에 대한 정보를 발굴해 주는 것도 아니며, 작가를 부각하지도, 그렇다고 작품 진행 상황에 대한 보도자료나 인터뷰 자료 같은 걸 내어놓지도 않는다. K-POP 팬들을 늘상 미치게 하는 그 모든 요소가 웹툰에는 없다. 작가들이 아무리 MBTI 앞자리가 극 I인 경우가 많다 하더라도 내어놓을 건 만들어야 할 텐데, 하다못해 작가 포트폴리오는 커녕 프로필 하나가 제대로 정리된 경우가 없다. 네이버 웹툰이 2023년 9월 중순 '작가 홈'을 연 게 그나마의 움직임이다.

스마트폰 알림으로 이벤트와 최신 화제작을 안내하기도 하고 포인트 쿠폰도 뿌리지만, 이 또한 명확한 방향성을 제시하지 않는 한은 수위권으로 트래픽을 몰아주는 효과를 낼 뿐이다. 그 외의 작품에 눈을 돌리기 위해 애를 써 보려 한들, 봐야 할 전체 분량이 너무 많아 진입장벽이 턱도 없이 높다. 그 모두가 '대박 터질' 수는 없고 그래야 할 이유도 없지만, 안 터지면 밑에 깔리는 게 당연하다며 현재로선 어쩔 수 없다는 식의 태도를 첫 화면에서부터 내걸고 있는 수준이고, 나머지는 작가의 역량 문제로만 돌아가는 상황이다.

그래서 이런 한계를 극복하자고 <미생>의 윤태호 작가가 김봉석 비평가와 만화 없는 만화 웹진을 만든다며 애를 쓸 때, 현재 카카오 웹툰이 된 다음 만화 속 세상이 자사 대표 연재 작가에게 해 준 건 공지 게시판 옆에 카테고리 하나 열어 준 게 고작이었다. 놀랍게도 그게 끝이었으니, 바라보고 있던 나는 아 정말 웹툰은 업계 차원에서 적극적으로 더 파고들고 즐거워할 사람을 필요로 하지 않는구나를 절감하게 되는 것이다. 개편을 그렇게 겪으면서도 여전히 어느 업체도 본격적인 작가 소개 하나가 제대로 정착한 곳이 없고, 정보 웹진은 '그 윤태호'가 나서도 이어 나갈 수 없으니, 덕질 트렌드에서 떡밥을 흩뿌리는 공식(오피셜)의 역할이 중요하네 하는 이야기가 무슨 소용이란 말인가? 더 적극적인 소비와 영향력 확보를 통해 웹툰의 '성장'을 꾀할 수 있는 사람들을 개발하는 걸 전혀 염두에 두지 않아 온 결과 웹툰은 굉장히 위태위태한 영향력을 유지하고 있다.

작가가 무너져도 다 작가 책임이고, 인셀들이 준동해도 어쩔 수 없는 걸 넘어, 이제는 인셀이 만화를 그리는데도 쳐내긴커녕 오히려 스타 대접을 하는 마당이며, 언론에 나오는 뉴스는 작품 이야기는 하나도 없고 상장이니 인수니 하는 게 대부분이다. K-POP은 규모가 중요함에도 불구하고, 곡과 인물을 사랑할 수 있는 요인을 만들어준다는 점에서 웹툰과 확연히 다른 행보를 보여준다. 돌덕(아이돌 덕질하는 이들)과 이들을 상대하는 연예기획사들의 관계성에 비하면, 웹툰을 읽는 이들은 '첫머리에 노출되는 메이저를 파지 않는 이상' 저렇게나 쌓여 있는 분량 속의 읽을 만한 걸 찾다 지쳐 나가떨어질 판이다. 규모를 유지하기 위한 규모 키우기가 어디까지 유효할까는 모르겠지만, 나는 이 업계가 이렇게 매력 없어선 안 된다고 생각한다. 아무리 '만화라서' 보는 사람들을 넘어섰기에 키울 수 있었대도, 이제는 '만화라서' 선택할 사람들을 만들어야 할 때가 아닐까. 웹툰도 좀 덕질 좀 하게 해달라. 제발.

오덕 19

인공지능과 덕질의 상관관계

거세게 들이닥친 인공지능의 시대

 참 뻔한 이야기지만, 난 인공지능(AI)은 언젠가의 먼 이야기인 줄 알았다. 내가 오랜 시간 보아 왔던 많은 작품 속 인공지능은 인간의 명령을 수행하는 충실한 비서거나 노예거나, 또는 친구거나다. 수많은 작품들 속에 등장해 온 인공지능 캐릭터들은 흔히 역사를 소재로 한 작품들이 그러하듯, 미래에 빗대어 지금을 보며 고민점을 던져주는 경우가 많았다. 물론 언젠가는 <공각기동대>처럼 "기업 네트워크가 지구를 뒤덮고, 전자가 보편화되었지만 국가나 민족이 사라져버릴 정도로는 정보화되지 않은 가까운 미래"가 되어 전뇌와 의체가 일반화되고, 프로그램이 "나는 정보의 바다에서 태어난 생명체"라 우기는 때가 올 수도 있을 것이고, <아미테이지 III>마냥 스스로가 기계인 줄도 모르고 감정 교류는 물론 무려 창작 활동을 하기까지 하는 인간형 안드로이드들이나, 임신까지 가능한 안드로이드가 등장해 자기 진화적인 면모를 보일 수 있을지도 모른다- 라고 생각했다.

미래에 등장할 인공지능이 <뽀롱뽀롱 뽀로로>의 로디나 <월E>의 월E처럼 '착하고 자기 할 일에 충실한' 데에 있기만 할까 하면 아무래도 <블레이드 러너> 이래 사이버펑크 장르의 영향 탓에 아니 어쩌면…이라는 우려가 둥실 떠오르고 만다. 내 공돌이로서의 로망이라고 하면 <아이언맨>의 척척이 자비스나 <전격 Z작전>의 키트 정도라고 할까? <사이버 포뮬러> 시리즈의 아스라다도 그렇다. 즉 할 일 확실히 하는 똑똑한 수족 같은 친구들이다. 그래서일까, 은연중에 작품은 작품으로 재밌게 보더라도 현실에서는 너무 인간 같은 애들까진 안 나오면 좋겠다는 심정이, 나만이 아니라 많은 사람들 사이에서 암묵적으로 있지 않았나 싶다. 현실은 이미 많은 영역이 인공지능에 젖어 들어가고 있었지만, 그래도 전화 비서나 추천 정도로도 으음 훌륭해라는 심정이었다.

뭔가 맑은 눈 광인 같은 소피아, 어째서인지 아인슈타인(Albert Einstein)의 머리를 뒤집어썼단 것 자체가 무서운 휴보(Hubo), 무언가 표정이 딱딱한 치히라 카나에(地平かなえ) 같이 기술자들이 자꾸 로봇에 사람 얼굴을 구현하고 인공지능을 통해 사람에 가까운 대화를 가능하게 하려는 시도가 불쾌한 골짜기(언캐니밸리) 논란을 일으키곤 할 때에도, 저 불쾌감도 언젠가는 극복되겠지라는

마음과 어이쿠 일단은 거기까지만- 이라는 심정이 계속해서 교차했다. 알게 모르게 왠지 저 선을 넘으면 안 될 것 같다는 불안감이 있었던 것 같다.

그런데 연구자들은 집요했다. 외양을 인간과 닮게 하면서 자연어로 대화가 가능한 로봇뿐만이 아니라, 인간 같은 결과물을 내어놓는 인공지능들도 눈에 띄게 발전하기 시작한 것이다. 그리고 대망의 2022년, <챗GPT>와 <미드저니(Midjourney)>의 등장은 세상을 문자 그대로 완전히 뒤집어 놓았다.

<챗GPT>와 <미드저니>의 충격

나는 일찍이 프로그램 개발을 하던 사람이고, 한때 기술결정론에 다소 매몰된 시기가 있었다. 웹툰이 IT 이슈와 접목하지 않고는 설명할 수 없는 매체다 보니 기술 발전이 매체 발전을 이끌 것이라고 믿어 의심치 않았다. 문제는 기술'만' 남은 작품들은 많이 알량했다는 점이다. 새로운 기술적 시도를 빌미로 '새 웹툰'을 언어적으로 정의, 규정하려 시도들이 있었지만, 결국 기술만 내세웠지 알맹이는 없다시피한 경우가 많았다. 그래서 어느 사이엔가 만화 앞에 기술을 앞세우는 시도를 매우 경계하게 됐다. 막상 그 기술 해설로 이래저래 불려 다니고 글을 썼던 입장에서는 굉장히 우스운 노릇이지만, 헤게모니 쟁탈전이나 다름없는 '~툰' 라벨링도 한두 번이어야지, 라는 심정이 드니 모든 게 심드렁해졌다. 그런데 <챗GPT>와 <미드저니>는 조금 양상이 달랐다. 알파고가 이세돌에 완승을 거둘 때조차도 "저건 바둑이라는 게임의 룰 안에서니까 가능한 일이지"라는 생각이었는데, 새로 개발된 AI들이 인간의 자연어로 명령을 내리면 그에 맞게 맞장구를 치는 걸 넘어 필요한 정보를 일단 그럴싸하게 내어놓는 걸 보고서는 그야말로 얼이 빠지고 말았다.

인공지능으로 이미지를 처리한다는 개념이 근래 등장한 건 아니지만, <미드저니>가 많이 놀라웠던 건 연구실 바깥에서 자연어로 입력받은 문장을 해석해 그에 부합하려 애쓴(!) 이미지를 '생성'하려 든다는 점과, 그 결과물이 어떻게 봐도 합성사진 같던 과거의 사례들과 달리 지극히 회화스러운 이미지를 작화하듯 보여줬다는 점이다. 사람 손으로 그린 것 같은 이미지를 포토샵 필터 수준이 아니라 정말 지정된 특정 스타일을 살려 그럴싸하게 보여준다는 점에서 <미드저니>는 기술 이슈를 넘어 창작자들의 이슈가 되었다.

<미드저니>는 곧바로 여러 사례를 만들어냈다. 2022년 8월 미국 콜로라도 주립 박람회 미술대회 디지털 아트 부문에서 1위를 한 제임스 앨런의 이미지는 <미드저니>를 활용한 것으로 알려지면서 "부정행위 아니냐"라는 논쟁 한가운데에 서기도 했다. 2022년 9월 15일에는 미국

에서 크리스티나 카쉬타노바(Kris Kashtanova)라는 사람이 <미드저니>로 산출한 이미지로 만든 <새벽의 자리야(Zarya of the Dawn)>라는 만화를 내놓고는 그 저작권을 <미드저니>와의 공동 저작자로 미국 저작권청에 등록하려 들어 화제를 모았다. 결과적으로는 인간이 아닌 <미드저니>의 저작권은 인정되지 않았지만, <미드저니>를 이용한 '만화'의 시도라는 측면에서는 역사에 기록될 만한 행보였다.

곧이어 일본에서도 이듬해인 2023년 3월 9일 루트포트(ROOTPORT)란 사람이 만든 <사이버 펑크 모모타로(サイバーパンク桃太郎)>란 만화가 나왔는데 역시 <미드저니>를 이용했다. 명령어(프롬프트)를 내릴 때마다 달라질 수밖에 없는 이미지 생성 결과물에서 캐릭터가 매 장마다 동일 인물처럼 보이기 위한 균질성을 어떻게 유지할 것인가?와 같은 기본적인 구성 요소 측면에서 <사이버 펑크 모모타로>는 만화의 재미와는 별개로 이런저런 힌트를 제공해 주었다. <미드저니>가 비교적 회화에 바탕을 둔 스타일을 보여주기 때문에 이를 이용한 결과물들도 회화 같은 느낌의 작화가 중심이 되는데, 작화 취향 차이를 좁힐 수 있을까라고 생각한 것도 그야말로 잠시였다. 얼마 안 있어 마치 유행처럼 튀어나온 AI 기반 이미지 생성기들은 그야말로 오덕들 좋아하는 일본 만화, 애니메이션, 라이트노벨 류 그래픽까지도 소화하기 시작한 것이다.

그래픽 쪽이 이렇게 AI로 시끌시끌할 때, 홀연히 등장한 《openAI》의 <챗GPT>는 글 쓰는 사람들을 폭격했다. 단순하지 않은 자연어 문장으로 질의를 던져도 그에 맞춰 대답을 내어놓는 게 일단은 굉장했지만, 사람들을 다 뒤집어 놓는 건 일단 글을 쓰라고 시키니 글을 써서 내놓는다는 점이었다. 추상적 어휘가 지닌 진의를 파악해 그에 맞는 말을 만들어 내는 데에까지는 이르지 못하지만, 일단 양을 채워놓고 참고하게 만드는 선까지는 써먹을 수 있겠다 싶은 문장들을 빠르게 채워놓았다. 여기에 더해 가상 설정 몇 가지를 던져 넣고 어떤 고전 명작이 지닌 기본적인 플롯에 맞춰서 신작의 뼈대를 구성해 보라느니 하는 명령도 '일단'은 실행해 냈다. (일단이라고 전제한 건 정교하게는 아니기 때문이다.)

한데 <챗GPT>는 글쟁이만이 아니라 개발자들 입장에서도 입이 벌어질 만한 짓을 해 주었다. 어떤 어떤 결과물을 내어놓는 어떤 프로그래밍 언어의 코드를 줘 봐, 라고 하면 참고할 만한 코드를 순식간에 던져놓는 것이다. 이를테면 이런 식이다. "구글에서 '만화'라는 키워드를 담은 웹문서 목록을 하루마다 뽑아내는 PHP 코드를 보여줘"라고 하면, 데이터 수집을 위한 프로그램을 짜는 데에 시간을 많이 쓰던 입장에서 완전하진 않아도 참고할 만한 코드를 순식간에 뽑아주는 비서의 등장은 그간 내가 일을 위해 들였던 시간이 무색하게 만들었다.

불과 1년 사이 튀어나온 수많은 시도들

 이 모든 게 갑자기 튀어나온 건 아니다. 일본에서 AI가 소설을 써 문학상 1차 공모를 넘은 것이 2016년이고, 2017년엔 중국에서 AI가 시를 썼다. 당장 러프스케치만 넣어도 만화식 선화를 만들어 주는 기술도 이미 2016년 일본에서 나왔고, 2019년엔 적당히 선 몇 개 그으면 그럴싸한 배경 사진을 만들어 내는 《엔비디아》의 <고갱(GauGAN)>도 나왔다. 2020년엔 고(故) 데즈카 오사무가 그리지 않은 데즈카 오사무의 신작 <파이돈>이 나오기도 했다. 적용 범위를 지엽적으로 보자면, 《셀시스》의 <클립스튜디오>나 네이버 웹툰의 <AI페인터 자동 채색>은 아무렇지도 않게 연구실 바깥으로 나와 쓰이고 있었다.
 그러나 <미드저니>와 <챗GPT>의 무서운 점은 어쩌면 가장 생각하고 싶지 않았던 '인간만 할 수 있다고 여겨온 최후의 보루'라 할 창작의 영역을 지금까지와는 다른 수준과 속도로 눈앞에서 보여주었고, 완전한가 아닌가와는 별개로 이를 접한 모두가 원자력 이전과 이후마냥 이전으로는 돌아갈 수 없게 만들었다는 데에 있다. 2023년에 이르러선 마치 기다렸다는 듯 여러 업체들이 비슷한 성능을 보여주는 거대 언어모델(LLM: Large Language Model) 기반의 인공지능과 이를 이용한 이미지 생성 도구들을 내어놓았다.

만화 쪽에서도 <챗GPT>를 비롯한 대답 생성형 인공지능과 <미드저니> 이후 등장한 이미지 생성기들을 조합해 만화를 만들려는 시도가 진행 중이다. 한국에서도 강동대 김한재 교수의 《ChatGPT로 만화웹툰 제작하기》처럼 인공지능 조합을 통해 만화를 만드는 방법에 대한 책이 출간되었다. 또한 2023년 6월엔 이미지 생성형 AI로 제작한 캐릭터를 <챗GPT>를 이용한 시나리오에 실어 고 데즈카 오사무의 대표작 <블랙잭>의 신작을 발표하고자 하는 '데즈카 2023'이란 프로젝트가 발표되었는데, 이는 고인의 데이터를 습득한 AI와 인간이 협업해 만든 이전작 <파이돈>에 이은 또 다른 시도다. 데즈카 오사무와는 달리 여전히 현역인 한국의 만화가 이현세 선생은 2022년 10월 28일 재담미디어와 손잡고 44년간 제작한 4천 권 분량의 만화를 인공지능에게 학습시켜 신규 이미지를 뽑아내겠다는 내용의 공동기술개발협약을 체결했다. 햇수로는 만 1년여 사이에, '연구'나 '시험' 단계를 넘어서는 상황들이 마구 튀어나오고 있는 셈이다.

생성형 인공지능의 미친 듯한 발전 가도를 보여주는 사례는 바로 <스테이블 디퓨전(Stable Diffusion)>이다. <스테이블 디퓨전>은 오픈 소스로 개발되어 나온 이미지 생성형 인공지능 프로그램으로, PC에 설치해 실행할 수도 있는 데다 적용한 학습 데이터에 따라서 얼마든지 달리 활용할 수 있다는 게 매우 강점이다. 개인용 PC에서 실행하면 그야말로 컴퓨터가 허덕거리다 뻗기 직전에까지 몰린다는 게 어떤 느낌인지를 확인할 수 있을 만큼 큰 컴퓨팅 자원을 필요로 하지만, 소스가 될 만한 이미지나 영상을 입력하고 이를 이용해 활용할 만한 데이터를 뽑아낼 수 있다는 점에 눈독 들인 이들은 애니메이션 제작, 게임 제작 등에서 갖가지 활용 사례들을 뽑아내고 있다.

분명, 인공지능은 시간적인 이익을 주는 물건이다. 그것도 압도적으로 이익을 준다. 창작이 장인의 무언가처럼 오롯이 혼자만의 고뇌와 고통 속에서 길어 올린 세상 유일한 한 장 같은 것이라고 어디에서 수백 년 얼어 있다 막 나온 사람 같은 소리를 할 게 아니라면, 아이디어를 활용 가능한 기초 형태로 구현하고 골라 '참고'할 수 있게 해 주는 AI의 작업이 매우 큰 시간적 이득임을 이해할 수 있을 것이다. 그리고 시간 이득이 곧 비용 이득인 이상 이는 곧 돈과도 직결된다. 정기 연재를 감행해야 하는 만화 등의 대중문화 창작물에서 남을 고용해서 시켜야 하는 작업 상당수를 '지치지 않고 결과물을 빠르게 내놓는 스탭'에게 맡기고 결과물 중에서 참고할 만한 걸 고를 수 있다는 건 많은 비용을 절약할 수 있음을 뜻한다.

생성형 인공지능이 일으킨 논란들

그런데 이렇게 마냥 긍정적인 이야기만 있냐 하면, 전

혀 그렇지 않다. 일단 막상 뽑아놓은 것이 바로 활용할 수 있을 만한 품질이냐 할 때, 반드시 그렇지만은 못하고 사람 손을 여전히 거쳐야 한다는 문제가 있다. 그건 이후로도 마찬가지일 문제이니 차치하자. 가장 큰 문제로는 학습 데이터의 저작권 침해 여부가 있다. 특히 일본 쪽 만화나 라이트노벨 일러스트레이션 작화를 학습한 생성형 인공지능의 데이터는 그 자체로 저작권 문제를 아예 고려하지 않은 상태고, 이것이 또 오픈소스 진영을 통해 유포되기까지 하는 대혼란 양상을 빚고 있다.

여타 이미지 생성형 인공지능들도 이와 같은 문제들을 노출하고 있고, 따라서 자사 스톡 이미지 등 저작권 문제가 없는 화상들로만 학습을 시켰다는 것을 강점으로 내세우는 업체들도 등장하고 있다. 또한 저작권 문제가 해결되지 않은 것으로 보이는 데이터를 바탕으로 한 창작물을 상업적인 공간에서 내어놓을 때 이를 어디까지 인정할 것인가?에 대한 첨예한 충돌도 이어지고 있다. 2023년 3월 <스테이블 디퓨전>을 이용해 실제 연기를 변환하는 방식으로 애니메이션을 만든 Corridor의 사례가 화제에 오른 적이 있는데, 이들이 정작 다른 애니메이션의 그래픽을 허락 없이 학습시켜서 자신들의 영상에 써놓고선 기존 애니메이션 제작이 비민주적이라고 외친 사건은 기술의 성취에 도취되어 다른 걸 생각지 못하는 전형적인 사례를 보여주었다.

한국에서는 이 문제로 말미암은 충돌이 웹툰에서 터졌다. 2023년 5월 22일 네이버 웹툰에 연재를 시작한 <신과 함께 돌아온 기사왕님>이란 웹소설 원작 웹툰이 그것이다. 나는 이 작품 공개 당일엔 수업 준비로 정신이 없다가 다음 날 아침에 알게 됐는데, 강의를 위해 한 대학교에 도착하자마자 선생들과 학생들이 당혹스러워하는 표정으로 웅성거리고 있던 풍경과 맞닥뜨렸다. 그럴 수밖에 없었던 것이, 작품 전체에 인공지능을 적용한 것 '같은' 작품이 한국 대표 웹툰 플랫폼에 떡하니 올라와 있는데, 그게 사실로 밝혀지면 프로도 아마추어도 지망생도 셈법이 굉장히 복잡해지기 때문이다. 커뮤니티에선 이미 작품의 인공지능 사용 혐의들이 돌고 있었는데, 인공지능으로 '생성'한 이미지들에서 보이는 일련의 결손들이 작품에서 보이면 다 의심할 만한 것으로 지목된 셈이다. 배경에서 어색하게 뭉개진 건물 옥상, 일관성 없는 배경이나 악세서리, 손이 사라져 있는 컷 등이 문제점으로 지적되었다. 대놓고 <가디언즈 오브 갤럭시>의 그루트 비슷한 친구가 등장한 것도 문제가 됐다.

물론 약간 억지스럽게 꿰어 맞춰 비판하는 점도 있었으나, 어설픔이 곧 특징인 병맛 따위의 장르가 아닌 이상 스튜디오와 연재처 차원의 검수가 제대로 진행됐다면 나와선 안 될 만한 것들이 너무 많았다. 그러니 문제는 이 만화가 인공지능을 썼어도 "대체 어떤 데이터로 학습해 썼

길래 이 정도 균질성과 연출을 소화할 수 있는가?"가 되고, 아니라면 "대체 네이버 웹툰은 이 엉성함을 왜 검수 안했는가?"가 되는 상황이었다.

그런데 작품을 내어놓은 스튜디오는 하루 만에 일부 장면을 수정하고 "인공지능 생성 이미지를 사용한 건 아님", "3D 모델과 소재를 쓰면서 위화감을 줄이기 위해 인공지능으로 보정을 함", "마무리가 아닌 창작에서는 스튜디오에서 진행", "그루트 비슷한 캐릭터와 더불어 인공지능 보정을 삭제한 버전을 재 업로드"라는 입장을 밝혔다. 즉 공식적인 발표는 '보정'에만 인공지능을 썼다는 것으로, 노출된 문제는 외부 소재를 쓰면서 전체 품질을 제어하는 실력이 없는 작가의 문제였던 셈이며, 결론적으로는 연재작의 품질을 확인한 것인지 바깥에서는 확인 수 없는 네이버 웹툰의 문제기도 했다.

<신과 함께 돌아온 기사왕님>이 논란이 되었던 것은 이것이 국내 가장 큰 웹툰 연재 사이트에서 생성형 인공지능이 쓰였냐 아니냐로 논란이 된 첫 사례라는 점이다. 하지만 인공지능을 썼다 안 썼다의 논란보다는 그 뒤에 숨어 있는 것을 따져볼 필요가 있다. 이 논란 뒤편에 똬리 틀고 있는 것은 일종의 공정 담론 유사품쯤 된다. 해석하면 "기계를 써놓고 같은 돈을 받는가"쯤 될 터인데, 이는 인공지능의 도구화 그 자체를 막을 수 있는 위험이 있다. 물론 저작권 문제를 침해하지 않는 선에서의 '활용' 범위

를 작가와 제작사들이 알아야 하는 건 당연하고, 어디까지가 인공지능인지를 드러내는 것도 당연히 논의할 만하다. 하지만 기계 활용 자체를 부정하는 건 숫제 러다이트 운동인지라 논외일 수밖에 없거니와, 실상 그 뒤에 드러난 분노는 초점이 완전히 다른 데 가 있었다.

일례로 <미드저니>의 충격적인 데뷔(?) 이래로 소셜 네트워크에서는 일러스트레이터의 작품을 인공지능 생성물이라며 의혹제기를 빙자한 몰아세우기로 물의를 빚는 일이 빈번하게 벌어지고 있는 중이다. 역설적이게도 이 일련의 사냥은 끊임없이 예술가들의 순수성과 내 만족을 위한 노예화를 집요하게 요구해 온 덕질의 어두운 면과도 직결되어 있다. <신과 함께 돌아온 기사왕님>의 근래 회차 덧글에는 "그냥 인공지능 돌리고 분량 많아지면 좋겠다" 류의 덧글들이 줄줄 붙었는데, 이 논란의 끝에 남은 것이 무엇인지를 잘 보여준다.

이 부류에게 창작자는 '1) 인간으로서 순수(?)해야 하지만 2) 한편으로는 내가 많이 보기 위한 양을 꾸역꾸역 채워주면 그만'인 대상이다. 웹툰은 주당 70~80컷 올컬러 연재를 암묵적인 표준으로 삼고 있는데, 사실 말도 안 되는 노동량을 필요로 하는 일이다. 이를 기계를 빌려서 한단 것 자체로 화가 난 이가 있는 한편, 무작정 더 늘려서 자신을 즐겁게 해라, 인공지능도 있는데 그걸 왜 못하냐는 입장인 이가 있는 것이다. 이 둘은 완전히 다른 입장인 것 같지만 놀랍게도 한데 뒤섞여 있다. 그 와중에 작품과 업체들이 보여준 문제점들은 이미 묻힌 지 오래다.

뻔한 말이지만, 존중이 없으면 안 된다

 작가의 자격과 분량 문제는 작가와 작품 수를 늘렸다는 것 자체가 자랑이었던 포털 웹툰의 독자가 보여주는 촌극이기도 하지만, 한편으로는 시기를 막론하고 예의를 잃은 감상자가 보여주는 천진한 악의이기도 하며, 좀 더 들어가면 덕질 전반에서 드러나는 문제점이기도 하다. 덕질이란 게 원초적으로는 창작물을 앞에 놓고 시작하는 것인 이상 창작자, 나아가 예술가들의 창작 행위에 대한 존중이 있어야 하는데, 어느 사이엔가 많은 이들이 이러한 존중 자체를 그냥 내려놓았다. 언제부터일까를 따져 묻는 게 무슨 의미가 있을까만, 도서대여점과 불법 스캔본과 불법 다운로드 애니메이션이 있었고 그보다 앞서서는 불법복제 게임과 각종 프로그램들이 있었다. 그리고 그때마다 문제가 제기되면 나오는 이야기들은 언제나 똑같았다. 오만가지 이유로 돈을 낼 만하지 않으니, 나의 저작권 침해/도둑질 행위는 정당하다는 식이다. 시간을 거듭해도 존중을 염두에 두지 않아 생기는 일들은 변하지 않는다.
 당장 '커미션'으로 대표되는 개인 단위 주문 일러스트 시장은 이미지 생성형 인공지능의 등장 이후 눈에 띄게

타격을 입었는데, 그 자체는 세태 속에서 일면 어쩔 수 없을지 모르지만, "당신의 그림체가 마음에 드는데 내가 인공지능에 학습시켜도 되겠습니까? 돈은 드릴 수 없습니다만"이라는 메일이나 메시지를 받는 건 또 완전히 다른 문제다. 게다가 업체 단위가 이런 식으로 나오는 경우도 있어서 논란이 반복되고 있다. 그나마 글월을 보내는 건 딴에는 예의를 차리는 건지도 모르겠지만, 자기 좋아하는 그림체로 자기 원하는 걸 보기 위해 무단으로 학습시키려 드는 이들도 왕왕 있다 보니 소규모 주문 생산 일러스트레이션 시장에서 활동하던 이들은 여러모로 맥이 탁 풀릴 수밖에 없는 상황들이 벌어지고 있다.

게임 쪽 일러스트레이션도 불과 몇 개월 사이에 <스테이블 디퓨전> 등 인공지능을 활용하는 사례가 늘어났는데, 아예 일러스트레이터가 낄 여지가 없을 만큼 똑같은 표정 똑같은 자세 똑같은 몸매의 미녀에게 섹시한 옷을 입힌 일러스트만 배치해놓고 광고하는 것들을 보고 있노라면, 생성형 인공지능의 영리한 활용이 아니라 일러스트레이터라는 직업군과 게이머를 다 얼치기 바보로 안다고밖에 못할 것 같다. 소위 뽕빨 장르로 불리던 일본 R-18 등급 성인용 미소녀 게임들도 이만큼 성의 없고 일말의 고민조차 안 느껴지는 그래픽을 들이대며 사람을 흥분시키려 들지는 않았고, 그렇기에 그 협소하고 괴이한 시장 안에서도 나름대로의 '명작'들이 나오기도 했다.

덕질을 위시한 감상 행위는 그 자체로 깊숙한 욕망의 결과일 수밖에 없고, 그 욕망을 어떻게 채울 것인가가 관건이다. 압도적인 분량을 짧은 시간 안에 맞춰내야 하는 창작자에게 인간으로서의 순수함(?)을 요구하거나, 간편하게 인공지능 이미지로 그 욕망을 채우고 싶은데 그림체는 선택하고 싶어 창작자에게 '제출'을 요구하거나 하는 건 생성형 인공지능 개발진들 상당수가 기술적 성취를 앞세워 저작권을 무시한 것과 거의 동등한 수준의 민폐다. 또한 돈을 아끼며 돈을 벌겠다는 속셈 자체가 콘텐츠의 전부라는 걸 숨기지도 않고 내어놓는 것 또한 민폐다. 결국 거기에서 남는 건 이 정도만 해도 너희는 돈을 쓸 것이라는 인간 혐오뿐이다.

욕망을 채우는 데에도, 문제를 제기하는 데에도, 기술을 이용해 무언가를 만들어 내는 데에도 최소한의 존중이 모두에게 필요하다. 뻔한 이야기임에도 굳이 던져놓는 까닭은 이를 빼놓고는 덕질할 거리는 물론 덕질을 할 수 있는 토양 자체가 무너질 것이기 때문이다. 덕질하는 사람들이 덕질 대상과 그 존립 기반에 대한 몰이해를 보이면 안 되는 까닭이 여기에 있다. "그곳, 모니터 뒤에 사람이 있다"야 말로 생성형 인공지능 시대가 던져주는 중요한 키워드다.

오덕 20

오덕의 연애

[*일러두기] 이번 글에 나오는 '남녀 오덕'이란 말 뒤에는 사실 강력한 성별이분법이 숨어 있어 '남녀' 이외의 성별을 논외로 치게 되는 함정이 있다. 하지만 실제로는 남성 여성이라는 생물학적인 성별 구분만이 아닌 모든 '젠더'가 각자의 오덕질을 한다.

이 글은 내가 아내라는 오덕을 만나 연애를 하게 된 과정에 대해 쓴 것으로, 여기서 나오는 남녀 오덕의 경향이란 남녀라는 생성별 구분에 따라 널리 통용된다고 '간주'되어 온 바에 기인하고 있다. 우리 부부는 헤테로로서 이 구분에 비교적 맞아떨어지는 사람들이고, 이 글은 그에 맞춰 적었다. 그럼에도 젠더 관점에서 보면 일정한(그리고 헤테로인 내가 오롯이 알지 못하는 지점에 대한) 한계가 있음을 고백해둔다.

오덕은 오덕끼리?

 흔히 이런 말이 있다. "오덕은 오덕끼리 연애해야 한다." 이런 말이 나오는 까닭은 오덕질을 비 오덕인들에게 이해받는 게 쉽지 않다는 전제 때문이다. 한데 이 전제를 약간은 다시 생각해 볼 필요가 있다. 단순히 '오덕은 사회성이 떨어지니까 이해를 받기 어렵다'는 그런 단순무식한 도식의 문제가 아니다. 물론 영화를 한 달에 한 편은 고사하고 1년에 한 편 보는 사람이 영화 지식에 천착하는 영화광의 모습을 이해하기란 쉽지 않으며, 아이돌 이름도 모르는 사람이 아이돌 덕질하는 이들이 CD와 굿즈를 넘어 공연까지 섭렵하기 위해 엄청난 돈을 써대는 아이돌 덕질을 이해하긴 쉽지 않을 가능성이 크다.

 하지만 이러한 관심사의 차이는 비단 오덕이라서 문제인 게 아니라 인간이라면 누구나 마찬가지로 겪는 일이다. 그래서 전제를 좀 달리 볼 필요가 있다. 오덕이고 아니고를 떠나, 인간으로서의 매력부터 어필해야 하는데 그게 쉽지 않으니 핑계거리를 대는 것이다. 만화 따위의 비실사 기반 시각문화가 아니더라도, 만나서 내내 영화나 철도 이야기, 전쟁이나 역사, 아이돌 이야기만 늘어놓으면서 남의 대화 타이밍을 다 빼앗는다고 생각해 보자. 그 이야기만 나오면 신나거나, 조금만 무시당했다 생각하면 분노해서 길길이 날뛴다고 생각해 보자.

그건 오덕이라서 그런 게 아니라, 그냥 그 사람이 사회성이 없고 무례하기까지 한 사람이기 때문이다. 그래서 전제를 달리 생각해야 하는 것이다. 내가 좋아하는 분야에 다른 사람들은 나만큼 진지하지 않을 수 있기 때문에, 그런 거 없어도 이야기를 보통 수준으로는 나눌 수 있어야 한다. 또한 세상의 많은 오덕들은 이렇게 하는 게 오덕질에도 유리하다는 걸 잘 알기 때문에 '일코(일반인 코스프레)' 내지는 '숨어서 덕질(숨덕)'이라는 걸 한다(참고로 나는 일반인이라는 표현이 지닌 일말의 배제성 때문에 비 오덕인이라는 표현을 주로 쓰는 편이다). 쓸데없이 욕먹기 귀찮은 부분도 분명히 있겠고, 그럼에도 쓸데없이 비난을 사는 경우가 있겠고, 끝내 이해를 받지 못하는 경우도 있겠지만- 연애는 둘째 치고 적어도 스쳐 지나가는 사람 이상의 관계로 발전하기 위해서는 자기 취향에 관해 상대를 향해 품는 기대치 자체를 조금은 내려놓을 필요가 있다.

물론 상대 또한 최소한의 예를 갖출 준비는 해야 하겠지만, 이쪽이 오덕이고 상대가 비 오덕인임이 확실해 보인다면, '그럼에도' 나에게 호감을 품게 만들 무언가를 만드는 게 우선이다. 내가 상대의 덕질에 접근하든지, 아니면 취향 존중을 받는 데에까지 설득을 해 나가든지, 그도 저도 아니면 철저히 '일코', '숨덕'을 하든지다. 그 자체도 괴롭긴 하다. 어떤 이는 직업이 이쪽인데 오덕 물품을 구입하는 일 자체를 도무지 이해받지 못하기도 하고 게임 좀 할라치면 혐오스럽다는 반응을 얻기도 한다. 이렇게까지 취향 하나 인정받기가 어려운가 하는 자괴감이 들 때면 역시 오덕은 오덕끼리 만나야 하는가 하는 생각도 든다. 그런데 그게 말처럼 쉬울까? 원래 아는 놈이 더 한 법이다.

의외로 서로 이해하기 어려운 남녀 오덕

일단 먼저 오해부터 풀고 보자. 오덕에 관해 가장 널리 알려진 오해는 오덕=남자라는 것이다. 하지만 여성도 오덕질을 한다. 여성들의 경우는 과거엔 BL(Boys' Love) 장르를 주로 즐기거나 이를 주종목으로 한 아마추어 동인지를 내며 동인녀, 나아가 '부녀자(腐女子)' 즉 뇌가 썩은 여자라는 자조적 표현을 쓰곤 했고, 그 이외에도 최근엔 GL(Girls' Love)로 불리는 백합이나 로맨스 장르를 주로 즐기는 편이다. 반면 남성은 주로 대체역사, 전쟁, 미소녀 러브코미디를 즐기는 편이다. 그렇기에 남녀 양쪽에게 다른 관점에서 해석되며 소비될 수 있는 작품이야말로 매우 대중적인 인기를 끈 작품이라 할 수 있다. 대체로는 그렇기보다 남성향과 여성향이 명확히 갈리는 편이고, 남녀 오덕은 각기 익숙한 도식에 충실한 작품을 깊숙이 소비하며 시장 속에서의 장르적 특성을 구축하는 데에 기여한다.

 그러니 오덕이 오덕을 만나서 연애를 할 수 있다면 꽤 이상적일 듯하지만 사실 그렇지만도 못한 게, 남자 오덕과 여자 오덕이 주로 탐하는 바 자체가 굉장히 먼 거리에 있다. 그 사이의 라그랑주 포인트를 찾는단 것 자체가 실로 어렵디 어려울 수밖에 없다. 남성 오덕들은 대체로 즉물적으로 드러나 있는 지점에 천착한다면, 여성은 사람과 사람 사이의 관계 도식을 설정하고 해석하는 데에서 재미를 느낀다. 오덕은 오덕끼리 만나야 좋다지만, "오덕남녀는 서로를 죽어도 이해 못한다.". 서로의 덕질을 이해하기란 정말 쉬운 일이 아니기 때문이다.

 남성 오덕들은 캐릭터 디자인에서부터 즉물적으로 반응한다. 모에(萌え)로 대표되는 조립식 성적 취향 코드가 그러하듯 캐릭터의 성격부터 지향점까지 모든 것이 한눈에 보여야 그 다음 단계로 진입할 수 있다. 힘과 권력을 '나'(또는 내가 이입한 대상)가 어떻게 휘두르느냐로 세상이 움직이는 데에 몰입하며 이를 가능케 하는 장르 - 이세계 모험 또는 대체 역사 등의 스토리를 즐긴다. 반면에 많은 여성들은 사람과의 미세한 관계가 어떻게 흘러가는가에 집중한다. 여성들이 BL을 좋아하는 까닭은 묘사되는 성별 면에서 임신 가능성을 생각하지 않을 수 있기에 심리적으로 비교적 '안전'하게 관전할 수 있기 때문이기도 하지만, 다른 한편으로 공과 수라는 역할로 대상의 관

계와 위상을 놓는 역할극을 타자화할 수 있기 때문이다. BL이나 GL이 실 동성애자들의 성을 다룬 퀴어와는 경계가 다소 모호해져 가면서도 본질적으로는 다른 지점에 놓이는 까닭이 여기에 있다. 일부 남성들이 BL과 GL 등 여성향을, 일부 여성들이 밀리터리를 비롯한 남성향을 즐기거나 창작하기도 하지만 대체로 양쪽의 거리는 상당히 멀다.

많은 경우 남자 오덕과 여자 오덕은 서로의 취향을 잘 이해하지 못한다. "남자들은 왜 다 얼굴 어려 보이는데 가슴은 큰 여자애들만 좋아해? 변태들이야?", "여자들은 왜 남자들 접붙여놓는 것만 좋아해? 변태들이야?" 식이다. 각자를 '변태'라 공격하는 말이 지니고 있는 몰이해나 오해도 문제지만 서로의 간극을 좁히기에는 성별 간 주요 장르 자체가 너무 먼 거리에 놓여 있다. 오덕질이라는 큰 틀에서 보자면 행태 면에서 다르지 않지만 안쪽으로 들어가면 굉장히 큰 차이가 있는 층위가 겹겹이 쌓여 있다. 이를 '취향입니다, 존중해주십시오'라는 말로 뭉뚱그리기는 쉽지 않다. 몰라서라기보다는 어느 정도 서로의 존재와 성향을 알고 있기 때문이다. 양쪽이 지니고 있는 취향 문화의 근저에는 다양한 사회적 맥락과 분석할 지점들이 있지만, 그걸 납득하기에는 용납이 잘 안 된다. 어떤 면에서 보자면 동족상잔의 비극이다.

오덕 커플의 시작

 상황이 이러다 보니 사람들에게 매우 자주 듣는 질문 가운데 하나가 이거다. "(부인을) 어떻게 만나셨어요?" 남의 연애담이 궁금하기도 하겠지만, 무엇보다도 '오덕은 오덕끼리 만나야 한다'라는 사례 가운데 하나여서기도 할 터다. 아내는 만화가 지망생이었고, 만화가 어시스턴트를 했으며, 동인지를 내기도 했던 동인녀, 즉 여성 오덕이다.

 나와 아내는 아마추어 만화인들이 모여 동인지를 사고파는 행사장에서 판매자와 구매자+취재자로 처음 조우했다. 내 첫인상은 본의와는 달리 꽤 쌀쌀맞았던 모양이지만(?) 이후 인연이 이어지면서 연애로 연결되었고 훗날 혼인으로도 연결되었다. 내가 고시원을 벗어나 처음으로 원룸을 잡아 옮겼을 때 《만화인》 사람들을 초대해 집들이를 했고 아내는 그때 찾아와 준 사람 중 한 명이었는데, 같이 와 주었던 이들에겐 미안하지만 나는 이 사람만 자꾸 눈에 들어왔었다. 이후 내 고백과 프로포즈 모두 실로 어설프고 엉망진창에 가까웠기 때문에 죽을 때까지 놀림감이 될 마당이긴 하지만, 그럼에도 과정마다 수락해줬다는 건 어찌 됐든 내가 싫지는 않았으니까, 라 하겠다.

 당시 연애를 시작하고 곧 맞이한 만우절에 연애 시작한다고 글을 올렸더랬는데, 으레 저지르는 만우절 장난인 줄 알았던 지인들이 만우절 지나자마자 "그게 거짓말이 아니었습니다"라 밝히니 그야말로 혼란의 도가니에 빠졌다. 네가 연애라니!라는 것 자체도 당황스러운 일이지만 무엇보다도 저런 오덕 중에서도 상 오덕에 해당할 인간을 데려갈 사람이 있단 말인가- 에 가까웠으리라. 혼인을 해 애를 낳은 지금까지도 종종 받는 연애 스토리 질문은 흔히 사람들 사이에서 도는 연애담 질문과는 조금 궤를 달리 한다. 말인즉 '오덕인 네가' 어떻게 연애를 해서 혼인에까지 이르렀느냐는 질문에 가깝다. 아내랑 동인지 판매장에서 만났다고 하면 "아~"라는 반응이 돌아오지만 그 다음에는 십중팔구 당혹해 하는 반응이 이어진다. "동인녀였다고?" 오덕 바닥을 아는 사람이기에 나오는 이 반응의 정체를 거칠게 정리하면 이거다. "아니 여자 오덕이 남자 오덕을 받아들여서 혼인까지 했단 말이야?"

혼인까지 한 사이에 새삼스러운 일이지만 우리 둘은 은연중에 공통점이 많다. 오덕인 건 큰 틀에서 당연히 겹치지만, 연애를 해놓고 보니 아버지끼리 옆 동네 살던 동향 사람이었으며, 나이 차가 아주 약간 있지만 성장 과정에서 덕질을 위해 가족들의 시선을 무릅쓰고 들였던 노력의 행태라든지 등이 크게 다르지 않았다. 서울과 거리가 있던 지역에 살았던 나보다 아내가 조금 더 용산이나 여의도 등지에 접근하기 좋았다는 것 정도의 차이는 있겠다.

물론 작품 취향이 다소 갈리는 부분은 있는데, 그게 단순히 BL와 미소녀 같은 문제는 아니었다. 미소녀 좋아하는 씹덕이라는 오해를 많이 받긴 하지만 내가 좋아하는 건 역사 소재인 경우가 많고 아내는 오히려 소녀소녀한 쪽보다는 독특하고 강렬한 개성을 지닌 여성 만화가들의 작품을 주로 읽는다. 한창 국내에 출간되는 만화 잡지를 거의 다 사다 쟁여놓고 읽던 입장에서 오히려 순정만화 쪽이 더 취향인 경우가 많았고 심지어 BL물 분석 같은 글을 의뢰받는 경우까지 있으니, 내게 남성향 여성향의 구분은 크게 의미가 없고 다만 힘겨워하는 장르가 몇 있을 뿐이다. 이건 아내도 마찬가지여서, 역사 소재에는 다소 난감해 하지만 소녀들이 흔히 변신미소녀 장르를 보고 있을 때 용자물에 빠져 지냈다고 한다. 반면 내가 저어하는 장르는 BL이 아니라 오히려 피칠갑이 곧잘 나오는 추리나 스릴러, 공포 쪽인데 공교롭게도 아내는 이쪽을 좋아한다.

돌이켜 보면 심지어 나와 처음 연이 닿았던 행사장에서 팔고 있었던 동인지의 원작은 서울무비에서 제작한 국산 애니메이션 <바다의 전설 장보고>였다. 작중 두 남자 주인공이 커플링하기 좋은 구색을 갖추긴 했지만 당시만 해도 다들 애니메이션 하면 일본 거지 하던 당시에 덜 알려진 작품의 캐릭터로 책까지 낼 정도였던 사람이다. 나는 또 당시에 국산 애니메이션을 좀 더 부각시키고 싶다는 마음으로 이런저런 활동을 펼치기도 했으니, 나름대로 접점이 있었던 셈이다. 그 접점이 우리에겐 인연이 되었다.

오덕 연애의 전제조건

 결국 남녀별 오덕이 칼 같이 나뉘기 쉬운 장르적 취향 차가 존재하는 건 일정 부분 사실이긴 하지만, 그 사이의 접점과 공통점을 찾을 수 있는 상대는 있다. 그리고 "그런 걸 어떻게 봐?"라는 말을 하지 않을 수만 있다면, 서로의 마음이 닿을 여지는 있다. 지금까지 지켜본 바로 남녀 오덕끼리 연결되기 어렵다면, 보통 그 지점에서 전혀 이해할 생각이 없기 때문이다. 이건 좀 내가 보기 어렵겠다 정도면 족할 걸 그런 걸 어떻게 보냐며 고개를 돌린 순간 상대는 마음 속 깊이 좋아하는 장르를 통째로 부정당하게 된다. 그리고 그건 반대편도 마찬가지일 터다. 나와 아내도 사람인지라 부딪치는 일 많지만 지금까지 좋아하는 작품의 장르나 성향으로 부딪친 적은 단 한 번도 없다.

 장르가 지니고 있는 '문제점'에 관한 문제 제기는 당연히 가능한 일이다. 일례로 모에 계열 미소녀 캐릭터를 표현하는 데에 여성들이 불쾌해하는 건 단순히 "여자 몸이 현실적이지 않다"만은 아니다. 그런 문제기만 하다면 어디 BL은 현실적이던가? 취향별로 코드화한 신체 부위나 소품을 얼기설기 얽어놓고 '여자다'라고 말하는 게 모에의 한계선인데, 심지어 그럴싸한 이야기로 포장조차 안 하고 오로지 여자를 부위별로 늘어놓고 즐기려고만 하는 작품이 적잖다. 이런 부분들에 관한 비판점들을 수용하면서 '그럼에도' 누구나 일정 부분 지니고 있는 페티쉬나 취향을 서로 간에 인정할 수 있다면 완전한 이해는 못할지언정 얼마든지 공존할 수 있다.

  문제는 공존을 위한 이해나 일말의 공감 자체를 안 하려는 태도에 있겠고, 그 태도를 꺾지 않는 경우에 있겠다. 오덕과 비 오덕은 말할 것도 없지만, 오덕과 오덕의 조합이라고 한들 이래서는 혼인은커녕 커플이 되기도 어렵다. 이미 혼인까지 한 입장에서 여기에 한 마디만 자신 있게 덧붙여두고자 한다. 오덕이면 뭐 어떤가? 생판 남 앞에서 나 좋아하는 거 이야기만 목소리 높여 이야기하는 주제에 제지당하면 무시당했다고 화내는 민폐만 안 끼치면 되고, 대부분은 이 정도 사회성은 있다. 유난히 과대표되는 부류가 있을 뿐. 그러나 굳이 그걸 넘어 내게 이성이 왜 없을까를 고민하려 한다면, 그걸 넘어 왜 오덕 이성이 내 앞에 없을까를 고민하고 있다면- 하다못해 기어이 오타쿠 커플이 탄생하는 <현시연> 같은 작품이라도 봐라. 그 친구들도 연애를 하고 있잖은가? 될 놈은 되고, 할 놈은 한다.

오덕 21

CLAMP, 이 죄 많은 사람들 같으니!

CLAMP(클램프)라는 그룹이 있다. 멋모르는 사람이 들으면 아이돌 그룹인가 할 이 이름은, 일본에서도 유래를 찾기 어려울 만큼 오랜 기간 결속을 이어오고 있는 한 여성 만화 창작 그룹을 가리킨다. 대표작으로 꼽는 작품이 있다면 <성전 - RG VEDA>, <동경 바빌론>, <X>, <마법기사 레이어스>, <카드캡터 사쿠라>, <쵸비츠>, <엔젤릭 레이어> 그리고 CLAMP 세계관의 평행 우주와도 같은 작품이라 할 <츠바사>가 있는데 물경 1980년대부터 활동을 이어 오고 있는 이들답게 주로 보고 즐겼던 작품이 무엇인가에 따라서 독자의 세대를 가늠할 수 있을 정도다.

CLAMP는 '대단한' 그룹이다. 무엇보다도 그 긴 시간에 걸쳐 초기에 정착한 일원들을 고스란히 유지하며 창작 그룹을 유지해 오고 있다는 것만으로도 -일원 가운데 셋이 고교 동창 관계임을 차치하더라도- 실로 굉장하다. 그런데 그 긴 커리어 속에서 만들어낸 작품들을 보고 있자면 진정 무시무시한 점은 오랜 결속만이 아님을 알 수 있다. 만화 제작 공정에서 작품의 특성마다 필요한 부분을 각자 달리 맡을 만큼 유연하고 다양한 대응을 꾀하는 한편, 대표작이라 할 작품들의 장르도 죄 제각기다. 여성 작가들이 그리는 만화 장르라고 '소녀 만화'라고 단순하게 규정할 수도 없거니와, 야오이(BL)는 물론 거대로봇에서 변신 미소녀에 액션 피규어와 인공지능(AI)에 러브돌까지, 가져다 쓸 수 있는 설정이라면 거침없이 가져다 쓰는 확장성(?)은 여타 창작자들이 쉬 손대기 어려운 경지다.

  그런데 더 무서운 건 이들이 시대적 트렌드에 지극히 기민하게 대응한 전략적인 창작자였다는 점이고, 또 한편으로 그 트렌드에서 사람들의 적나라한 욕망의 극단에 해당하는 지점을 아닌 척 깊숙하게 찌를 줄 안다는 데에 있었다. 버블 경기 끝물에 다다르고 있던 일본 사회의 무너져가는 일면을 바빌론에 비유해 사회비판적 메시지와 야오이 코드를 진하게 섞어놓은 <동경 바빌론>이나, 세기말로 향하고 있던 시기의 분위기를 고스란히 농축해 담아낸 <X>의 독특한 분위기는 1990년대라는 시대 배경이 없이 설명할 수 없던 무언가였고, 이세계에 전이한 변신 미소녀와 거대 로봇의 유기적 결합이라는 놀라운 일을 해낸(?) <마법기사 레이어스>는 CLAMP의 독자층이 여성만이 아닐 수 있음을 보여준 사례였다.

<포켓몬스터> 열풍과 함께 벌어진 이계 몬스터 사냥(?) 열풍과 결을 같이 하는 <카드캡터 사쿠라>(국내명 <카드캡터 체리>)는 초등학생인 주인공이 변신할 때마다 부잣집 딸인 친구가 옷을 지어다 갈아입히면서 합법 도촬(?)을 감행, 반 친구 중 하나는 선생님과 연애를 하기까지 한다. 원거리 무선으로 조종하는 액션 피규어 배틀을 담은 <엔젤릭 레이어>는 배틀 액션의 또 다른 틀을 보여주었고, AI와 인간 사이의 관계에 관한 질문을 던지는 <쵸비츠>는 인간형 컴퓨터가 발달한 시대에 남자 주인공이 미소녀 컴퓨터를 주워 오면서 시작하는데 컴퓨터의 가동 스위치가 음부에 있다(!).

이렇게 하나하나 따져 보고 있노라면, CLAMP는 정말 위험천만한 설정들을 숱하게 집어넣어 버무려 놓고 있다. 절묘하고 교묘하게 피해 가는 영리함도 보인다. 언급한 위험 요소들 대부분이 그 자체에 시선을 집중시키는 자극 요소로 천착하기보다 양념으로 쓰이고, 그러면서도 논란이 될 만한 이야기들은 어? 하는 사이에 넘어가기 십상이다. 보고 나서 돌이켜 생각해 보면 기함할 법한 설정들 투성이인데 이미 시간은 한참 지난 뒤다. 이렇게 욕망과 환상의 폭주기관차 같은 작품들의 수가 늘어나자 CLAMP는 아예 그 작품들의 설정을 얽어다 <CLAMP in Wonderland>라는 팬서비스 뮤직비디오를 만들었다. 여기서 더 나아가 <츠바사>로 아예 새로운 세계관 안에 지

금까지 만든 캐릭터들을 죄 몰아넣고 버무리는, 지금으로 치면 '대혼돈의 올스타 멀티버스 쇼' 같은 짓까지 해냈으니 시대와 세대를 거듭하며 CLAMP 작품을 읽었던 이들은 그 캐릭터들의 대환장 파티 안에서 헤어 나오기가 쉽지 않다.

이는 단순히 작품의 세계관을 연결하는 수준을 훨씬 뛰어넘는 짓이었기 때문에 각 작품의 오랜 팬들과 신규 팬들 모두 비명을 질러가며 해당 작품에 빠져들었다. 그나마 <츠바사> 이후로는 신규 작품으로 활발한 활동을 보이지는 못하고 있는 게 다행(?)이라면 다행이라고 해야 하나. 여러모로 심장에 무리를 주는 그룹임은 분명하다. 아아 이 얼마나 죄 많은 인간들인지! 적어도 1990년대와 2000년대 초중반까지 한국과 일본에서 만화 깨나 읽었다는 사람 치고 깊든 얕든 CLAMP가 만들어온 자장 아래에 놓이지 않은 사람 따위는 없었다 해도 과언이 아니다. 작품의 소재나 내용, 전개 방식에 동의를 하든 안 하든, CLAMP의 족적은 수많은 청소년들에게 강한 흔적을 남겼다. 그 청소년 중 하나에는 당연히 나도 포함돼 있었다.

이름마저 바쳤던(?) 내 치열한 CLAMP 덕질

CLAMP 작품은 상당히 많지만, 그 가운데에서 내가 가장 좋아한 작품이 무엇이냐 묻는다면 <동경 바빌론>이다.

이 작품은 정말 내 만화 인생에 떼어 놓으려야 떼어 놓을 수 없다. 나는 이 작품을 해적판 단행본으로 처음 접했는데, 표지는 <바빌론>이라 적혀 있었지만 내지에 적힌 제목은 무려 <서울 바빌론>이었다. 제목에서 보이듯 이때 당시 캐릭터 이름이 한국식으로 바뀌어 있었다. 스메라기 스바루는 '황찬규', 그리고 사쿠라즈카 세이시로는 '장준휘'. 스바루의 누나인 스메라기 호쿠토는 '황홍도'였다. <슬램덩크>의 사례를 보듯 일본 만화나 애니메이션의 캐릭터 이름을 한국식 이름으로 바꾸는 경우가 드물지 않았던 때지만, 어쨌든 이름이 또 그럴싸하게 멋있었던 게 포인트다. 물론 이름 말고 다른 부분의 현지화는 다소 난감한 부분이 있기는 했다. 이를테면 일본식 음양술사인 스바루가 외는 진언은 졸지에 "건곤감리 건곤감리…."가 돼 있었고, 할머니는 대놓고 기모노를 입고 있다.

어쨌든 세기말로 향해 가던 시기에 성장기가 걸쳐 있던 청소년에게 <동경 바빌론>이 끼친 영향은 이루 말할 수 없었다. <카드캡터 사쿠라>에서는 주인공 사쿠라 곁에서 토모요라는 도촬 소녀가 코스튬을 무한 제공(?)했는데, <동경 바빌론>에서는 그걸 주인공의 쌍둥이 누나인 호쿠토가 했다. 솜씨와 눈썰미 좋은 누나 덕에 스바루는 늘 화보에서 튀어나올 듯한 미모와 스타일리시한 옷차림을 자랑하는 미소년이었다. 그리고 그 모든 코디를 완성하는 키포인트는 가죽 장갑. 모종의 이유(?)로 맨손을 가려야 하는 주술적 핸디캡을 코디로 승화하는 콘셉트였다. 내가 스바루만큼의 미모를 지니지는 못했고 당시 중고교생이어서 머리를 마음대로 기를 수 있는 입장도 아니었지만 가죽 장갑만큼은 낄 수 있었다. 덕분에 날씨가 조금만 차가워지면 가죽 장갑을 끼고 다니며 나름의 콘셉트 덕질(?)을 소화했고, 머리를 기를 수 있는 20대가 되면서부터는 헤어스타일도 슬그머니 따라하는 만용(?)을 부렸더랬다. 그나마 다행인 건 이 시기의 사진이 거의 안 남아 있다. 디지털 카메라를 2002년에야 처음 산 보람이 있는 대목이다.

그런데 개중에 내 <동경 바빌론> 덕질의 극단을 달린 건 다름 아닌 이름이다. 주인공의 한국식 이름인 황찬규와 장준휘에서 한 글자씩 따서 필명을 지었다. 내 본명은 '임채진'인데, 이름이 싫어서 필명을 쓰는 것은 아니고 본명을 감춘 적도 없지만 글 쓸 때에는 좀 다른 감각으로 쓸 수 있으면 좋겠다고 생각했다. 한창 프로그래밍하는 문학소년이었던 내 감수성 속에서 필명은 무언가 스위치 같은 역할을 했다. 성씨는 받침 없는 성 가운데에서 가장 무난해 보이는 걸 골랐고, 거기에 빛날 찬(燦) 대장 기 휘(麾)자를 써서 빛나는 대장기라는 뜻을 붙였다. 당시는 필명이나 예명을 지을 때 일본 문화 쪽에서 유래한 이름을 짓는 경우가 왕왕 있었는데, 나도 일본만화에서 온 이름이긴 하지만 우리나라에서 쓰일 법한 이름을 붙이자는 생각을 했던 셈이다. 막상 '찬휘'라 이름을 지어놓고 보니 참 좋았는데, 얼마 지나지 않아 가수 소찬휘 씨가 등장하면서 그 가수 따라했느냐는 질문이 나를 처음 본 사람들의 단골 멘트가 되고 말았다. 그분 또한 노래 솔찬히 잘 한다 해서 붙인 예명이라는데, 나도 이미 쓰기 시작한 이름인지라 무를 수는 없었다. 인지도 차이가 날 수밖에 없다지만 많이 억울하다.

어쨌든 이 모든 게 <동경 바빌론>이 국내에 다 소개되지 않았던 시기(CLAMP 작품이 한국에 정식으로 소개되기 시작한 시기는 공식적으로는 1997년이다)의 일이었으나, 막상 극이 마지막으로 다가가면서 받았던 충격은 작품을 본 사람들이라면 누구나 느낄 수 있을 만큼 컸다. 모두 다 사춘기의 홍역 같은 작품이 한둘쯤은 있게 마련이지만, 내겐 이제 본명만큼이나 오래 쓴 '이름'으로까지 남은 작품이 이렇게나 절절하고 고통스러운 장면을 선사했으니 이 또한 덕질이 줄 수 있는 괴상망측한 애증과 잔재미가 아닐는지. 그런데 정작 <동경 바빌론>의 두 주인공은 <X>의 극장판 애니메이션에서 문자 그대로 반찬 취급이나 당했다. 서글픈 일이다.

여담이지만 혼인하고 나서 알게 된 사실은 아내도 <동경 바빌론>에 꽤나 거세게 치였던 사람이었단 점이다. 결국 혼인쯤 하려면 비슷한 부분이 있을 수밖에 없다는 평범한 진리를 깨닫게 된다.

CLAMP 이 지독한 사람들아

 본래 CLAMP는 명실상부 신비주의 그룹(?)이었다. 그냥 들으면 무슨 아이돌 그룹 같은 이름인데, 실제로 일본에서조차 얼굴을 본 이가 거의 없다 할 만큼 실체를 꽁꽁 숨기고 있는 사람들이었다. 그러던 CLAMP가 본격적으로 모습을 드러낸 건 공교롭게도 한국이었다. 일본에서도 정체를 잘 모르던 마당에 4인 체제가 된 이래로는 바쁘다는 이유로 해외여행도 단 한 번도 안 했던 이들이었는데, 2006년 SICAF(서울국제만화애니메이션페스티벌)에 초대받은 일을 계기로 일본 바깥으로 나선 것이다.

 당시는 CLAMP가 오래도록 써 왔던 필명을 조금씩 바꾸는 등 본인들의 활동에 무언가 변화를 주던 시기였다. 이 시기 즈음해 방송에도 출연하는 한편 해외 사인회를 개최하기로 했는데, 그 해외 기자회견 및 사인회의 첫 사례가 한국에서 열린 SICAF였다. 2006년 5월 26일 17시 서울 남산의 신라호텔 오키드홀에서 열린 CLAMP 방한 기자회견은 필명부터 그들의 작품(비록 해적판이었지만)에 영향을 받았던 내 입장에서 안 갈 수 없는 행사였다. 무엇보다 그들의 모습을 직접 눈으로 확인하고 렌즈에 담을 수 있는 기회였기에, 당시 지역민으로서 말도 안 되는 일정과 이동 거리를 감수해야 했음에도 안 움직일 수 없었다.

기자회견 자체는 오늘 입고 온 옷차림 콘셉트가 뭐냐를 묻는 기자가 있는 등 다소 싱거운 분위기가 연출되기도 했지만, 일단 그날의 관건은 눈앞에 그 CLAMP가 진짜로 서 있었다는 점이었다. 적어도 한국의 CLAMP 팬들에게 이때의 내한은 TV 출연 거의 안 하는 유명 팝그룹이 갑자기 결정한 내한 공연과도 같은 충격(?)이 있었다. 이전 이후로 일본 만화가의 내한이 없었던 건 아니었으나, CLAMP라는 존재는 (나는 물론이거니와) 그들의 작품에 이래저래 치였던 이들에겐 특별할 수밖에 없었다. 오랜 시간 만화 관련한 글을 쓰면서 일로 작가들을 만난 게 적은 편은 아님에도, 단독 인터뷰도 아니었던 CLAMP와의 기자회견이 유난히 기억에 남는 데에는 그런 이유가 있다. 심지어는 숱한 작품들을 통해 누적되어 온 충격과 공포(?)가 내 필명 이름자와 함께 아로새겨지기도 했던 터. 앞으로도 수많은 만화를 읽겠지만, CLAMP만큼 가슴 깊숙하게 박힐 작가명이 또 있을는지는 모르겠다. 그리고 나는 계속해서 그들의 모습이 담긴 사진을 꺼내 보면서 울부짖겠지. 아 이 지독한 사람들아. 꼭 스바루를 그렇게나 고통스럽게 했어야만 했나.

오덕 22

비수도권에서 덕질하기

　나는 나기만 서울에서 났을 뿐 대부분의 성장기를 충청남도에서 보냈다. 아주 어렸을 적 인천과 경기도 부천에 잠시 있었을 뿐, 유치원과 초등학교는 예산에서 다녔고 초등학교 6학년부터 대학교까지를 모두 천안에서 다녔다. 말씨에 사투리가 그다지 없을 뿐이지 나는 그냥 충청도 사람이었고, 그 가운데에서도 천안 사람으로서 오랜 시간을 보냈다.
　이 작은 나라에 지역 차이가 난다면 얼마나 날까 싶지만, 의외로 지역마다 많은 문화적 차이가 있기도 하다. 내가 주로 자랐던 곳인 천안 이야기를 좀 해 보자면, 천안 삼거리라는 공간에서 보이듯 남쪽의 다른 지역으로 가기 위한 갈림길 역할을 하던 곳이다. 지금은 인구가 많이 늘어 상당히 큰 도시가 됐지만 내가 살던 때만 해도 충청남도권에서나 큰 도시였지 인구 수로 볼 때 그리 크진 않아 인구를 늘려야 한다는 운동을 지역 차원에서 벌이기도 하던 곳이었더랬다. 지금은 내가 있던 때의 동이 나뉘다 못해 아예 동이 늘어나 구로 묶이기도 하는 등 매우 커졌지만, 그땐 작았다. 그리고 그 작은 도시가 충남권에서는 그래도 큰 축에 속했다.

내 대에 하필 비평준화라는 대참사가 벌어진 탓도 있지만, 애들 속을 아는지 모르는지 충청권의 어른들은 자신의 자녀들을 천안 쪽 학교로 '유학'을 보내어 서울로 '올라가길' 바랐다. 애초에 지역 사이에 뭔 올라가고 내려가고의 구분 자체가 우습지만, 사람들은 정말로 문자 그대로 올려 보내는 게 최선이고 내려오면 비참한 것이었던 20세기를 꾸역꾸역 거쳐 왔다. 천안은 독립 운동 정도 아니면 챙길만한 문화유산이 없어 현대에 와서 만들어진 전통(?)이 대부분인 도시다 보니, 문화적 자산을 챙기기도 어렵고 서울 쪽 문물이 속도감 있게 전파되기도 어려운 곳이었다. 초고속 인터넷이 지금 같지 않던 때고, 지금처럼 수도권 전철 1호선이 지나가던 때도 아니었으니 더욱 그러하다.

그 와중에도 천안은 충청남도 동북부 끝자락에 자리해 "(그래도) 우리는 수도권"이라는 인식을 지니고 있던 곳이었다. 한편으로는 이러나저러나 정주하는 공간이라는 인식이 적은 곳이기도 했다. 천안 터미널의 대형차 뒤축을 쌓아 만든 조형물 '수백만 마일'을 계기로 나는《나의 만화유산 답사기》를 쓰기도 했었는데, 이 조형물이 오래도록 천안의 랜드마크였다는 사실은 많은 점을 시사한다.

천안은 거쳐 가는 도시 역할을 하는 곳이었고, 도시 인프라 또한 교육 도시라는 명분 아래 서울로 '올라갈' 학생들을 키워내는 곳이자, 서울에서 '내려온' 학생들을 데리고 있다가 다시 '올려 보내는' 곳이기도 했다. 일례로 내가 다녔던 대학교는 수업이 끝나면 학교에 남아 있는 경우가 거의 없었고, 모임도 서울에서 열기 일쑤였을 정도다. 고등학교는 어떨까. 내가 다녔던 곳은 교장이 학생들을 모아 놓고 서울로 - 특히 SKY로 안 가면 쓰레기라는 말을 할 정도였을 만큼 입시명문(?)을 표방하는 곳이었고, 표방한 슬로건답게 선생도 학생도 폭력을 행사하는 데에 능했던 곳이었다.

서울 공화국의 지역 오덕

 천안이란 도시에 대해 구구절절 이야기한 건 내가 살았기 때문이기도 하지만, 굳이 이야기하자면 이 도시가 어떤 종류의 '모델'로 삼기가 딱 좋기 때문이기도 하다. 우리나라는 서울 공화국이라는 표현이 말해주듯 많은 것이 서울을 중심으로 돌아간다. 오덕들의 문화도 마찬가지다. 일본 쪽에서 지리적으로 가깝고 항구를 끼고 있는 부산 정도가 조금 다르고, 광역시 단위가 조금 다를 뿐, 오덕 문화는 서울을 통해 퍼져 나갔다. 서울 가운데에서도 전자 기기들이 판매되는 곳을 중심으로 트렌드가 형성되게 마련이었다.

 오덕들 가운데에서도 1세대들에겐 세운전자상가와 명동의 회현상가가, 2세대들에겐 용산전자상가가 추억의 장소로 자리 잡은 까닭이 다른 데 있지 않았다. 조금 더 지나가면 홍대가 그러했다. 무언들 안 그럴까. 악기를 다루는 이들에게 종로의 낙원상가가 그 역할을 하듯이 우리의 문화적 저변은 그 뿌리를 서울에 두고 있었고, 그곳에서 지역으로 퍼져나갔다. 오덕문화는 불법이든 합법이든 결국은 그런 몇몇 포인트들을 통해 퍼져 나갔고, 마이너리티 특유의 힙함으로 받아들여지며 점조직처럼 다시 복제에 복제를 거듭하며 퍼져 나갔다. VHS도 대만제 OST CD도, 국내엔 기기나 미디어 자체가 많지 않았던 MD(미니 디스크)나 일러스트를 인화한 포토 카드들도 그렇게 미디어를 바꿔 가며 퍼져 나갔다.

 이를 바꿔 이야기하면, 서울에서 '내려보내지 않으면' 물품을 구하기 어려웠다는 이야기도 된다. 대원씨아이에서 《한국판 뉴타입》이 발행되기 전에 많은 이들이 관련 정보를 입수하는 경로는 일본 수입 잡지들이었고, 이렇게 접한 정보들이 PC통신 동호회 등지를 통해 전파되면서 복제에 복제를 거듭했다. 웬만큼 집이 부유하지 않은 이상 직접 일본을 오가며 물품을 구입해 오기는 쉽지 않았으며, '접시'(위성방송을 볼 수 있는 접시형 파라볼라 안테나)를 달 수 있는 입장들도 아니었다. 지금 같이 네트워크가 전방위로 발달한 상황도 아니었으니만큼 당연히 정보를 입수할 수 있는 입장에 서 있는 이들과 아닌 이들의 정보 격차가 컸다. 네이티브 스피커 수준의 일본어를 구사하며 '원어판'을 먼저 접수할 수 있는 이들과, 이들에게서 번역되거나 방송국에서 틀어준 한국어 더빙판 또는 해적 번역 만화책으로 접한 이들 사이에서도 당연히 정보 격차가 많이 발생했고, 그건 하나의 권력으로 작용하기도 했다.

그 격차는 동원할 수 있는 자본의 크기만이 아닌 지리적 차이도 있었고, 그들에게서 '내려온' 정보가 원전이 되어 퍼지는 이상 와전과 오염의 여지는 언제든지 있었다. 나무위키 따위를 정보의 원전으로 삼는 멍청하고 나쁜 이들이 많은 지금 상황이 그때와 뭐가 그리 다른가 싶은 때도 많지만, 그때는 그 한계조차도 감지덕지인 경우가 많았던 셈이다. 이게 비단 만화만은 아니긴 했고, 홍대를 중심으로 1990년대 후반에 형성되었던 인디 밴드 붐도 비슷한 상황을 겪었더랬다. 그래서일까. 음반을 같이 취급하던 동네 서점에서 인디 음악과 애니메이션 관련 원어 잡지를 곧잘 같이 찾아대던 내게 주인아저씨는 "얘는 꼭 특이한 걸 찾는다"라면서 애먼 괴로움(?)을 호소했다.

분명한 사실은 그나마 천안 정도 되는 곳에서 이런 정도면 좀 더 작은 도시는 말할 것도 없다는 것이다. 오덕 문화 자체가 실제로는 소비문화의 첨병이자 극단과도 같기 때문에, 소비가 이루어질 만한 곳을 바탕으로 형성될 수밖에 없기는 하다. 하지만 끊임없이 서울행 기차를 타지 않고서는 나의 덕심과 전문성을 유지할 수 없었던 상황에는 곧잘 짜증이 나곤 했다. 서울 사람들이야 이런 점에 대한 불만을 토로하는 내게 오히려 불쾌감을 토로했더랬지만 말이다.

내가 내내 들었던 "서울에 사는 사람들이 많은데 꼭 그렇게 이야기해야 하느냐"라는 투정은, 적어도 서울에 사는 사람들은 해선 안 되는 말이다. 나만 해도 주에 한두 번 기차를 타야 했고, 그만큼의 체력과 시간을 써야 했으며, 서울이 아니면 사람을 모을 수도 없었다. 스물한 살에 겪었던 첫 언론 인터뷰 때, 인터뷰를 할 터이니 서울로 '올라오라'는 기자의 요구에 별 반항 못하고 기차를 타야 했던 기억이 생생하다. 그 일말의 분함은 서울 홍대의 고시원방에 틀어박힌 스물여덟에게 찾아온 만화 매체와의 인터뷰 덕에 더욱 강렬한 인상으로 남게 되었다. 서울에 있으니, 사람들이 나를 찾아왔다. 지역에 있었다면 역시 올라오라는 말을 했겠지.

결국 '만화 칼럼니스트 서찬휘'이자 '오덕 서찬휘'는 20대 후반 참다못해 서울로 뛰어 올라가기 전까지 바쳐야 했던 물적 시간적 비용 없이는 만들어지지 못했다. 적어도 서울에 있던 이들에게 이 비용이 필요하진 않았을 터다. 그나마 인터넷과 택배 배송이 발달한 지금은 그 격차가 조금이나마 줄어들긴 했지만, 물리적 토대와 실제 공간이 맨들어 내는 문화적 배경과 공기까지 네트워크와 택배가 만들어주지는 못한다. 어쩔 수 없는 부분이겠고, 서울 사람들 각각이 잘못한 것이야 또 아니겠지만- 광역시쯤 되는 곳이 아닌 공간 속에서 만화 활동, 또 오덕질을 꾀하는 이들이 느끼고 있을 소외감이 일정 부분 반복되고 있을 것임을 생각하면 과거의 피로감이 다시금 북받쳐 오르는 기분이다.

  얼마 전 봤던 영화 <자산어보>에 등장하던 흑산도의 창대가 뭍에서 온 책 몇 권에도 기뻐하며 남들은 별 관심 없어 할 지식에 목말라하던 풍경에서 과거의 내가 오버랩되었더랬다. 인터넷이 내 어린 시절에 널리 보급됐었다면 그 갈증이 덜했을까 싶긴 하지만, 가정은 부질없다. 이제 전철과 KTX가 닿는 천안의 지금은 그래도 과거보단 덜하겠지만, 여전히 전철도 KTX도 닿지 않는 마을에 살 어느 오덕 소년 소녀들의 마음은 지금이라고 크게 다르지 않은 심정일 터다. 서 있는 공간에 대한 고통은 하필 지역에 살면서 덕심을 품고 만 사람의 숙명 같은 것이다. 인터넷으로도 완전히 해소되지 않은 이 문제를 조금이라도 풀어나가고 싶은 게, 지역에서 자란 오덕으로서의 내 마음이다. 방법은, 여전히 딱히 찾지 못하였다.

> 오덕 23

얘는 나중에 뭐가 될까?

 아홉 살짜리 딸아이는 그림을 곧잘 그린다. 그런데 단지 회화적인 그림이라기보단, 머릿속에 떠오른 큼지막한 이야기를 여러 장에 나누어 전개하는 방식이다. 좀 더 어렸을 적엔 자석판으로 된 그림 도구를 이용하더니 어느 사이엔가는 보드 마카로 냉장고 문짝에 수 컷짜리 연속 그림을 그리고, 이제는 아빠의 아이패드를 이용해 그림을 그리면서 이렇게 외친다. "아빠 나 만화 그렸어요!" 그 말을 들은 아빠는 머릿속이 복잡하다. 그런데 생각해 보면 이 녀석이 만화만 그리려 드는 건 아니다. 유아용 애니메이션을 보면서 공폰을 가져다가 주제가를 '녹음'해 듣기도 하고, 좋아하는 게임에 출연한 성우의 유튜브를 주구장창 들으며 목소리의 결을 따지고는 자기도 성우가 되고 싶다고 외친다거나, 심지어는 어느 사이엔가 프로그램 사용법을 터득해 애니메이션을 만들고 있다.

 나는 호들갑 떨며 "와, 우리 애가 천재인가봐!"라 외칠 팔불출 아빠는 못 된다. 다만 식은땀을 흘릴 뿐이다. 딱히 뭘 가르쳐주지 않았음에도 아이는 자기가 끌리는 걸 눈앞에서 펼쳐 보이기 위해 시간을 쓰고 그 결과를 내어놓을 뿐이다. 프로그램 사용법조차 가르쳐준 적이 없음에도 아이는 무언가를 해서 보여주는데, 무섭게도 그 행동 태반은 내가 어렸을 때 했던 것들이다. 나도 잡지를 베껴 그리며 책받침 따위를 만들었고, 여행 다녀오면 후기 만화를 그려댔고, 테이프 녹음기로 텔레비전에서 나오는 애니메이션 주제가 소리를 제때 녹음하다가 나만의 편집 테이프를 만들어 듣고 다녔으며, 성우 흉내를 내다 못해 작품 속 목소리의 계보를 찾아다닌 것도 꽤 어려서부터였다.

그래서 내 아이의 행동을 보며 머리를 감싸 쥐게 되는 건 어쩔 수 없다. 형태가 좀 달라서 그렇지 결국 다 내가 하던 행동들이다. 단지 집에 만화책이 좀 있기 때문이라기엔 너무나 자연스레 행동 패턴까지 따라가고 있는 게 괴이할 정도다. 이쯤 되면 궁금할 수밖에 없다. 대체 피란 무엇이란 말인가?!

딸에게서 발견하는 오덕 기질

아내도 만화가 지망생이었고, 만화가 어시스턴트로 활동했으며, 남부럽지 않은 덕력으로 청춘을 보냈던 사람이니 굳이 피라고 하면 나만의 문제는 아닐 터다. 오덕에 오덕을 더했으니 십덕이라는 농담에 굴복해야 하나? 싶은 심정이 드는 찰나, 문득 드는 생각이 있었다. 오덕질도 유전이라고 하면 '나'의 오덕 기질은 어디에서 온 걸까.

돌이켜 보건대 내 아버지는 지극히 보수적인 가부장이셨다. 그 시대 어른들 상당수가 그러했듯 집안이 어려워 대학에 가지 못하셨을 뿐, 은행원으로서 또 회사원으로서 나름대로 주변을 선도하는 인생을 사셨고 그 시대 어르신답게 지극히 술 좋아하고 사람 좋아하셨던 보통 사람이셨다. 어머니는 그런 아버지와 만나셔서 오래도록 묵묵히 가정 살림을 맡으셨던 가정주부이자, 가세가 기울었을 때 시장으로 향해 집을 건사한 생활력 강한 분이었다.

이렇게나 1950년대 초반 태생 부모 세대의 표본 같은 두 분의 인생에 관해, 들은 바나 옆에서 바라봐 온 바로도 문화적인 부분은 그다지 없었는데, 특히나 꽤나 하드한 오덕질 끝에 그 오덕질에 대한 글쓰기 -소설이나 시 쓰기 같은 문학 창작도 아니다- 로 내가 진로의 방향을 잡았을 때 당신들께서 얼마나 당혹스러우셨을지는 뻔한 일이다. 어머니는 오롯이 이해는 할 수 없어도 어떻게든 진로에 도움 되는 방향으로 나가게 해 주려 애써 보려 하셨던 분이었지만, 좋은 고교 좋은 대학을 거쳐 좋은 회사로 들어가면 성공한 인생이라는 정말 더없이 명확하게 기성세대스러운 가치관을 지니셨던 아버지 입장에서는 더더욱 생각지도 못한 일이었으리라.

아내는 종종 "우리 세대 누구라고 가족들이 문화적인

바탕이 되어주는 경우가 많았겠느냐" 반문하지만, 막상 장인어른께서 서예나 문예 쪽 조예가 있으시고 다방면에 수집가 기질이 있으신 걸 보면서 아내를 곧잘 물끄러미 쳐다보게 된다. 아내 본인도 인정하는 바로, 아내의 덕스러운 기질은 분야만 다소 달리할 뿐 명확하게 장인어른에게서 왔다. 물론 장모님께서 만화를 그리는 데에 반대하셨다고는 하지만 말이다. 그래서 새삼 나의 가계를 돌아볼라치면, 어른들에게도 사촌들에게도 무언가 상담을 하거나 이해받을 만한 구석이 이만치도 없었다는 점에 기이함을 느끼게 되는 것이다. 이제 와서 그 점을 아쉬워할 것도 없긴 하지만 무척 궁금하긴 했다. 대체 나의 기질은 어디에서 왔을까. 그리고 다시 돌아와 딸아이의 기질을 보면서 소스라치게 놀라곤 하는 것이다. 얘는 뭘 어찌 해보거라 가르쳐준 적도 없는데 도대체 어떻게 내가 어린 시절 했던 덕질의 빌드업을 고스란히 알아서 차근차근 해내고 있는 것인가?

만화를 그려보는 것이야 엄마가 만화가니까 많이 봐서-라고 생각할 수 있겠지만, 그 외의 행동은 도대체 무엇으로 해석해야 할지 알 수가 없는 노릇이다. 이처럼 오덕스러운 기질이 유전되고 학습되는 것이라면, 딸아이야 엄마 아빠가 오덕과 오덕이니 그렇다 치지만 나는 왜 이리 돌연변이처럼 튀어나와서 애를 먹었던 걸까. 딸을 볼 때면 샘솟곤 하는 이 의문에 약간의 해답이 될 만한 작은 단초를, 나는 40대 중반이 된 얼마 전에야 더듬어 발견하게 된다.

아버지의 덕질, 우표 수집

얼마 전 본가의 책장에서 낯선 물건을 하나 발견했다. 낡디 낡은 우표첩이었다. 열어보니, 내가 태어난 해 무렵부터 1980년대를 가로질러 발간되었던 우표들이 적잖은 분량으로 모여 있었다. 아버지께 여쭈어보니 아버지가 모았던 게 맞다고 한다. 우표 수집은 수집 취미 가운데에서도 꽤 고매하고도 섬세하며 사회적 역사적 의미를 부여하는 축에 속하는 편인지라, 처음엔 이걸 아버지가 하셨으리라곤 생각도 못했다.

기억 속 아버지는 매일 일이 바쁘고 사람과 술을 좋아하셨던 분이고, 거동이 불편하신 지금까지도 사람들이 척척 붙을 만큼 사람들 사이에선 호인이신 분이다. 그런 분이 우표를 수집하셨다는 사실은- 꽉 채운 우표첩 몇 권이 아주 크다고는 할 수 없을지라도 굉장히 신선한 일이었다. 바깥에서 바빴던 와중에도 무언가 사소한 데에서 문화적인 균형을 찾았던 흔적이 아닐 수 없기 때문이다. 1990년대로 넘어오면서는 그 흔적도 끊기긴 하지만, 덕질이라면 덕질이라 할 우표를 보고서 약간 아- 하는 탄식이 흘러나왔더랬다. 아버지, 아버지도 이런 걸 할 줄 아셨던 분이로군요…라고 할까.

돌이켜 보면 아버지와는 도무지 성장기 내내 사고방식에서부터 성격에 이르기까지 모든 부분에서 맞지 않았다. 오죽하면 내가 집을 뛰쳐나온 것도 아버지와 정치 이야기를 하다 "내 집에서 나가!"라는 말에 곧장 문자 그대로 짐 -노트북 한 대와 모아 놓은 고료 100만 원- 을 싸들고 홍대 근처의 고시원으로 뛰어 올라왔던 사정이 있었다. 그러던 아버지가 이런 이야기를 흘리셨다. 아버지 자신은 당신의 아버지, 내게는 할아버지셨던 분에게 거역을 못했다고. 학창시절부터 이후의 인생에서까지 아버지에게 거역을 하지 못하는 삶이었다고. 얼마 전에야 어머니에게서 들어 알게 된 사실이지만 돌아가신 둘째 큰아버지도 가수를 지망하셨지만 할아버지에게 틀어 막혔다고 한다.

그러니 아버지 또한 내게 그러길 바라셨겠지만, 문제는 내가 그리 고분고분한 성정은 못 되었다는 점이다. 결국 그 때문에 무던히도 싸우고 서로 가슴을 치면서 수십 년을 흘려보냈지만, 이제는 그냥 늙은 아버지와 나이 든 애 아빠가 된 아들로 일면 이해를 하게 되는 부분이 조금은 생겼다. 지금이라고 사고방식이 비슷해진 건 전혀 아니다. 다만 어쩌면 내 아버지는 할아버지의 말을 따르는 과정에서 아버지 본래의 기질을 찾는 과정을 생략하게 된 것 같다는 생각이 든다. 따르지 않았다면 둘째 큰아버지처럼 막혔을 테니까. 내가 아버지에게서 무언가를 보지 못했던 건 말 그대로 내 눈으로 보지 못했기 때문이지만, 어쩌면 본인 스스로도 그 기질이 무엇인지를 발견할 만한 시간을 보내지 못한 결과가 아닐까.

그래서 이 우표첩들은 그 와중에- 막 혼인했던 30대 청춘을 보내는 과정에 남겼을 아버지의 문화적인 흔적으로 보였다. 아버지야 이미 별 감흥은 없으신 듯했지만, 나는 우표첩을 달라고 했다. 물론 그 안에 담긴 우표들을 어떻게 스캔해서 영상 따위에 써먹을 수 있을까 하는 욕심이 들었던 건 분명하지만(…) 그보다 앞서 아버지의 소소하지만 유일한 '덕질' 흔적이란 느낌이 들었더랬다. 아버지 본인도 발견하지 못했을 기질 중 하나가, 이렇게 아들인 나와 연결된 기분이 들었다. 그렇게 따지면, 이것도 피라면 피일까 싶다. 나야 수집이 곧 부동산 문제로 직결되는 시점에서 수집형 덕질은 포기하다시피 하고 모아놓았던 잡지도 죄 보내고 없애고 했지만 덕질 기질은 어디 가지 않는다.

그래서 지금 이 시점에 더 아쉬운 마음이 드는 부분이 있다. 이런 걸 하실 수 있는 분이라면, 이런 걸로 아들과 이야기를 나눌 수도 있으셨을 텐데요. 성장기의 아버지와 나 사이엔 '비생산적이지만 문화적인' 대화가 아예 없었고, 나는 비단 아버지와 아들 이전에 문화적 갈증에 시달린 나머지 이야기를 들어줄 만한 학교 선생님들을 쫓아다니며 달달 볶고 괴롭히던 몹시 귀찮은 학생이었다. 대화의 주도권은 누가 뭐래도 부모의 몫이다. 나는 그 점에서 그 시간이 너무 아쉬웠다. 밤새도록 전화비를 날려가며 남과 이야기를 나누던 그게 지금의 나를 만들었대도- 그렇다. 그래서 은연중에 오덕 기질을 보이고 머릿속에 온갖 상상과 세계관이 끓어 넘쳐 이걸 입으로 풀어놓지 않고서는 견딜 수 없어하는 딸아이를 볼 때면 일찍이 아내 앞에서 했던 말을 되뇌게 되는 것이다. 많이 많이 안아주고, 하고 싶은 게 무엇인지를 잘 들어주고, 응원해주되 필요한 벽이 되어 '적당한 때 잘 쓰러져' 주겠다고.

  다만… 제발 뭐가 됐든 글쓰기만은, 그것도 오덕질로 하는 글쓰기만은 직업으로 안 삼아주면 좋겠다. 하지만 딸아이는 요즘 들어 어째서인지 저도 아빠처럼 글 쓸래요!라는 말을 입에 올리기 시작했고 나는 비명을 지르고 있는 중이다.

오덕 24

디 엔드 오브 이글루스

 이글루스라는 곳이 있었다. 과거형을 쓴 까닭은 이곳이 2023년 '드디어' 망했기 때문이다. 실로 긴 여정이었고, 또한 실로 초라한 마무리다.

 이글루스는 우리나라 최초의 상업 분양형 블로그 서비스였다. 때는 가정용 초고속 인터넷이 완연히 정착단계에 이르렀던 2003년 무렵, 당시 국내에서는 아직 생소해 일부 IT계열 얼리어댑터쯤 되는 이들이 아니면 거의 모르다시피 했던 '블로그'를 본격적으로 서비스하기 시작한 곳이다.

 블로그보다 조금 앞선 시기 유행을 탔던 것은 홈페이지다. 인터넷 공간에 직접 자기 집을 지을 수 있다는 점에 매료된 이들이 개인 홈페이지 구축에 나섰고, 마침 IMF 사태 이후 국가적 진작책으로 벤처기업, 닷컴 붐이 일어나는 가운데 홈페이지 공간(웹 호스팅)을 무료로 주며 회원수를 그러모으던 업체들이 난립했던 것도 한몫을 했다. 웹툰이 웹툰이라는 표현을 얻기 이전의 프로토타입 격인 작품들이 홈페이지를 통해 등장했던 것도 이와 같은 흐름에서 크게 벗어나지 않는다.

블로그는 개인 홈페이지의 유행 다음 단계에 등장한 웹 기반 공간 구축 프로그램으로, weB에 LOG를 붙여 '개인적인 웹 기록장'이라는 의미를 지니고 있다. 일단 블로그는 자기가 직접 공간에 설치를 하는 방식이든 설치 필요 없이 분양을 받는 방식이든 이미 만들어진 프로그램이 제공하는 기능을 이용하기 때문에 관리하기가 편했다. 홈페이지는 공간을 만들기 위해서 HTML이라는 화면 표시 언어의 문법을 익혀 뼈대부터 외장까지 직접 다 만들어야 하는 데다, 오래지 않아 닷컴의 버블이 가라앉기 시작하면서 무료였던 홈페이지 호스팅을 유료화하거나 무료 전략으로는 수익을 맨들어 내지 못하던 업체들의 경우 대거 도산했다.

이런 상황에서 별다른 설치 과정과 비용 없이 관리하기 쉬운 자기의 글 공간을 분양해준다는 건 많은 이들에게 큰 매력으로 다가왔다. 2000년대를 대표하는 극초기형 내수용 소셜 네트워크라 할 만한 싸이월드도 비슷한 시기 비슷한 맥락에서 인기를 끌었는데, 싸이월드류가 관계성에 바탕을 둔 소셜 네트워크의 형태를 띠고 있었다면 블로그는 시작 단계에서부터 '1인/대안 미디어'로서의 쓰임새로 주목을 받을 만큼 개인 단위가 정보를 집적하고 정리하며 이를 검색 가능하게 하는 데에 목적을 두고 있었다. 이글루스는 이러한 블로그가 많이 국내에 알려지지 않았던 시기인 2003년에 등장해 많은 이들의 관심과 사랑을 받았던 곳이었다.

이글루스, 낭만으로 기억되는 공간

프리챌, 세이클럽, 싸이월드, 아이러브스쿨 등 한국 초고속 인터넷의 초기 보급기를 장식한 서비스들은 꽤 다양하고, 이 서비스들은 어떻게 보면 페이스북이나 트위터보다도 훨씬 더 먼저 구현된 소셜네트워크로서 주목받은 바 있다. 그러나 그 틈바구니에서 이글루스라는 이름이 특별한 주목을 받고 또 비교적 오랜 기간 살아남아 있었던 까닭은 그 공간이 보여준 일종의 독특한 문화들과 그 제조자들 때문이다.

이글루스를 아우르는 문화를 만든 것이 누구인가?라고 물어봤을 때, 누가 뭐래도 빼놓을 수 없는 사람들이 바로 한국산 오덕들과 만화/애니메이션 업계인들이었다. 웹툰의 초기형이었던 스크롤 만화의 시작점이 홈페이지였을 만큼 인터넷 웹 공간은 새 만화의 요람이나 다름없었지만, 막상 이를 만들어 유지하는 일은 물론이거니와, 독자 입장에서 이를 보러 가는 것도 매우 귀찮은 일이었다. 이러한 다발적인 피로 속에서 홈페이지보다 관리는 물론 열람하기도 쉬운 블로그는 작가군은 물론 오덕들에게 상당히 힙한 공간으로 보였다. 이글루스는 그 힙한 문화를 보급한 시작점에 서 있었고, 당시의 오덕들 상당수가 이 공간에 자리를 잡은 건 어찌 보면 당연했다. 오덕층은 이글루스에 모여 취향문화와 관련한 다양한 교류를 진행했는데, 이글루스에 오덕만 있는 건 아니었으되 오덕들의 활동이 이글루스에서 유난했던 까닭은 이글루스가 지닌 독특한 특징 때문이었다.

프리챌과 같은 서비스의 클럽 문화는 초고속 인터넷에 앞서 있었던 PC통신 시기의 동호회 문화와 크게 다르지 않았고, 싸이월드는 지금의 인스타그램이 그러하듯 MBTI에서 극E쯤은 되어보임직한 이들이 사진과 배경음악을 섞어 자기를 감성적으로 드러내기 좋은 공간이었다. 하지만 이글루스는 블로그다. 그래서 지극히 개인의 사변적 공간이라는 특성을 띠면서, 또한 화면 공간 안에 자기의 정리되고 정돈된 이야기를 담아내기에 용이했다. 하지만 트랙백이라는 블로그 특유의 기능을 통해 다른 블로그와의 연결고리를 놓지 않기도 했으며, 또한 같은 주제로 작성된 글을 묶는 노출 공간인 '밸리'와 운영진들이 읽을 만한 글을 추천해 올리는 '이오공감'이라는 시스템을 제공하여 '개인'에 머무르지 않는 일종의 커뮤니티 문화를 만들어냈다. 다시 말해 개인의 영역은 존중하되 한편으로는 여러 사람과 같은 주제에 관한 생각을 나눌 수 있었고, 운영진의 추천을 통해 좀 더 좋은 이야기를 읽을 수 있었다. 그리고 이와 같은 과정이 다분히 그리고 '적당히 마이너'했다.

이후 네이버와 다음이 블로그 서비스를 개설해 포털 블로그 시대를 열었음에도 이글루스가 독특한 오덕적(?) 하위문화를 유지할 수 있었던 데에는 이러한 마이너리티적인 특질이 한몫했다고도 볼 수 있다. 이글루스는 개인 공간임을 적시하면서도 오순도순한 마을 공터의 분위기도 함께 제공했다. 많은 이들이 이 분위기를 망치고 싶어 하지 않았으며, 모닥불을 피워놓고 함께 놀고 싶어 하는 분위기가 암묵적으로 형성돼 있었다. 너무 많은 사람들이 모여 있는 포털 블로그 서비스에서 이런 분위기를 찾기는 쉽지 않다. 이글루양을 비롯해 가든옹, 밸리군 같은 캐릭터들이 자발적으로 등장해 인기를 끌었던 것도 이와 무관치 않았다. '오덕루스'라는 별칭은 이러한 분위기 속에서 나왔다. 그때를 비교적 낭만적으로 기억하는 이들이 있는 까닭은, 어쩌면 그런 나름대로 가족 같은 분위기가 있었기 때문일 것이다. 하지만 이와 같은 분위기도 아주 오래 가지는 못했다.

이글루스에 사회적인 목소리를 내는 오덕이 많았던 연유

분명한 사실은, 이글루스의 분위기는 마이너리티하기에 가능한 구석이 있었다는 점이다. 이 전제는 사실 매우 위태로운 구석이 있다. 압도적인 규모의 불특정 다수는 일종의 군집이며, 개인의 의지와는 달리 군집의 의지가 작동하는 경향을 보인다. 하지만 마이너리티한 규모일 경우, 형성된 분위기를 깨지 않고 싶어하는 '암묵적인 합의'가 구성원들 사이에서 중요하게 작동한다. 이글루스 초기의 이 암묵적인 합의는 누가 나서서 이끈 건 아니다. 다만 "취향입니다, 존중해주시죠?"라는 말에서도 드러나듯 오덕 간 취향의 차이에 대해 서로 건드리면 곤란하다는 전제가 있고, 여기에 초반에 미성년자가 아닌 성인들만 가입을 허용한 공간이라는 특성이 결합된 특수한 합의가 있었다. 이 당시의 성인층들이 누군가? 정치적으로도 사회적으로도 친일 사대의 후계인 한국 우파가 만든 정치적/경제적 파멸을 몸으로 겪으며 민주주의 노선을 향한 정권교체를 경험한 세대들이다.

당장 나부터가 IMF 사태로 다들 울부짖고 혹자는 건물 바깥으로 뛰어내리고 문틀에 목매달던 그 시기에 20대로 접어들었던 사람이다. 이글루스의 초반 분위기가 비교적 정치적으로 리버럴 혹은 진보적인 목소리를 내는 이들을 중심으로 형성되었던 건 어느 정도 그러한 배경이 한몫했다. 이들은 IT기술의 변화(컴퓨터 기술, PC통신과 인터넷 등 네트워크)와 전방위 장르로 대폭발기였던 대중문화 붐이 가장 극렬했던 1980~1990년대의 첨단에 해당하는 지점들을 다 거쳐온 자들이고, 대중을 제어하려는 사회 체제의 대중문화 검열 획책과 반동(청소년보호법, 음반사전검열 등)에 맞닥뜨리며 분노했던 자들이다. 이 세대의 많은 이들은 취향 문화의 깊은 수용자로서 머물렀지만, 또 많은 이들이 창작자 또는 편집자 따위로 세상에 직접 나서기도 했다. 이글루스 이용자들의 상당수가 이런 부류들이었고, 자신이 영위하고자하는 것에 깔린 정치적 함의와 그 지향점에 대한 고민을 오랜 시간 할 수밖에 없었던 사람들이다. '만화'와 '뉴스' 등으로 밸리의 분류가 엄연히 나뉘어 있음에도 오덕 계층이면서 사회적인 목소리를 내는 경우가 많았던 것도 이런 연유에서였다.

이글루스는 그래서 신기할 만큼 한 다리 건너면 알 법한 업계 관계자, 덕질 농도가 유난히 짙은 이름난 오덕들, 만화가, 평론가, 아마추어 만화 동인 등이 마치 서로에게 이끌리듯 모여들어 초반 분위기를 형성했다. 이글루스가 처음부터 오덕 커뮤니티여서 오덕들이 온 게 아니라, 블로그가 그들의 구미에 맞는 힙한 도구였기에 발생한 결과였다. 그리고 그들은 이 적당히 마이너리티하고 안온한 공간의 '우리끼리'라는 분위기와 놀이터로서의 즐거움을 크게 깨고 싶어 하지 않았다. 사회적인 목소리를 내면서도, "서로 어른이면 선은 넘지 말자"라고 할까.

문제는 여기에 "네가 뭔데 선을 넘으면 왜 안 돼?"가 나오는 순간이고, 이 순간 분위기는 우스워진다. 이글루스의 분위기가 뒤집힌 건, 바로 이렇게 눈 똑바로 뜨고 "그러면 왜 안 돼?"를 묻는 이들이 등장한 시점에서부터였다.

일베와 나무위키의 프로토타입이 되고 만 이글루스

온라인 서비스가 으레 그러하듯 이글루스에도 몇 차례 변곡점이 있었다. 미성년자의 가입을 허용하게 되면서 암묵적으로 공유하고 있었던 시대관이나 경험치에 전혀 공감하지 못하는 경우가 발생하기 시작했고, 비교적 리버럴과 진보적 의제에 공감하는 이들이 형성하고 있던 일종의 공동선을 몹시 고까워하는 이들이 등장하기 시작했다. 마이너리티로서의 정체성으로 유지되던 평화는 이 단계에서 이미 깨질 수밖에 없었는데, 문제는 이것이 '의견 차이에 따른 충돌' 내지는 '토론' 따위가 아니었다는 데에 있다.

일례로 이글루스에서 활동했던 이들은 지금도 백범 김구 선생의 사진을 보면 움찔하는 구석이 있다. 백범 사진을 걸어놓고 사람들을 쫓아다니며 독재 찬양과 민주 혐오를 끝없이 흩뿌린 자가 있었기 때문이다. 이런 자를 위시해 어설프더라도 조금씩은 더 나은 방향으로 나아가자는 사람들의 얼굴을 굳이 일그러뜨리는 데에서 쾌감을 느끼는 부류들이 등장했다. 이들은 사람들이 쌓아 올린 의미를 언어적으로 훼손하는 데에 능했고, 모든 것을 위선으로 몰았다. 시간을 무기로 삼은 드잡이로 싸움판을 만들었다. 24시간에 걸쳐 말꼬리를 잡히다 보면 일상생활을 영위해야 하는 자들이 버틸 재간은 없으니, 애초에 흑돌은 이들이 쥐고 있었다.

하지만 단순히 정치적 견해차의 문제였냐 하면, 이들이 보인 행태란 개인 간의 차이로만 볼 수 없는 심대한 악의의 영역이었다는 데에 문제의 심각성이 있었다. 이들의 행태는 정확히 훗날 폭식투쟁을 비롯한 일간 베스트(이하 일베) 부류의 폭력성을 일찌감치 보여주고 있었고, 나무위키류가 보여주는 애먼 기록 투쟁 역시 고스란히 보여주고 있었다. 이들은 마이너리티하지만 그만큼 업계 내 인지도와 발언력이 높았던 인물들이 다수 들어와 있던 이글루스에서, 이들을 깨부수고 조롱하는 한편 논점의 헤게모니와 전달 방식 자체를 뒤트는 데 성공하기 시작했다. 악화가 양화를 구축한다는 말은 이글루스의 퇴락사에 정확하게 들어맞을 말이다. 피곤해진 이들은 떠나기 시작했고 그 자리에는 승리감을 쟁취한 짐승들만 남았다.

그들은 왜 이글루스를 택했나

이글루스의 망조는 멀리 보자면 일찌감치 예견된 일일 수 있다. 일단 네이버처럼 압도적인 이용자 수를 보이는 서비스가 아닌 이상 무료 서비스 속에서 자발적인 동력을 얻기는 쉽지 않았을 텐데, 덕력 높은 오덕들의 공간이라는 정체성만으로는 결집은 이룰 수 있어도 그 이상의 발전은 어렵다. 게다가 마이너리티 정체성 속에서의 평화라는 것은 문자 그대로 사상누각이다. 자발적으로 형성된 분위기기는 했지만, 바꿔 말하면 조금 큰 동호회 수준에서 크게 벗어나지 못했다는 이야기기도 했다.

종량제 전화선 네트워크를 이용해 별도의 요금을 내야 쓸 수 있던 PC통신 시절에도 온 시간을 남의 멱살 잡는데 쓰던 이름난 드잡이꾼들이 있었던 마당에, 이상한 사람이 하나라도 작정하고 끼어들면 공동체 전체의 분위기가 박살나는 건 일도 아니다. 이글루스 또한 결국은 그 함정에 빠진 셈이다. 하지만 이글루스의 사례가 유난히 아픈 까닭은, 졸지에 2020년대 현재까지 한국 인터넷을 오염시키고 있는 최악의 사례로 꼽힐 일베와 나무위키의 프로토타입이 됐기 때문이다. 이글루스는 "일베와 나무위키 전에 ○○가 있었지"에서 ○○를 맡게 됐으며, 위선 타령, 민주 혐오, 지역차별, 초인 선망, 촛불 조롱, 파시즘과 오타쿠의 결합을 비롯해 지금의 파탄난 인터넷 문화 대부분의 유희적 형태를 시험하는 중요한 곳으로 전락했다. 어떻게 해야 사람들이 지칠까를 가늠하는 짓도, 이글루스를 점령한 악당들이 전위로 나서서 시행했다.

이들이 왜 이글루스를 택했을까? 더럽힐 만한 유대감을 형성한, 유의미한 규모를 지닌 공간이었기 때문이었을 것이다. 하지만 이 과정에서 이글루스의 운영진은 정말 아무것도 안 했다. 악당들이 밸리와 더불어 회원 추천제로 개편된 이오공감 시스템을 악용하며 사람들을 기함게 할 때 분위기를 다잡기 위한 어떠한 조치도 내려지지 않았다. 압도적인 이용자수를 구가하는 범용 공간과는 달리 마이너리티한 공간은 공간의 분위기를 구축하는 이용자 한 명이 지쳐 나가떨어지는 것만으로도 가치가 사라진다. 이글루스의 동력은 그 동력을 스스로 만들던 사람들이 공간을 버리고 떠나지 않고서는 견딜 수 없을 만큼 모멸감을 안긴 시점에서 이미 끊어졌다. 그리고 남은 이들은 디씨인사이드 따위와는 농도가 다른 악의와 혐오의 원형이 되었다.

'민주화', '참교육' 등의 다양한 언어 훼손이 이 시기에 이미 정립됐고, 젊은 우파들 입에서 전라도 차별에 학살자 전두환 찬양이 캐주얼하게 고착화한 것도 이 시기다. 이글루스 사람들이 촛불집회 때 "평화덕질을 보장하라" 같은 슬로건을 내걸고 거리로 나가고 부상당하는 사람을 챙기려 들 때, 악당들은 집요하게 '근거 없는 선동'을 부르짖으며 사람들을 공격했다. 내가 경찰에 둘러싸여 곤봉에 얻어맞을 걸 각오해야 하던 때 그들은 나 같은 걸 죽이라고 키보드를 눌렀다. 24시간 달라붙는 악당을 이길 사람은 아무도 없고, 그렇게 살 수도 없다. 그렇게 살 수가 없었던 사람들은 점차 이 공간을 떠났고, 이글루스는 더 이상 블로그로서의 가치가 사라진 채 숨만 쉬는 상황이 되고 말았다. 그리고 또 다른 인수자조차도 손을 쓸 방법을 찾지 못한 채 2023년 완전한 서비스 종료를 선언하게 된 것이다. 그리고 이렇게 기억에 남게 된다.

일베와 나무위키의 프로토타입, 이글루스, 여기 잠들다. (2003~2023)

위선을 떨어서라도 추구해야 할 합의가 있다

인터넷의 트렌드는 2010년대 들어 모바일 환경의 보급과 함께 트위터와 페이스북과 같은 소셜 네트워크로 옮겨갔다. 그러니 피상적으로만 보자면 블로그의 한 시절은 이미 이 시기에 넘어갔다고 볼 수도 있다. 하지만 이글루스가 여전히 회자되고 아쉬워하는 이들이 많은 건 그 과정에서 더 매력적인 이들이 많이 머물 수 있는 공간으로 변모하고 발전할 가능성이 있었던 곳을 무책임하게 방치한 끝에 한국 인터넷 문화의 최악이라 할 곳들을 잉태하는 데에 명백한 역할을 하고 말았다는 데에 있다.

문제는 하나 더 있다. 일찍이 만화 전문 커뮤니티조차 사라진 상황에서, 이글루스 이후에는 오덕들이 나름대로 공동체를 이루어 모일만한 공간 자체가 망실되다시피 했다는 점이다. 만화와 애니메이션에 대해 이야기하는 이들 가운데 남성들은 대부분 게임 커뮤니티들에 흡수되었는데, 나무위키-일베와 더불어 게임 커뮤니티의 정체성이 다분히 우파/반 민주/반 페미니즘으로 공고화하는 과정에서 이러한 커뮤니티들은 2015년 강남역 살인사건과 이후 페미니즘 티셔츠 인증 건을 만나며 "페미니즘에 찬성하는 작가들은 착한 검열을 해야 한다"라며 YES CUT이라는 대중발 검열을 들이미는 주체로 자리매김하게 된다. 이 거대한 악성 퇴행을 거꾸로 따라가 보면 결국 이글루스의 정치사회적 악당들에게 승리감을 쥐어준 시점이 나온다. 2023년 한국의 오덕판이 겪고 있는 비통한 퇴행의 원인에 이글루스라는 이름이 깊게 아로새겨져 있는 셈이다.

거대한 변화의 물결 속에서 포털도 아닌 블로그 전문 서비스가 버텨낼 수는 없었을지라도, 거들떠볼 가치도 없게 되어서는 재활용할 여지조차 없다. 2023년 6월 13일자로 이글루스는 끝났지만, 사람들이 이 비참한 끝에 서서 함께 기억하길 바란다. 온 힘을 다해 위선이라도 떨려 하지 않으면 사람은 얼마든지 개가 된다. 이 땅의 오덕 문화를 이대로 나무위키의 사관 나으리들과 일베, 여성들 이야기만 나오면 악다구니를 무는 게임 커뮤니티에 두면 더 이상 이 땅의 만화와 애니메이션, 게임 문화에 미래는 없다. 소셜 네트워크의 쌍두마차 중 하나였던 트위터가 새 인수자인 일론 머스크의 전횡과 극우적 혐오주의 속에 속절없이 부서지고 있는 2023년 중반, 그 대안으로서 부각되고 있는 블루스카이에 자리를 잡은 이들이 너나 할 것

없이 "우리 팬티는 내리지 맙시다"라며 초기 분위기를 다잡고 있는 것 또한 적잖은 이들이 공유하고 있는 이심전심의 심정에서 비롯된 것이다.

  이는 시작부터 판을 망가뜨려선 안 된다는 절박감이 있기 때문이다. 덕분에 블루스카이의 분위기에는 이글루스 초기의 암묵적인 평화가 감돌고 있고, 오덕들도 상당한 규모로 진입해 들어오고 있다. 비슷한 시기 등장한 메타의 쓰레드가 시작부터 마케터들와 '인싸'들의 각축장이 되고 있는 데 비하면 상당히 독특한 안온함을 유지하고 있는데, 트위터가 어디까지 망가질 것인지가 변수로 작용할 전망이다. 이글루스의 패배한 위선자로서 바라건대, 사람들이 공동체적인 선의를 품고 사회 발전을 향해 가야 한다는 정치적 합의가 얼마나 중요한지를 계속해서 생각해줄 수 있기를 바란다. 오덕 문화도 그 합의의 선 위에서 유지되길 바란다. 제발, 위선을, 떨어서라도.

오덕 25

덕질은 결국 사랑이다

덕질의 정체

"덕질이 무엇이냐" 묻는다면, 결국 내가 이걸 왜 좋아하게 됐는지까지는 기억도 안 날 것 같지만 좋아하게 된 이상 온 힘을 다해 좋아함을 티 내고 표시하는 과정이라 할 수 있다. 누군가를 좋아하게 된 감정의 연원과 근원을 냉철하게 설명할 수 있는 사람이 드물 듯 덕질 또한 마찬가지다. 누군가는 그 과정 전부를 정리하려 하고 누군가는 나와 비슷한 사람을 찾아 떠들고 싶어하며 누군가는 내 사랑의 방식이 맞다고 말하고 싶어한다. 코드화한 조립식 미소녀 조형 공식이라 할 '모에(萌)'를 두고 일본 오타쿠 문화 분석서 《모에모에 재팬》은 "그것은 첫사랑과 닮아 있다"라고 뇌까린 바 있는데, 사실 이 표현은 모에만이 아니라 덕질 그 자체에도 해당하는 표현이 아닐까 싶다.

사실 모에는 내 안에 자리하고 있는 어떤 종류의 취향

을 고스란히 구현하고 있는 대상의 시청각적 구성 요소에 느끼는 감정을 통틀어 일컫는 표현이다. 본래 미소녀 캐릭터를 향해 보이는 일종의 남성향적인 성적 페티쉬를 어느 정도 내포하는 데에서 시작했지만, 점차 소녀를 넘어서 성별을 막론하고 캐릭터 자체 또는 캐릭터 간 위상에 이르는 심적인 끌림까지를 포괄하는 개념으로 확장되었다. 모에의 '첫사랑'은 그런 점에서는 다분히 가상 세계관 내지는 캐릭터화한 형태로 표현된(즉, 아이돌이 무대 위에서 연기하는 바를 포함) 대상의 조형적 형태나 대상 간 관계성이 한없이 내 취향에 맞을 때에 느끼게 되는 즐거움 또는 흥분을 나타내는 것이라 할 만하다.

그러나 모에가 어느 사이에선가 오타쿠 문화에서 매우 중요한 축이 된 것은 사실이지만, "대상에 모에한 감정을 느끼기 때문에 오타쿠"인 것은 또 아니다. 그렇게 따지면 역사와 전통을 자랑하는(?) 메카닉 장르(로봇 등 기계가 등장하는 작품) 오타쿠나 애초에 가상 세계관이 아닌 철도 오타쿠의 감정은 설명할 수 없다. 오타쿠질, 나아가 덕질은 그럼 어떤 점에서 '사랑'일까. 물론 기어이 인물이 아닌 대상까지 미소녀화를 거쳐 '모에'를 느끼려는 이들도 왕왕 있지만, 덕질 자체는 단지 대상의 조형이나 관계 도식만이 아니라 대상을 구성하고 있는 요소 가운데 자기 관점에 따라 보고 싶은 대로 끝없이 해체하고 재조립하는 데에서 느끼는 즐거움 또는 흥분에 가깝다고 할 만하다.

전술하였듯 이것이 명확한 경우는 많지 않다. 덕질은 사랑에서 오는 기쁨과 흥분에 가까운데 비해, 모에가 동사화하여 '모에하다'라고 해도 '그런' 대상인 캐릭터를 놓고 느끼는 '기분'인 반면 덕질은 그 자체가 행위다. 내가 이 작품을/캐릭터를/장르를/인물을(무대 위와 화면 뒤의 캐릭터를 연기해 낼 수 있는 연예인까지를) 이렇게 내 뜻대로 해체해 내 마음에 맞는 형태로 재조립할 수 있다는 데에서 즐거움과 흥분을 느끼는 셈이다. 모에에 '첫사랑'이라는 표현이 붙었다지만, 덕질 또한 그런 설렘으로 보자면 또 다른 궤기는 해도 첫사랑의 감정이라 할 만하다. 첫사랑이 어떤 타이밍에 어떤 느낌으로 들이닥칠지는 모르는 것이다. 어떤 형태로는 "두둥" 정도 효과음이 뒤에 붙을 만은 하겠지만 말이다.

오덕, 최강 최악의 사랑꾼

내가 만화를 순수한 감정으로 '사랑하지' 않게 된 지는 매우 오래됐지만 -놀랍게도 나는 "만화를 사랑한다"고 고래고래 떠들면서 존재 자체로 한국 만화계에 큰 해악을 끼치는 굉장한 악당을 몇은 알고 있고, 그런 부류의 행태를 보며 만화 그 자체를 사랑한다고 말할 모든 의지를 상실했다- 그렇다고 만화나 애니메이션 덕질을 놓은 적은 없는지라, 하던 가닥대로 맘에 드는 작품이나 작가, 또는 이를 둘러싼 상황들이 있으면 꽤나 일사불란하게 뜯어보며 정리를 하는 것이 거의 반은 자동에 가깝다.

나는 인터넷 검색이 지금만큼이나 활성화하지는 않았던 시절 자체적으로 데이터베이스를 구축하던 일종의 정보 집적형 오덕이다. 그리고 이러한 데이터베이스를 만들기 위해서 시간을 쓰는 일 자체를 기꺼이 즐기는 편이다. 지금은 귀찮아서 홈페이지를 따로 더 구축하거나 DBMS(DataBase Management System)을 활용하지도 않고 다만 정보 수집용 프로그램을 짜서 결과물을 그때그때 검색 가능한 블로그 따위에 쟁여놓으며 써먹는 정도지만, 관건은 이것이 만화라는 대상을 두고 벌이는 나의 덕질 방식이라는 점이다.

나는 만화를 이런 방식으로 대하고, 해체하여, 재조립한다. 내가 칼럼니스트일 수밖에 없는 것에도 이런 요인이 있다. 나는 작품이나 작가 자체에 천착하지 않고 그들의 세계관에도 큰 관심을 두지 않는다. 때문에 나는 평론가라고 자주 분류되지만 돈을 받지 않는 이상은 평론을 쓰지 않는다. 방법론을 맨들어 내는 점에선 연구와 비슷하지만, 연구자들이 주제를 정하고 이를 위해 대상에 대한 선행 연구를 참고해 '공부'를 하고 지식을 쌓아올리면서 엄정한 언어와 방법론을 세워 나간다면, 나는 대상이 되는 만화에 대해 내 멋대로 정보를 쌓아놓는 데에 천착한 후 이를 바탕으로 이야기를 끌어낸다. 그래서일까, 연구자 베이스인 어떤 분은 함께 잡지 편집 작업을 진행하던 중 나의 접근 방법을 보며 고개를 도리도리 젓곤 "나는 이런 사람이 무서워"라며 우스개를 던지기도 했다. 대상에 대한 접근법 자체가 완전히 다르기 때문일 것이다.

나의 경우 오래된 정보 집적형 오덕이긴 하지만, 이와는 다른 오덕질을 하는 사람들 또한 사실은 마찬가지라는 소리를 들을 것이다. 각자가 좋아하는 대상에 대한 해체와 재조립이라는 리버스 엔지니어링에 자신의 잉여 시간과 노력(사실은 주/부가 바뀔 지경이거나, 아예 주가 될 만큼)을 들이길 주저하지 않는다는 점에서, 오덕은 사실상 세계관 내 최강이자 최악의 사랑꾼들이다. 일차원적으로는 그 모든 것이 자의적인 판단에서, 그리고 단지/오로지 내가 보고 싶어서라는 데에서 시작하기 때문이다. 한 끗 차이로 잘못 해석하고 잘못 조립할 위험성이 상존하기 때문에도 늘 절벽 위 아크로바틱을 하는 기분이기도 하고, 또한 각자가 각기 다른 궤로 놓고 해석하고 조립하기 때문에 싸움이 나기도 쉽다. 멀리 보면 종교도 성인(聖人) 덕질이요 신에 대한 캐해(캐릭터 해석)의 차이로 갈라져 싸우는 것이고 보면, 덕질로 말미암은 충돌은 너무나 당연한 일이긴 하다. 문제는 사랑의 형태고 그게 어찌 보이느냐다.

그래서 이 사랑은 시작된 이상 이론으로도 정량적으로도 설명하기가 참 어렵다. 심지어 왜인지조차 없고, 더욱

이 아마 모를 것이다. 좋다는데 어쩔 것인가. 일례로 나는 1990년대~2000년대 초반 '한국 애니메이션' 또는 '한국어 애니메이션 주제가' 자체에 대한 정보나 상품을 수집하는 사람이었다. 당시에 남들이 그렇게나 수준 낮다고 비웃고 욕하던 것들에 대해, 그렇지 않다고 반박해 주고 싶었던 탓도 있지만 한편으로는 이 정보들에 나름대로의 희소성(?)이 있다고 생각했고, 또한 여러모로 재미난 구석이 많아 분명 회자될 만한 가치가 있다고 생각했다. 그 결과 20여 년 이상이 지난 지금은 추억보정이 붙어 명작 소리를 듣는 상전벽해들이 일어난 상황이어서 무척이나 즐거운 것이다. 어찌 보답받을 길이 없어 보였지만 나만은 애정과 시간을 들여 사랑했던 대상들이 훗날 재평가를 받는 모습은 그 자체로 큰 보상이다. 그러나 효율 참 지극히 낮은 사랑이니, 한편으로는 최악인 셈이다.

최근엔 K-POP 아이돌이 덕질이라는 용어의 헤게모니를 쥐고 있는 형국이어서 오히려 만화나 애니메이션은 밀리는 추세지만, 그 외에도 수많은 것들이 덕질 대상으로서 재확인되곤 한다. 일례로 내게는 폭스바겐 마이크로버스나 수인선 협궤열차(동차 버전)이라는 '오래된/탈 수 없게 된 탈것'에 대한 덕심이 있고, 철덕(철도 오타쿠)으로서의 기질도 다분하며, 이를 둘러싼 역사로 이야기를 늘어놓는 걸 좋아한다.

2022년 방송콘텐츠진흥재단(BCPF)의 대한민국 1인 방송대상에서 지원 대상작에 이어 특별상을 수상했던 나의 <만화 속 철도 여행>은 만화 작품 속에 등장한 철도와 그 안의 역사적 맥락을 살피는 기획 영상이다. 나이가 들고 만 입장에서 덕질을 마냥 사랑한다는 감각으로만 할 수는 없게 됐지만, 그저 자료로만 쌓아놓기보다 어떻게든 완성된 콘텐츠로 엮어 내어놓는 것 또한 또 다른 덕질이리라. 나의 덕질은 이렇게 섞을 수 있는 것들을 모두 그러모으는 형태로 계속되고 있다. 원래 그 작품이나, 원래 그 시기를 살았던 이들로서는 상상도 못할 무엇이겠지만…. 덕질은 이미 원전을 넘어선 사랑의 방식이니까. 어쩌랴.

오덕 26

오덕의 흑역사

주지했듯 덕질은 결국 일종의 사랑 방식이다. 불현듯 찾아오는 호감, 두근거리는 가슴, 왜 이게 좋은지에 대해 명확히 설명할 수 없을 만큼 흥분되는 마음 등은 누군가가/무언가가 눈에 들어왔을 때 보이게 되는 매우 전형적인 증상이다. 하지만 이런 마음이 깊을수록, 상대에게 데이기 쉽게 마련이다. 덕질 인생이란 그래서 하루가 멀다 하고 흑역사를 쌓는 과정이다.

탈덕할 수밖에 없게 만드는 그대들

오덕질을 하면서 가장 흑역사로 남을 만한 일이 뭐냐 할 때 첫 번째로 꼽을 만한 건 내 덕질 대상이 애먼 사고를 쳐서, 또는 못 볼 꼴을 보여주는 바람에, 더 이상 그 작품/작가를 좋아할 수 없거나 심지어 싫어하게 된 경우다. 연예인들을 좋아하는 경우 이런 일들이 꽤 비일비재하다. 오죽하면 <성덕>이라는 다큐멘터리까지 등장했을까?

성공한 덕후를 뜻하는 '성덕'이라는 이 다큐멘터리의 제목은 그 자체로 몹시 아이러니한 명칭이 되고 말았다. 이유인즉 이 작품의 감독이 2019년 성 착취물을 만들고 단체 채팅방에 유포한 죄로 구속된 가수 정 아무개의 팬이었기 때문이다. <성덕>은 이렇게 자기가 좋아하던 연예인이 범죄자가 된 사례들을 좇아 만든 영상물이다. "무대 위에서 노래한다더니 왜 감옥에 있어요?"라는 나레이션은 이 작품의 정체성을 잘 보여준다. 심지어 작품의 조감독이 좋아했던 가수는 다름 아닌 버닝썬 사건의 주범 격인 가수 빅○의 멤버였던 이 아무개다. 조감독은 이후 덕질 자체를 그만두었다고 한다.

생각해 보면 나는 정 아무개의 팬들과 인연이 깊다(?). 이 자가 자신의 대표적인 TV 예능이었던 <1박 2일>에 새로 합류한 2013년 말 당시, 출연진이 배 타고 장시간을 이동해야 하는 상황이 있었다. 그때 이 자는 자신의 노트북에 만화를 엄청 받아왔기 때문에 괜찮다는 식의 말을 했는데, 당시에 만화 파일을 컴퓨터 로컬 폴더에 내려받는 형태로 서비스하는 곳은 없었으니 정 아무개의 발언은 달리 해석할 여지 없이 '불법 스캔 만화' 내려 받기를 가리키는 말이었다. 당시 정 아무개가 다른 출연자에게 "봤냐"면서 언급한 작품명은 일본만화 <배가본드>였는데, 당시 이걸 파일 단위로 내려받을 수 있는 정식 서비스는 단언컨대 없었다.

2000년대 초반, 직전 시기에 골목을 점령했던 도서대여점마저 곧장 사장세로 내몰았던 것이 바로 불법 스캔 만화였고 허덕거리던 만화 단행본 시장을 문자 그대로 초토화한 것도 불법 스캔 만화였으며, 그 병폐는 지금의 웹툰 시대로 넘어와서도 여지 없이 반복 중이다. 그런데 그걸 연예인이 드러내놓고 '했다'고 밝힌 것, 그리고 방송 내에서 출연자나 PD 어느 한 명도 이를 지적하지 않았단 사실 자체가 도대체 이해가 안 갔다. 그래서 나는 블로그에 "그 개소리를 아무도 혼내지 않았다"고 썼는데, 팬들이 그야말로 새까맣게 몰려와 항의를 남겼더랬다.

 글 내려라, 불법인지 네가 어떻게 아느냐, 불편하다, 지나가다 한마디 했을 뿐 아니냐, 소속사에 캡쳐해 신고하겠다 등등으로 한동안 블로그가 시끌시끌했다. 어떻게 해도 옹호할 수도, 해서도 안 될 명백한 불법에 해당하는 행위가 드러났음에도 팬들에게는 당장의 '방어'가 중요했던 것이다. 그 방어기제 자체만은 이해를 할 법하지만 내게 정 아무개는 일상 속에서 남의 것을 존중할 생각이 없는 매우 얄팍한 인물로 기억될 수밖에 없었다. 만화라는 '내 바닥' 일이었기 때문이기도 하지만 대중문화 종사자로서의 자의식은 물론 생각 자체가 없는 인물이구나 하는 심정이었는데, 시간이 지나 중범죄자로 뉴스에 오르는 걸 보면서 정말 아니나 다를까, 하나를 보면 열을 알 수 있다는 게 이런 거구나 싶었다. 그러면서 한편으로는 저이의 팬들이 걱정되었더랬다. 내게 분기탱천해 달려들었던 이들도 그렇지만, 어쨌든 가수의 팬으로서 겪을 충격과 혼란은 클 것이기 때문이다. <성덕> 같은 작품이 나오게 된 것도 결국 그 결과물이라 할 만하다. 차마 '그런 걸' 응원했으니 그렇지, 꼴좋다 같은 생각조차 사치일 만큼 당사자가 벌인 짓이 너무 참혹했다. 수준을 알고는 있었지만 어느 정도의 하한선은 있을 줄 알았다.

만화 덕질도 참 만만찮게 힘들다

정 아무개 가수의 사례가 좀 커서 그렇지 사실 연예계나 스포츠 스타들 사이에서는 그런 사례가 빈번한 편이다. 대중의 관심이 압도적으로 집중되는 직업군이다 보니, 그 관심에 취하거나 심지어는 관심을 이용해 다른 쪽에 써먹어 보려는 이들도 왕왕 있기 때문이다. 누구와 연애를 했네 헤어졌네 같은 건 지극히 개인사정이니까 굳이 거론할 가치도 없다. 하지만 그들이 음주운전이나 마약 복용, 폭행, 도박, 성폭행 같은 사고를 치면 덕질할 생각이 싹 날아갈 수밖에 없다. 얼마나 많은 이들이 사고를 쳐 사라져 갔던가? 미성년자 성범죄라는 매우 질 나쁜 범죄를 저질러놓고도 비중과 배역에 상관없이 캐스팅에 응하는 통에 어디에나 얼굴을 들이밀다 못해 아예 밈으로 소비되고 있는 이 아무개 배우의 사례는 다소 특이 케이스로, 이만한 일을 저질러 놓고도 고개를 들고 나올 수 있는 괴악하고도 드문 사례다. 일을 가리지 않는 성실함(?)과 독특한 캐릭터성이 모든 악재를 압도한 결과라고 할까? 이런 사례와 비교하면 자신들은 별 게 아니라 생각해서일까, 반성조차 그다지 없이 다시금 고개를 들이미는 음주운전자들이 많은 것도 참 난감하다.

한데 만화나 애니메이션, 게임 쪽의 종사자는 TV 화면에 주로 나오는 사람들이 아니다 보니 대중들의 시선이 비교적 덜 모이는 편이긴 하지만, 오덕질의 시작점을 만드는 것이 바로 이들이다 보니 오덕 입장에서는 -시장과 팬층의 규모와는 상관 상관없이- 나름대로의 충격을 받게 마련이다. 이를 다른 말로 하면 아이구 이쪽도 만만치 않아, 정도로 이야기할 수 있을까?

애니메이션 더빙에서 배역의 성격을 가리지 않고 다채로운 음색을 들려주어 내가 참 좋아했던 박 아무개 성우는 2005년 무렵 후배를 상습 폭행하고 배역을 강탈하는 바람에 소속되었던 방송국 성우극회와 한국성우협회에서 제명됐다. 한국에서 성우라는 직업의 특성상 이들 협회에서 제명된 성우는 프로인 정식 성우로서는 활동할 수 없으니 나름대로 합당한 대가를 치르고 있는 셈이다. <체포하겠어> 한국어 더빙판에서의 전천후 활약에 반했던 사람으로서 더 이상 그 목소리를 좋아할 수 없게 된 것이 아쉽지만, 고작 아쉽다는 이유로 죄를 덮을 수는 없다.

일본 시대극으로 일본은 물론 한국 및 해외에서도 오랜 시간 화제를 모으고 애니메이션과 실사 영화로도 제작되었던 <바람의 검심>의 작가는 지난 2017년 아동 매춘·아동 포르노 금지법 위반(단순 소지) 혐의로 불구속 입건되었는데, 사무실에 10대 여성 아동의 알몸이 담긴 실사 영상물을 DVD 형태로 100여 장 가량 구입, 소지한 혐의였다고 한다. 경찰 조사에 따르면 '초등학교 고학년에서 중2 정도의 소녀를 좋아했다'라고 진술했다. 다만 다른 혐의자들이 단지 검사, 순경, 지방의원, 의사 같이 직책 등으로만 소개된 데 비해 이 작가만 <바람의 검심> 작가라고 작품명까지 공표되는 바람에 사람들이 못 알아볼 수가 없었는데, 그런 연유 탓인지 약간의 동정론(?) 내지는 일종의 방패로 쓰였다는 인상이 있었던 모양이다. 작가는 자숙 후 <검심> 관련 작품 활동을 계속 이어가고 있고 신판 애니메이션도 나오고 있지만, 막상 메이지 유신을 전후한 시기의 일본 역사를 이야기할 때 빼놓기 어려운 작품임에도 책장에서 꺼내들기가 몹시 껄끄러운 기분이 되고 말았다. 1990년대를 대표하는 만화 중 하나로 많은 이들에게 오랜 추억이 있는 작품이고, 나 또한 그러하다. 그러니 책장에 판본별로 꽂혀있는 판에 볼 때마다 난감한 기분이 휩싸이곤 한다.

한데 <바람의 검심> 작가가 아동 포르노를 '소지'한 죄였다고 하면, 실제로 성희롱, 성추행 등 성적인 문제를 일으켜 문제가 된 사례들은 재론의 여지 자체가 없다 할 것이다. 국내 만화계에서도 일부 작가들이 성 문제 폭로로 퇴출되기도 했는데, 만화 저작권 문제 등에 앞장서 목소리를 내던 정 아무개 작가가 대표적인 사례다. 약초와 호랑이 등을 소재로 한 독특한 아날로그적 원고로 인기를 끌었지만 어시스턴트비를 제대로 주지도 않은 것도 모자라 언어적, 직접적 성추행을 가한 것으로 폭로된 이래 재판에 넘겨졌다. 1심에서 징역 8개월에 성범죄 예방 프로그램 40시간 이수를 선고받았으나 2심에서는 '죄질은 불량하나 초범이고 피해 정도가 비교적 중하지 않다'면서 집행유예를 선고받고 그 이후 만화계에서는 퇴출되다시피 했다.

  나는 저 이가 업계에서 창작자로서 위계를 세우는 것을 중요하게 여기는 인물인 줄은 그와의 개인적인 경험으로 말미암아 알고 있었다. 그러지 않고서야 창작자가 아니라는 이유로 남의 경력을 없는 것 취급하지는 않았을 테니까. 하지만 그 위계가 다른 쪽으로도 작동했을 줄이야. 하지만 이러한 일을 벌인 게 비단 이 사람만은 아니다. 알고 지낸 이들, 말을 섞어 봤던 이들, 심지어 일을 함께 도모했던 이들까지도 비슷하게 어시스턴트, 혹은 팬 앞에 위계를 앞세워 안 좋은 일을 저지르고 무너져 내려가는 경우를 이후로도 수차례 목도했다. 단지 업계인으로서만이 아니라 작품을 지켜봐 왔던 독자로서도 책장 중간중간에 끼어 있는 책들을 보기 껄끄러워진 일들이 한둘이 아니었던 셈이다. 작품과 작가를 덕질했던 이들에게 이런 소식은 재난과도 같다. 작품과 사람을 동일시할 수만은 없다고 위안을 삼아본들 지금까지와 같은 시선으로 바라볼 수는 없기 때문이고, 그가 사회적 발언을 내어놓던 이들이라면 졸지에 피해가 전방위로 퍼지게 되기 때문이다.

사실 만화 쪽에는 옛날부터 위계에 따른 성폭력 문제들이 드러나지만 않았을 뿐 많았던 것으로 알려져 있다. 선생님과 제자 관계로 엮이는 도제식 만화 교육 체제 아래에서 벌어진 "임신시켰대"류 일들은 공공연한 비밀처럼 이야기되어 오곤 했다. 그러니 공론장에 폭로되고, 재판에 넘어갈 수 있는 지금은 차라리 조금 나아진 것인가 아니면 여전한 것인가. 여성을 물건으로나 취급하고 수동적인 데다 목적을 위해서라면 몸을 던진다는 식으로 드러내놓고 그려대는 젊은 남성 만화가들이 여전히 대거 인기를 끌고 있는 걸 보고 있노라면 형태만 바뀌었을 뿐 사회 기저 인식이 여전히 룸살롱 분위기를 세대를 거듭해 유지하고 있는 게 아닐까 하는 절망도 있다. 분명한 건 만화 덕질도, 이렇게나 아이돌 덕질 못지않게 힘들다는 점이다.

덕심을 식게 하는 것들

덕질하다 보면 덕심을 순식간에 식게 만드는 일들도 많

다. 이를테면 타인의 작품을 베끼는 경우는 어떨까.

 사실 대중문화에서 표절 시비는 다소 억지로 꿰어 맞춘 비난인 경우도 종종 있다. "DAW(Digital Audio Workstation, 디지털 작곡용 프로그램)가 음악 창작을 망치고 있다" 같은 몹시 괴악한 발상이나, 풍자만화인 <윤석열차>가 외국 작품을 표절했다는 주장에서처럼 억지를 부리는 경우도 왕왕 있다. 유튜브나 커뮤니티 등지에서 관심을 끌기 위해 마구잡이로 시비를 거는 경우도 있기 때문에, 표절 논란이 아무렇게나 일어나는 것은 경계해야 하는 일이다.

 하지만 와중에는 아이디어를 넘어 시각적으로 구현된 그래픽에서 빼도 박도 못하고 베꼈다고 밖에 할 수 없는 사례들도 있다. 특정 작품을 보면서도 어 이 대사와 연출을 그대로 쓰다니…라는 경우가 없는 건 아니지만, 아예 가져다 붙인 경우들을 만나게 되면 더 이상 작품을 구입하거나 결제할 의지가 사라질 수밖에 없다. 일본 만화를 통으로 베껴 조악한 품질로 내어놓았던 해적판, 표절 만화로 어린 시절을 보냈던 입장에서야 우리 만화사의 어느 한 시기가 보여주던 웃지 못할 풍경이라는 말을 일부가 꺼낼 수는 있겠고, 만화계 어르신들의 경우에도 표절작을 두고 있는 경우가 왕왕 있기는 하지만, 지금에 이르러서도 그런 일이 생기면 곤란한 기분에 빠지고 만다.

 드물게 좋아하는 작품을 그렸던 작가의 밑바닥을 확인

하게 되는 경우에도 덕심은 식는다. 업계인으로서가 아니라 팬이라도 작가를 직접 만나서 이야기할 기회가 없는 것은 아닌데, 그렇게 만나 이야기를 나누다 보면 작가의 기저 의식들이 말 속에 튀어나오는 경우가 왕왕 있다. 이를테면 특정 장르를 향한 몰이해나 LGBTQ에 대한 비하, 여성 혐오나 역사의식 부재 등이 드러나는 경우도 있고, 내가 직접 겪은 바로는 잘못된 노동관, 연하를 대상으로 대뜸 말부터 놓는 태도 같은 것이 드러나는 순간 아무리 좋아하는 작품을 만들었던/작품에 참여했던 사람이라 하더라도 거리가 멀어질 수밖에 없다. 그래서 어느 순간부터는 만화 창작자나 성우 같은 이들을 직접 만나는 건 정말 일이 아닌 이상 삼가게 된다. 일말의 팬심이 무너지는 경우가 생각보다 잦기 때문이다.

대작가라는 호칭이 어색하지 않은 어르신이 만화가들이 받는 처우와 그 개선 방향에 대해 논하는 자리에서 "그런 거 생각할 것 없이 열심히 그리면 돼"라 뇌까리는 걸 눈앞에서 지켜봤을 때의 실망을 생각할 수 있는가? 본인의 큰 성공 아래에 후배들의 현재를 파묻는 기분이어서 그 이후로 차마 작품을 쉬 열어보기 어려운 기분이었다. 다른 사례로는 인터뷰를 요청해 처음 만난 자리에서 대뜸 말부터 놓는 인기 성우를 봤을 때를 꼽을 수 있겠다. 당시 내가 20대 정도였지만 초면에 거의 어린애 취급을 하기에 놀랐는데, 꽤나 중요한 작품의 주연이었기 때문에 계속해서 목소리를 듣게 되었지만 이전과 이후가 같을 순 없었다.

아예 직접 드잡이를 당한 경우도 있다. 내 몇 안 되는 코스튬 플레이 경험 중 하나를 차지하고 있는 작품의 스토리 작가는 해당 작품과 관련해 성명표시권 침해, 공동 창작자의 저작권 비 보장, 불합리한 계약 조건 등 만화계에서 벌어졌던 불합리한 관행을 고스란히 답습한 바 있다. 이를 다른 스토리 작가가 밖에서 언급하자 그를 민형사 고소했고, 이듬해 2심 항소 기각에 민사 2심 항소 포기라는 결론을 받아 들였다. 이 과정에서 재판 상황을 정리해 사이트에 올린 나에게 "귀하의 논평은 사실이 아니며 심각한 2차 가해"라며, 글을 삭제하지 않을 시 언론중재위원회 제소 또는 민형사상 법적 절차를 밟겠다고 협박해 오기도 했더랬다. 결국은 패소로 명확히 결론 나면서 더 어쩌지는 못했다지만, 심각하게 실망감을 안긴 것도 모자라 고소 협박을 가한 시점에서 덕심이고 뭐고 남아 있을 구석은 이미 없었다.

후회, 하지만 흑역사가 없으면 덕질도 아니다

만화 쪽 일을 오롯이 업으로 삼게 되긴 했지만, 덕질을 깊이 하면서 기록으로 남기다가 그 자체가 업이 된 경우기 때문에 결국 나는 업계인인 한편으로 여전히 만화 오덕이다. 만화에 대한 접근 자체를 직업 연구자나 평론가와는 달리 만화라는 매체와 형식 그 자체에 매료되어 시작한 경우고, 결국 애니메이션이나 성우에 대한 덕질보다 만화 쪽으로 좁혀 들어갔던 것도 만화에 대한 마음에 좀 더 집중하고 싶었기 때문이다. 그런데 처음부터 일로서 건조하게 시작한 게 아니다 보니, 은연중에 내가 창작자들을 만날 때 '선배님'이 아니라 '작가님'으로 대하게 되곤 했다.

하지만 시간이 지나면서 그 '작가님'들의 민낯에 해당하는 사례들을 자주 목도하게 된다. 자신이 주도하지 않는 업계 움직임은 인정하지 못했던 권력욕의 화신도 있고, 작품이 아니라 명패를 만드는 데에 급급한 이도 있으며, 선배 타령 말고는 할 줄 아는 게 없는 이도 있다. 만화가가 아니면 아예 경력 자체를 인정 않는 사례는 비단 내가 겪은 것만도 아니다. 오죽하면 내가 "정말 더러워서, 만화를 그리고 말지"고 생각하게 됐을까?

그런데 이것이 비단 지금만의 문제는 아니다. 만화의 대가 한 분이 돌아가셨을 때 장례식장에 갔다가 괴이한 장면을 목격했더랬다. 워낙 고령의 대가셨던지라 그 후배라 할 분들도 7~80대셨는데, 그중 장례식장에서도 고성이 일어날 정도로 척을 진 사이들이 있었다. 이건 앙숙 같은 표현으로 말하기에도 모자란, 원한과 애증이 세월과 함께 쌓이면서 만들어낸 무언가였다. 어안이 벙벙하던 나에게, 한 원로 선생님이 웃으며 이렇게 말씀하셨더랬다. "이게 우리야! 서찬휘. 이걸 너 같은 사람이 봐 둬야 해."

업계인이라면 이해득실을 저울질하며 웃어 넘어가는 경우가 많겠지만, 만화를 덕질하는 입장에서는 왜 이 좁은 바닥에서 이렇게나 어처구니없고 어설프고 심지어는 유치한 마음들로 임하고 있을까 하는 심정이 들긴 한다. 정작 이 땅의 만화를 움직이고 있는 이들이 그다지 좋아하기 어려운 모습들을 오랜 시간에 걸쳐 보여주고 있음을 확인할 때, 차라리 깊이 들어오지 않는 편이 나았을까 하는 심정에 휩싸이고 만다. 차라리 몰랐으면 재밌게나 읽고 재밌게나 즐겼으련만, 이젠 사람들의 표정부터 떠오르고 만다.

이렇게 나의 덕질은, 깊숙이 들어온 덕(?)에 일정 부분은 매일매일의 흑역사를 갱신하고 있다. 하지만 인간관계와 마찬가지로 덕질은 깊숙이 들어가지 않으면 성립하기 어렵기도 하다. 결국 흑역사가 없으면 덕질이 아니기도 하다. 슬프지만, 만화를 덕질하다 업으로 삼은 이상 이 꼴들을 계속 보게 될 것 같다. 그래도 조금은 덜 나빠야 한다는 심정으로 나아갈 뿐이다.

오덕 27

추억도 경험도 부식한다

만화책에 깔려 사는 팔자의 비명

우리집에서 내 방과 아내 방은 컴퓨터가 놓여 있는 책상 부분과 문 부분을 제외하면 문자 그대로 3면이 책장이다. 책장에는 만화와 관련 서적들이 그득하다. 몇 트럭 분량 수천 권 가량을 기증이란 명목으로 만화 도서관과 학교 등지에 보내놓고도 빈 공간이 없어서 책이 바닥과 책상 위에 쌓여 있다. 애가 자라면서 애 책도 생기고 있는 통에 책에 깔려 사는 팔자를 벗어날 수는 없는 건가 하는 절망 아닌 절망(?)도 있다. 내가 책을 읽으려고 샀지 모시려고 샀나 하는 심정에 이놈의 책들 이제 싹 다 갖다 버리고 싶다고 발작난 듯 외치기가 하루 이틀이 아닌데, 그럴 때마다 아내는 이게 다 당신 재산이고 버리면 꼭 필요해서 다시 살 날 올 거라면서 말린다. 맞는 말이겠지만 그럼에도 3중 책장까지 설치해놓고도 감당이 안 되는 책들이 이젠 미워서 어쩔 줄 모르겠다 싶을 지경일 때가 많다.

비디오까지 합세했던 때의 풍경

그나마 만화로 분야를 좁혀서 이 정도지, 애니메이션이나 성우까지 덕질하고 있었을 때의 풍경은 한층 더 심각했다. 나는 만화인이라는 사이트를 운영하면서 이와 관련한 정보들을 쟁이던 편이었는데, 당시는 한국산 애니메이션은 안 치는(?) 분위기가 역력했고, 불법이더라도 일본 작품을 그대로 보는 게 참된 오타쿠로서의 자세(?)였으며, 자연스레 한국어 더빙판이라는 존재는 정도가 아닌 사도(?) 취급을 당했다. 그러던 것이 지금에 와서는 옛 한국어 더빙판의 주제가 등이 명곡이라네 하면서 회자되는 걸 볼 때면 허허 웃음이 나올 정도니, 그때의 분위기가 어떠했는지는 짐작할 수 있을 것이다. 그리고 나는 바로 그 사도 쪽에 관심이 많았다.

지금이야 IPTV나 OTT라는 게 생겼고 각종 정보들은 검색을 통해 간단히 얻을 수 있는 시대가 되었지만, 당시는 방영 시간을 놓치면 다시 볼 수가 없었고 웹 검색조차 되지 않던 한국인 참여자들의 정보를 모으려면 방법이 하나밖에 없었다. 녹화해서 틀어놓고 받아적기 + 노래 녹음하기. 정보 집적형 오타쿠의 전형적인 모습이지만, 문제는 그렇게 정리하다 보면 필연적으로 늘어나는 게 비디오테이프였다. 그나마 유명작이면 이후 테이프나 DVD 따위 미디어로 출시될 여지나 있지만, 내가 좋아하는 작품들 상당수는 편수가 너무 많거나/덜 유명하거나 하는 경우가 많았다. 결국 나중을 기약할 수 없으니 닥치는 대로 다 녹화하는 수밖에 없었다. 그러니 비디오테이프가 얼마나 쌓였을까? 비디오테이프가 처치 곤란으로 벽장에 쌓이는 건 비단 나만이 아니라 당시의 우리네 일본 애니메이션 오덕들이 대체로 그러했겠지만, 아마 나만큼 한국 애니메이션과 한국어판 애니메이션 녹화본을 책장 단위로 쌓은 경우는 많지는 않으리라 생각한다. 다시 말해 그 테이프들이 책과 함께 뒤섞여 방 하나를 가득 채우고 있었던 셈이다.

그러나 만화 쪽으로 활동 폭을 확실히 좁히기로 하면서, 그리고 애니메이션 전문 방송 채널이 늘어나는 가운데 한국어 더빙을 아예 않는 작품들이 늘어나면서, 더 이상 나의 역할이 있지는 않겠구나 하는 심정으로 더 이상의 녹화질은 안 하게 됐다. 게다가 이제 와서는 얼마든지 원하는 시간에 정식으로 작품을 구매해 볼 수 있는 시대가 열렸으니 굳이 정보를 일일이 정리할 이유 자체가 원천적으로 사라졌다. 《만화인》이라는 사이트를 기억해주는 이들도 이제는 거의 사라졌지만, 그럼에도 그때엔 그런 정보 하나하나가 희귀성이 있었고, 나 또한 틈새시장을 통해 그 나름의 진정성을 인정받고 입지를 확보해 나갈 수 있었으니 그리 아쉬울 건 없는 결론일 것이다.

그런데 문제는 그런 관념적인 부분보다 현실적인 부분

이다. 책은 그나마 내보낼 걸 내보내고 나서 남은 수천 권을 책장에 어떻게든 욱여넣고 있지만, 비디오테이프들 가운데 상당수는 이사를 거듭하며 버렸음에도 남은 분량이 이불을 포장하는 데 쓰는 큼지막한 상자 하나를 가득 채운 채 광에 처박혀 있다. 사정상 인코딩을 따로 하고 있지도 못하지만, 더 큰 문제는 다시 재생하기도 두려운 상태라는 점이다. 보관을 잘 한다고 했는데도 출력해 붙여놓은 라벨에 검은 반점들이 쭉 번져 있는 걸 발견한지가 오래 전인데 차마 떼지도, 플레이어를 꺼내어 연결해 확인하지도 못하고 끙끙대며 닫아두고 방치하고 있는 것이다. 보나마나 곰팡이인데, 어떻게든 꺼내어 백업을 하고 폐기하자고 마음먹기가 쉽지 않다. 한 시기의 나를 만들어주었던 원천들이, 이렇게 어떻게 해 보기가 어려운 형태로 뭉개져 있다.

  그래도 만화로 집중하기로 했다면 책은 남아 있으니 괜찮지 않을까, 라고 한다면 그 또한 난감한 일에 봉착해 있다. 애를 낳고 키우다 보면 자연히 갓난아기가 이래저래 뒹굴면서 손에 잡히는 걸 잡아다가 뜯게 마련이다. 그리고 너무나 당연하게도 사방이 책장인 우리집에서 상당히 많은 만화책의 표지가 아이 손에 잡아 뜯기고 찢겨나갔다. 갓난아이가 한 일이니 어쩌랴 싶지만, 이렇게 이빨이 빠지거나 심지어 이젠 절판되어 새로 살 방법도 없는 책들이 많다. 난감하다는 말 말고는 더 할 수 있는 말이 없다.

연락처도 부식한다

 시간은 속절없이 흘러간다. 경험은 남아 미래로 향하지만 물건과 기억은 착실하게 부식해 간다. 책과 비디오테이프처럼 물성이 있는 것들은 시간이 지나면 여러 이유로 물리적 훼손을 피하기가 어렵다. 새삼 나는 수집가는 못 되겠다고 깨달았던 게 바로 이런 부분이다. 책이나 비디오만이 아니라 피규어나 일러스트레이션 포스터 따위도 이사 와중에 꽤 상했고, 카세트 오디오 테이프들도 다 늘어지도록 들어서 다시 들을 수도 없게 된 경우가 허다하며, CD도 케이스가 제대로 보관된 게 별로 없다. 내용만 내 안에 남아 기억을 만드는 데 쓰이고 나머지는 엉망진창이 된 경우가 많은 셈이다.

 그런데 과연 물성 있는 것만 이런 훼손을 당할까? 그렇지만은 않은 모양이다. 문득 나의 오덕 생활 가운데 많은 비중을 차지하던 것을 복기하던 차에 소름 돋는 걸 발견했다. 나는 자료 수집이 중요한 형태의 덕질을 해 왔는데, 필요한 경우 관계자들에게 어떤 방식으로든 연락을 취해 입장을 듣거나 간단하게라도 인터뷰를 하여 이를 소개하는 방식을 취해 왔다. 처음 보는 사람과도 10년은 알고 지낸 사이처럼 들이대고 돌아서면 얼굴도 잊을 수 있는 이 뻔뻔한 성격 덕에 가능한 일이지만, 덕분에 나는 활동을 하면서 은연중에 전화번호부 노릇을 하는 경우가 왕왕 있다. "찬휘 씨라면 ○○ 작가의 연락처를 알 것 같아서" 같은 이야기도 제법 듣는 편이었다. 이메일과 전화번호를 비롯한 연락처는 그래서 내 덕질 활동에 매우 중요한 자산이었고, 이를 파악하기 위한 대외 활동과 정보 수집을 게을리 하지 않는 편이었다. 한 시기 만화 관련한 행사는 정말 무엇이 됐든 빠짐없이 챙겨 돌아다녔고, 작가들을 비롯한 관계자들과 인연을 맺는 데에도 열중했다. 지역민으로서 많으면 주 3~4일을 통으로 털어서 서울을 오가며 시키지도 않은 취재를 다니고 정보 정리를 했던 건 그 자체가 내 자산이 될 것임을 확신했기 때문이고, 그 시기엔 그게 내 정체성이었다.

그런데 그런 연락처들도 부식한다는 사실을 얼마 전 문득 깨달았다. 당장은 아니지만 언젠가 쓰고 싶은 책을 위해 아이템을 정리하다가, 이건 미리 인터뷰를 위해 언질은 해 두어야겠다 싶어 연락처를 뒤지다 문득 아연실색하고 말았다. 앞자리 번호가 010이 아니었다. 이게 무엇을 의미하는가 하면, 이제 이 연락처로는 해당하는 사람에게 전화를 걸 방법이 없음을 뜻한다. 011, 017, 018 등의 번호가 010로 통합된 지도 한참 지났고, 옛 번호로 전화 걸면 자동으로 연결해 주는 서비스도 끝난 지 오래다. 010 번호 다음에 오는 국번은 이제 와서는 대체로 네 자리지만 옛 번호들은 거의 세 자리니, 앞번호만 010으로 바꾼다고 해결되지 않는다.

문득 전화번호부에 들어가 있는 번호 중 이렇게 연결될 방법이 사라진 경우가 더 있나 살펴보았다. 많은 경우는 그 이후에도 연락을 주고받은 결과 옛 번호와 현재 번호가 중첩되어 저장돼 있어 다행이었지만, 또 많은 경우는 덜렁 옛 번호만 있었다. 번호가, 의도치 않게 부식된 것이다. 그나마 이 상황을 깨닫게 한 분의 번호는, 우격다짐으로 세 자리만 남아 있는 옛 번호의 남은 한 자리에 경우의 수를 모조리 때려박은 끝에 가까스로 연결이 되어 사정을 이야기하고 훗날 취재를 허락받을 수 있었다. 하지만 이것도 정말 행운일 뿐이지, 번호 자체가 아예 처음부터 끝까지 바뀐 경우는 어찌할 방법이 없다. 나의 한 시기 중 일부가 이렇게 또 부식된 것이다.

웹툰의 망실 위협과 아카이빙의 필요성

물성이 없는 데이터 단위의 덕질도 부식될 수 있다. 이를테면 웹툰이 그렇다. 책은 물리적으로 훼손되거나 분실될 수 있지만 웹툰은 접속만 하면 언제든 읽을 수 있다고 생각되기 쉽다. 하지만 웹툰을 서비스하는 업체 자체가 문을 닫으면 어떨까? 포털 웹툰의 여명기를 함께 했던 야후 코리아와 파란은 2012년에 서비스를 종료했다. 그보다 앞서서는 《엠파스》가 있는데, 대표 격인 작품의 경우 일찍이 타 사이트로 이전한 데다 업체 자체가 인수합병되어 사라진 것인지라, 이용자들 사이에서의 충격은 아예 서비스를 종료한 야후 코리아와 파란이 훨씬 컸다.

이들 사이트에서 연재되었던 많은 웹툰들은, 다른 업체에서 다시 공개된 극히 일부와 책으로 나온 경우를 제외하면 사이트와 함께 완전히 사라졌다. 이를 전후해 웹툰 서비스 업체가 폭발적으로 늘었다가 점차 정리되어가는 과정이 있었는데, 마찬가지로 많은 작품들이 사이트와 함께 명을 다했다. 업체도 작품도 시장 규모에 비해 너무 많이 늘었다는 지적은 가능하겠다. 하지만 정작 세상에 나온 작품들이 각각의 독자들을 만났음을 생각하면 작품의 망실은 곧 독자 경험의 망실이기도 하다. 야후 코리아와 파란의 영업종료는 그중에서 매우 상징성을 띤다. "이만한 포털도 문을 닫을 수 있다"를 확인시켜 주었기 때문이다.

세상에 영원한 것은 없으니, 네이버나 현재의 카카오(옛 '다음')가 어찌 될지는 또 모를 일이다. 일부 만화가와 관계자가 한때 한창 네이버 웹툰에 대한 비판적인 입장이 모이는 상황 앞에서 "자꾸 그러다가 네이버가 웹툰 접는다고 하면 어떻게 해?!"라며 비명을 질러댄 적이 있다. 눈앞에서 이런 말을 들으며 정말 쓸데없이 마름 노릇이구나 하는 심정에 한숨이 나오면서도, 만약 접으면 접는 대로 대사건이 될 수밖에 없긴 하다는 심정에 쓸쓸함을 감출 수 없었다. 웹툰 '산업'이 여전히 상위 두 업체에 많이 의

존하고 있는 이상 더욱 그러하다. 비슷한 견지로 내가 책 놓을 공간이 없다면서 근래 많이 구입 중인 전자책의 경우 전자책 업체가 문을 닫으면 내 소유인 책들은 어떻게 될 것인가 약간 모골이 송연해지긴 했더랬다. 이 질문에 지인은 "괜찮아요, 그 정도 규모면 어디라도 사갈 거요"라 하긴 했는데, 야후 코리아와 파란 때를 생각하면 그게 그렇게 말끔하게 이어질 지는 잘 모르겠다.

  망실에 대한 우려만이 아니라 형식의 부식도 문제가 된다. 웹툰의 특징을 정리하라면 역시 전자통신 기술의 발전과 출력 형식에 조응해 등장했다는 점을 들 수 있을 텐데, 가장 아날로그적 매체인 만화가 당시의 통신환경 발전과 모니터 화면을 만나 구현하는 데에 가장 저렴하지만 강력한 표현 방식을 찾아 표출된 결과가 바로 웹툰이라 할 수 있다. 그래서 웹툰은 많은 경우 계속해서 당대 기술적 이슈와의 결합이 화두로 떠오르는 매체였다. <와라! 편의점>처럼 애니메이션 형태로 영상화한 웹툰이 웹툰 연재란 속에 섞여 등장하기도 하고, <옥수역 귀신>처럼 중간에 독자 시선이 특정 위치에 닿으면 강제로 스크롤을 내리면서 애니메이션 효과를 주는 경우도 등장했으며, 네이버의 공포 단편 시리즈 웹툰처럼 AR 등의 기술을 도입한 사례들도, BGM을 적극 도입한 사례도 있다. 최근엔 <마주쳤다>처럼 AI를 적용한 작품도 있고, 스피어툰처럼 VR 전용 웹툰 서비스가 등장하기도 했다.

이렇게 새 기술까지 가지 않더라도 스마트폰 시대가 열리면서 스마트폰에서의 노출에 맞게 웹툰들 자체가 연출과 표현 방식을 조정하는 움직임도 있었다. 이러한 새로운 시도들이 등장할 때마다 웹툰 독자로서는 신기하고 재밌어하지만, 매체가 기술의 발달에 적극적으로 따른다는 건 바꿔 말해 기술 발전 속도에 따라 현재 것이 곧바로 구식이 된다는 이야기도 된다. 일례로 공포 장르의 특성을 매우 잘 적용해 센세이션한 반응을 불러일으켰던 <옥수역 귀신>의 경우 웹브라우저를 강제로 스크롤하는 데에 자바스크립트와 어도비 플래시 기술을 일부 활용하고 있다. 플래시는 한때 웹에서 멀티미디어를 구현하는 데에 빼놓을 수 없는 중요한 플러그인이었지만, 스마트폰 시대를 확실하게 열어젖힌 애플 아이폰에서 플래시 기술을 배제하기로 한 이래 영향력이 급속하게 떨어지며 급기야 2020년 말 제조사 차원에서 사실상의 사망 선고를 내렸다. <마시마로> 같은 웹캐릭터는 물론 <내 친구 우비소년>과 같이 TV 애니메이션 제작에까지 활용되었던 플래시였지만 그야말로 역사의 뒤안길로 완전히 사라지고 만 것이다. <옥수역 귀신>은 호랑 작가가 플래시 지원 종료를 앞두고 WebGL이라는 새 기술로 새롭게 제작해 올리기도 했지만, 매번 이렇게 새 기술에 대응할 수는 없는 노릇이니 정말 특이한 사례라 할 만하다.

기술 발전에 매체가 뒤처지는 대부분의 경우, 아예 재

생할 방법 자체가 사라진다. <카우보이 비밥>에서 페이 발렌타인의 비디오테이프를 재생하기 위해 재생기를 찾아다니는 에피소드가 등장하기도 하고, 심지어 그 물건이 VHS도 아닌 소니 베타라고 하는, 일반인대중들에겐 매우 마이너한 물건이란 점에서 탄복하기도 했지만, 그건 작중에도 나오듯 그나마 재생기가 박물관에라도 있기만 하다면 재생할 방법이 0은 아니다. 그러나 아예 물성이 없는 경우는, 시간이 지나면 정말 보던 형태 그대로의 감각을 훗날 다시 확인할 방법이 사라질 수도 있고, 사이트 자체가 사라지는 상황이 오면 그나마도 불가능하다. 나름대로 공간을 차지하지 않고도 읽을 수 있다는 것이 장점이라 여겼던 디지털 데이터로서의 만화 콘텐츠가, 다양한 경험치 자체를 기억 속에만 남긴 채 부식될 가능성을 항상 끌어안고 있어야 한다는 건 다소 막막하기도 하다.

그래서 한국만화영상진흥원의 만화 콘텐츠 디지털 아카이빙 사업의 중장기 발전 전략 수립 연구 용역에 참여하고 이후 관련한 의견을 내게 되었을 때, 나는 이와 같은 사례를 지켜봐 온 경험을 바탕으로 웹툰 작품들을 전수 수집할 수 있게끔 사업이 추진되어야 함은 물론, 이후 당시 모습 그대로 재생이 불가능한 상황에 놓일 수 있는 작품의 경험치 전달을 위해, 일부의 경우 범용적인 비디오 컨테이너 포맷(MP4 등)으로 녹화해 기록해 둘 필요가 있음을 역설하기도 했다. 안타깝게도 추진 상황은 내가 바라는 방향과는 완전히 다른 형태로 진행되며 아카이브 시스템을 가장 많이 이용하게 될 업계인들과 연구자들에게 비판을 받는 처지가 되어 있다. 너무나 속상하지만, 그럼에도 마지막까지 바라자면 시간이 걸리더라도 웹툰을 깊이 애정하고 지켜보는 이들에게 경험과 추억의 마지막 보루 역할을 할 수 있도록 준비되어야 하지 않을까 싶다. 시간에 따른 부식은 막을 수 없을지라도, 다른 것과는 달리 작품만큼은 도서관과 박물관에 보관할 수는 있어야 한다.

에필로그

덕질은 엮어낼 의미를 찾는 여행

 2023년 8월의 마지막날. 슈퍼문이 떴다. 블루문까지 같이 떴다고 했다. 이번에 못 보면 14년을 기다려야 한단다. 소셜 네트워크에는 사람들이 달 사진을 찍어 올리는 데에 여념이 없다. 아폴로 11호의 달 착륙 이래로 달은 소원을 들어줄 대상이 아니라 발 딛을 수 있는 어떤 곳이 되었지만, 그래도 사람들은 달을 보며 낭만을 찾는다. 달을 잘 찍을 수 있다는 것이 주요 판촉거리인 스마트폰도 있을 정도면 다른 천체와는 달리 달이 지닌 상징성이 상당히 크다는 걸 알 수 있다. 생각해 보면 <세일러문>에 등장하는 캐릭터들도 다른 애들은 모조리 행성 이름인데 주인공은 지구의 위성일 뿐인 달 아닌가!
 사람들이 달에 의미를 두는 건 해와 더불어 인류에게 가장 친숙한 천체기 때문일 터다. 그래서 과학이 지배하는 이 시대에도 달에 얽힌 갖가지 이야기들은 낭만처럼 사람들 사이에서 전해 내려온다. 실제로 달에는 토끼가 떡방아를 찧지 않고, 달 자체가 호랑이를 피해 올라간 오누이 중 오빠도 아니며, 카구야히메가 돌아간 도시도 없다. 그럼에도 사람들은 달에 의미를 부여하며 특별히 여긴다. 누군가에게는 아무런 의미가 없어 보일 것에조차 누군가는 끊임없이 이야기를 덧붙이고 있는 것이다. 슈퍼문도 뭔 슈퍼문이 그리 잦은지 매번 이번에 못 보면~으로 시작하는 이슈가 만날 돌아다니지만 그래도 말 나올 때마다 밤하늘 한 번 더 올려다보며, 그래 내 사진기는 비루해서 어려워도 눈에라도 한 번 더 담아보자, 이번에 못 보면 몇 년 더 있어야 한다며?라 뇌까리게 된다.

생각해 보면 세상의 모든 이야깃거리들은 이렇듯 어떤 이들이 보기엔 하등 쓸데없고 근거 없는 잡설에 지나지 않지만, 또한 어떤 이들에게는 부여된 의미를 찾을만한 거리가 되고 기꺼이 골치를 썩으며 먼 길을 찾아갈 원동력이 된다. 문득 왜 산에 가냐는 질문에 "거기에 산이 있으니까"란 선문답을 남기고는 기어이 에베레스트에 잠들고 만 조지 맬러리를 생각해 본다. 저 우주 저편에 떠 있을 뿐인 명왕성이 행성인지 아닌지를 놓고 아쉬워하는 사람들의 마음도 생각해 본다.

자연은 자연이고 물건은 물건, 숫자는 숫자일 뿐인데 많은 이들은 이 아무 의미 없어 보이는 짓에 시간과 돈을, 심지어는 에베레스트 초등을 목표로 했던 맬러리처럼 목숨이나 그에 준하는 것도 아낌없이 걸고야 만다. 그 결과가 자기만족에 불과하고 때로는 실패로 확정된다 하더라도, 사람들은 그 실패까지 포함해 이야기를 만들어 낸다. 이를 완성된 스토리로 구축해 내고자 하는 것이 스토리텔링의 시작점이지만, 뒤집어 보자면 대상을 한층 더 풍성하게 소비하고자 하는 욕구의 발현이기도 하고, 그것이 바로 오덕질, 나아가 덕질의 시작이기도 하다.

덕질은 그런 점에서 이야기를 만들어 내는 창작 행위와 종이 한 장 정도의 근소한 차이를 지니고 있다. 대상을 소재로 삼아 오리지널리티를 갖춘 이야기를 만들어 내느냐 또는 오리지널리티를 갖추게 된 대상을 즐겁게 소비하기 위한 방식으로 이야기를 붙여 내느냐라는 점에서 종이 한 장이 어지간히 두껍게 느껴지기도 하지만, 한편으로 덕질은 그만큼 다양한 의미를 덧대어 대상을 풍성하게 해석할 수 있는 방안을 만들어 내는 중요한 역할을 한다.

2차 창작물을 직접 그려내는 선까지 가지 않아도 그렇다. 대상을 향한 적극적인 소비 욕구, 그리고 그 끝에서 의미를 자아내고 엮으려는 일체의 행위는 넓은 의미에서 모두 덕질이다. 어디에 의미를 붙이려는지에 따라 갈래가 수천수만으로 갈리게 되는 것이 덕질의 재미이자 아득한 점이기도 할 것이다. 덕질을 시작하고 유지하기 위한 자기 안의 이유가 사람마다 다르기에, 공통된 이유를 찾을 방법은 사실 없다. 마음 안에 그만큼의 의미가 쌓였다면, 이를 어떻게든 소화하고 풀어낼 수밖에 없는 것이다. 의미를 쌓아놓다 못해 못 참고 흘러넘치게 되면 이미 주체할 수 없다. 주체를 못한 사람이 오덕이 된다. 예전엔 일본 쪽의 방어적 논의를 받아들여 오타쿠가 전문성과 깊이를 갖춘 반 직업인이라는 관점이 있었지만, 오덕이라는 표현을 넘어 덕질이 모든 분야로 보편화한 시점에서는 각자의 의미를 부여할 수 있는 모든 대상이 덕질로 받아들여지게 된다.

그래서, 돌아와 너는 덕질을 왜 하는가라는 숱한 질문 앞에서 조지 맬러리의 선문답이 떠오를 수밖에 없는 것 같다. "거기 그게 있으니까." 덕질거리를 놓고 덕질을 하기 시작한 시점에서 거창한 이유를 덧붙일 이유는 사실 사라진다. 남는 건, 이미 내가 부여한 의미대로 덕질을 하고 있는 나 자신 뿐이다.

무엇이 오타쿠인지 무엇이 오덕인지를 정의하려던 모든 시간들마저 이즈음에 이르니 슈퍼문을 놓고 벌어지는 설왕설래처럼 가끔은 괜히 설레고 가끔은 뭐하러~라면서 사진기를 들이대는 수준의 감상으로 남는다. 하지만 세상 모든 것이 결국 덕질거리라는 감각만은 그저 시대가 바뀌면서 희석된 결과만은 아닌 것 같다. 결국은 사람들 모두가 자기 나름대로 자기가 보는 대상에 갖가지 의미를 부여하고 싶어한 결과물일 것이고, 나는 거기에서 만화나 애니메이션과 같은 대상에 내 나름의 방식으로 몰입했던 것일 터이다. 그래도 그 시간이 나름대로 치열했으니, 하얗게 태웠다는 기분으로 웃을 수 있는 게 아닐까.

불완전연소로는 느낄 수 없을 이 기분이 나의 한 시기를 대변하는 것이리라 생각한다. 물론 여기서 멈추진 않겠지만, 이제 50줄을 목하 바라보고 있는 지금은 과거와는 완전히 또 같을 순 없으니까. 다만 이제는 추억과 상념을 곁들여 뒤를 돌아볼 수 있다. 한창 달릴 때 보이지 않던 것들이 지금은 조금이나마 보인다.

어쩌면 이 책은 그래서 쓸 수 있었던 기록인지도 모르겠다.

나의 덕질 이야기를 매듭지으며

모든 글은 쉽게 나오지 않는다. 책은 말할 것도 없다. 그래도 이번 책은 유난히 기억에 오래 남을 만한 산고를 겪게 해 주었다. 내 덕질의 역사를 새삼 다시 끄집어내어 정리하는 일은, 재밌기도 했지만 한편으로는 오롯이 '나'라는 인간 안으로 침잠해 들어가는 긴 여행길이기도 했다. 나 스스로가 너무나 당연하다는 듯 해 왔던 일의 연유를 찾아보기도 했고, 과거와 지금의 생각이 달라진 경우를 만나기도 했다.

덕질에 포커스를 맞추다 보니 걷어내야 했던 이야기들도 많다. 사실 나 개인의 경험은 덕업일치를 넘어 만화 업계인으로서의 입장으로 연결되기 일쑤였지만, 무게 중심을 맞추기 위해서 무던히 애를 써야 했다. 게다가 오타쿠의 스테레오 타입에 대한 언급은 하였으되 과도한 방어 논리를 세우고 싶지도 않았다. "오타쿠는 비 오타쿠와는 사고 패턴 자체가 시작부터 다르다"란 관점도 일면 맞을지 모르지만 역시 나를 통해 이러한 관점을 확인하게끔 하고 싶진 않아서 무던히 애를 썼다. 언젠가 오타쿠 방어 논리의 아카데믹 버전인 오카다 토시오 씨의 <오타쿠학 개론>과는 다른 궤에 놓이는 우리 식의 '오덕학 개론'을 만들고 싶다는 생각은 있지만, 그건 이 글과 다르게 좀 더 넓고 그때의 지금에 맞는 이야기여야만 할 것이다.

이 책을 쓰는 시간은 덕질에 관한 한 정말 원 없이 나 자신을 되짚어 보는 시간이기도 했다. 오죽하면 덕질 관련해선 이 정도 했으니 이제 다른 이야기를 좀 꺼내볼 수 있을 법도 하겠다 싶다. 그만큼 많은 이야기를 끄집어내어 보았는데, 그 이야기들이 너무 옛이야기라서 고루하게 느껴지지 않았기를 바랄 따름이다. 나는 이 책을, 나의 경험과 생각에 비추어 '지금'의 오덕 문화와 덕질 대상에 대한 이야기를 정리하는 과정으로 삼고 싶었다. 너무나 당연하지만 나의 생각이 정답은 아니고, 나보다 훨씬 더 오래 그리고 깊이 덕질에 매진해 온 이들은 많으며, 덕질의 갈래 자체가 사람 수만큼 파편화하는 시점에서는 만화와 애니메이션 덕질에 천착해 온 나의 경험도 그중 하나에 지나지 않을 터이지만 그중 하나의 기록을 이렇게 힘주어 남겨놓는 것도 분명 의미를 지니리라 생각한다. 나는 수많은 각자의 덕질 기록들이 각각의 방향에서 남을 수 있으면 좋겠다. 이 책이 그중 하나로 기억될 수 있다면 더할 나위 없이 기쁠 것 같다.

책을 쓰는 동안 참 정말 여러 일이 있었다. 일단 다소 무리를 하다가 뇌전증에 걸려 쓰러진 이래 아예 무리라는 걸 할 수 없는 몸이 되었다. 글쟁이에게 집중할 시간이 중요하고 많은 경우 그것이 밤이었는데, 한 번 쓰러진 몸뚱이는 마치 쓰러지기 전까지 쌓아 온 모든 잠빚을 복리 이자로 받아내겠다는 듯 밤 10시만 넘기면 의식을 푹 가라앉히기 일쑤였다. 밤 귀신이라 불릴 정도로 잠을 포기하고 글을 써 왔던 시간들이 이제 고스란히 독이 됐다. 약의 부작용도 괴로웠지만 의지와는 상관없이 몸뚱이 때문에 시간을 마음대로 쓸 수 없다는 점이 참 심각한 스트레스였고, 급기야 한 글자도 가슴 속에서 꺼내어지지 않는 날이 길어지기도 했다. 한동안 아예 나오지 않던 글귀들이 다시 나오기 시작했을 때 속으로 많이 울었다. 너희들이 나를 만나려고 그렇게 긴 시간을 잠들어 있었구나. 아팠지만 반가웠다. 내게 아직 하고 싶고 해야 할 이야기가 많음을 새삼 다시 확인할 수 있었던 시간이었다.

같은 시간 있었던 다른 한 가지 큰일을 꼽자면, 아버지께서 폐암 4기 판정을 받고 투병 끝에 돌아가신 일이다.

아버지의 기준 속에서 나는 참 가지 않았으면 좋았을 길만 골라서 밟은 아들이었다. 상위권 대학교에 진학해 번듯한 직장을 얻게 하려던 당신의 아들은 공부 대신 만화 덕질을 하다 만화 덕질로 글을 쓰고 시간 강사로 대학 강단에 서는 참 돈 안 되는 일을 업으로 삼고 말았다. 아버지는 그렇게 원하시던 '성공'과는 거리가 먼 모습으로 살아가는 아들의 모습만 보신 채 떠나셨다.

 본문에도 투정하듯 적었지만, 우리에게는 조금 더 많은 대화와 이해가 필요했을지도 모른다. 그런 감상조차 무의미해져가는 이 시간 앞에서 아들이 할 수 있는 건 한 번씩 안아드리고 손녀딸의 얼굴을 사진으로라도 종종 전해드리는 것뿐이었다. 일찍이 내가 보내온 덕질의 시간이 아버지의 기준으로도 완전히 무의미하지는 않았음을 보여드리고 싶었지만 그것은 이제 오롯이 '남은 자'로서의 과제가 될 것 같다. 미워한 시간이 참 길었지만 그만큼 내가 아들로서 이해받고 싶었던 나의 아버지에게, 그래도 아들이 어렸을 때 미처 주지 못했던 사랑을 늦게나마 서투르게 전하려 애쓰셨던 나의 아버지에게- 내 인생의 중요한 지점들을 기록한 이 책의 마지막 자리를 빌려 전하고 싶다. "알고 있습니다" 그리고 "감사했습니다."

2023.09.24. 쓰고, 2024.02.05 조금 고침.

서찬휘

오덕이라니

1판 1쇄 2024년 6월 30일

지은이 서찬휘

교정교열 김지선

편집 오현지 방선영 김지선

디자인 김택수

펴낸곳 출판사마저

펴낸이 오현지

주소 강원도 춘천시 소양고개길 50 2층

전자우편 bookmz2021@gmil.com

ISBN 979-11-983638-3-1

이 책 내용의 전부 또는 일부를 재사용하려면

반드시 저작권자와 출판사마저 양측의 동의를 받아야 합니다.